모두공인 공인중개사
깨알 단원별 기출문제집

2차 | 부동산공법

장진 · 깨알연구소 편저

1 키워드별 9개년 기출문제를 한 번에 풀 수 있도록 구성해 약점 보완
2 접근법 · 암기팁 등 합격생의 깨알 코멘트로 오래 기억하고 쉽게 이해
3 목표점수 달성을 위한 구체적인 학습방향을 제시해 효율적 학습 가능

동영상강의 · 무료강의 · 해설강의 · 다양한 학습자료 | www.modooland.com

신조사 × 모두공인

머 | 리 | 말

1. 〈깨알 단원별 기출문제집〉의 목표

(1) 경제적 전략이 필요하다!

수험생은 여러 과목을 동시에 공부합니다. 외울 게 너무 많습니다. 공인중개사 시험은 절대평가이므로 평균 60점 이상을 넘기면 누구나 합격합니다. 만점을 받기 보다는 필요한 점수를 획득하는 것이 가장 경제적인 전략입니다.

(2) 중급 문제를 공략한다!

난이도가 낮은 문제들은 강의나 기본서를 통해서 가볍게 보더라도 쉽게 맞출 수 있습니다. 난이도가 높은 문제들은 평생 공부해도 모를 수 있습니다. 우리는 난이도 중급의 문제를 집중적으로 공략해야 합니다.

(3) 강약조절이 필요하다!

공인중개사 시험은 같은 지문이 반복해서 출제됩니다. 어려운 지문도 계속 반복하면 이해는 되지 않더라도 정답은 알 수 있습니다. 〈깨알 단원별 기출문제집〉은 우리가 집중해야 하는 영역이 어디인지를 제시하여 강약조절을 할 수 있도록 하였습니다.

2. 〈깨알 단원별 기출문제집〉의 특징

(1) 〈깨알정리〉로 70점 돌파!

문제를 풀다보면 다른 지문인데도 같은 지문으로 보이는 것들이 있습니다. 〈깨알정리〉는 합격에 필요한 최소한의 내용을 압축 정리하여 반복적으로 틀리는 실수를 방지하고자 합니다. 어려운 문제를 틀려도 중급 이상의 문제를 실수하지 않으면 무난히 70점을 깰 수 있습니다.

(2) 〈2022년 기출문제〉로 가상체험!

지금까지 열심히 공부했는데 내가 작년에 시험을 봤다면 합격할 수 있었을까? 다른 수험생들은 어느 정도까지 공부를 한 걸까? 그래서 작년에 시험을 본 수험생과 합격생들의 리뷰를 종합하여 그들의 마음으로 바라봤습니다.

(3) 〈마치며〉로 합격예상!

내가 실제 시험장에 있었다면 몇 번까지 풀었는지를 알 수 있도록 하였습니다. 끝까지 포기하지 않는 것이 중요합니다. 그리고 각 파트에서 몇 문제를 맞춰야 합격선인 60점을 넘길 수 있는지를 제시하였습니다. 어느 부분을 얼마나 더 열심히 해야 합격할 수 있는지 스스로 체크할 수 있습니다.

3. 하루 한 시간만이라도

공인중개사 시험은 노력에 비해서 쉽게 합격하는 경향이 있습니다. 그러나 공부를 하지 않으면 합격할 수 없습니다. 하루에 한 시간만이라도 공부할 시간을 만드는 것이 가장 중요합니다. 일단 합격해서 자격증을 손에 쥐면 그 어떤 노후대책보다 마음이 든든합니다. 부디 조금만 더 노력하셔서 좋은 성과 이루시길 간절히 바랍니다.

2023년 3월
깨알연구소 드림

공인중개사 자격증,
좀 더 쉽게 공부하고 빠르게 합격할 수 없을까요?

기존의 40-50대 인기 자격증이던 공인중개사 시험이 최근 20-30대 수험생들에게까지 인기를 끌고 있어요. 많은 사람들이 빠르게 자격증 취득을 원하고 있지만, 현재 공인중개사 학원과 인강 사이트에서는 1년 내내 강의만 들어도 버거울 정도로 불필요하게 많은 컨텐츠를 제공하고 있어 단기간에 자격증을 취득하기 힘들어 보입니다. 게다가 우리가 평소에 흔하게 접하지 못한 법 과목이 많아 처음 공부하는 사람들에겐 더욱 생소하고 어렵게 느껴질 수밖에 없어요. 온전히 공인중개사 시험에만 시간을 투자하지 못하는 대학생, 직장인은 물론 주부까지도 조금 더 쉽게 공부하고 빠르게 합격할 수 있는 방법은 없을까요?

3단계 커리큘럼
이것만 공부해도 합격은 충분해요!

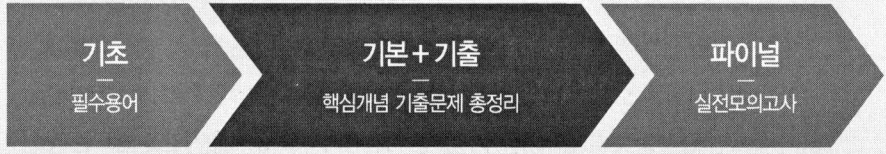

기초 - 기본 - 심화 - 기출 - 요약 - 모의고사까지 빈틈없이 꽉 짜여진 커리큘럼.
1년 내내 강의만 듣기에도 버거운 양인데 강의만 들으면 합격할 수 있을까요? 어떤 공부든 수강한 내용을 혼자 복습하는 시간을 가져야 온전히 내 것이 됩니다. 대부분의 단기 합격생들도 핵심개념과 기출 중심으로 반복 학습했다는 점을 합격 비법으로 뽑았어요.
모두공인에서는 단기 합격생의 비법에서 착안한 핵심개념과 기출 중심의 3단계 커리큘럼으로 강의는 최소화하고 혼공 시간을 확보해 드려요. 또한, 핵심개념과 기출을 한 번에 학습하는 〈핵.기.총〉 강의와 교재는 단권화 반복 학습에 최적화되어 있어요.

3·4·3 공부법
어려운 건 과감히 버려야 합격해요!

열심히 공부해도 맞히기 어려운 30%의 상급 난이도 내용은 과감하게 버리세요.

누구나 공부만 하면 쉽게 맞힐 수 있는 나머지 70%에 집중한다면 합격 점수는 충분하고, 학습양은 줄어듭니다. 과목당 40문제를 풀어야 하는 실제 시험은 시간 싸움입니다. 3·4·3 공부법에 맞춰 어려운 문제는 지문만 빠르게 읽어 찍고 넘어간다면 내가 공부한 70%의 문제 풀이에 집중할 수 있어 공부한 부분은 확실하게 맞고 합격할 수 있어요.

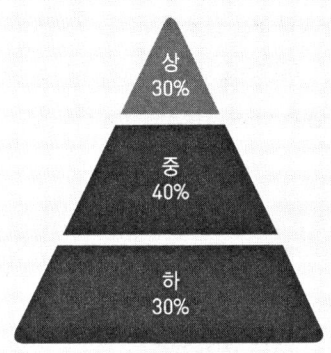

공인중개사 시험 문제 난이도 구성

과목별 다른 목표 점수
평균 70점을 목표로 공부해요!

공인중개사 시험은 평균 60점 이상이면 합격하는 절대평가 시험이에요. 고득점을 맞는다고 실무를 더 잘하게 되는 것은 아니기 때문에, 우리는 100점이 아닌 '합격'을 목표로 공부해야 해요.

모두공인은 빠른 합격이라는 목표를 달성하기 위해 과목 난이도에 따라 목표 점수를 다르게 설정합니다. 공인중개사 6과목의 난이도는 모두 다르기 때문에, 쉬운 과목에서 고득점을 하고 어려운 과목은 목표 점수를 낮게 잡아 평균 70점이 나오도록 전략적으로 공부하세요.

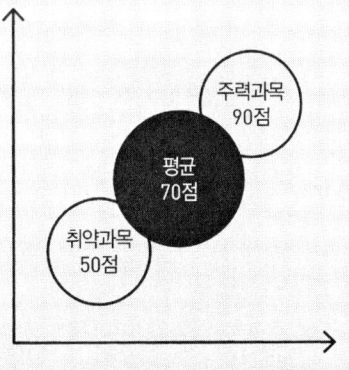

평균 70점 완성 전략

모두공인 깨알 단원별 기출문제집
이 책은 이런 특징이 있어요!

공인중개사 시험을 준비하다 보면 기출문제를 여러 번, 상당한 시간 동안 공부하게 됩니다. 이렇게 회독을 하다 보면 내가 지금 어떤 걸 정확히 알고 어떤 점이 부족한 건지 혼란스럽기도 하고, 합격생은 어떻게 공부했는지 궁금증이 생기기 마련이죠. 이럴 때 거창하고 대단하진 않아도, 깨알 같은 도움을 드리기 위해 이 교재를 만들었어요. 이제 깨알 단원별 기출문제집으로 굳이 겪지 않아도 되는 시행착오를 줄이고 공인중개사 똑똑하게 합격하세요!

기출을 확실히 정리하고 효율적으로 합격하는
모두공인 깨알 단원별 기출문제집을 소개해요

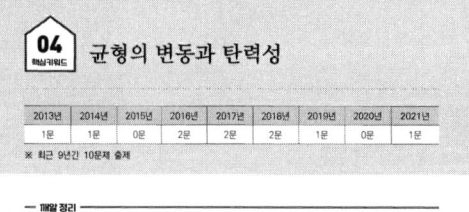

01 키워드별 기출을 한 번에 학습해 약점 보완

단순 단원별로 기출문제를 재구성한 일반적인 교재와 달리 모두공인은 9개년 기출문제를 주제별로 세분화한 뒤 핵심 키워드를 제시하고 있어요. 각 키워드의 기출문제를 한 번에 풀어볼 수 있도록 구성했으니 현재 내가 부족한 부분이 무엇인지 파악해 더 전략적으로 학습해 보세요!

02 합격생의 깨알 코멘트를 추가해 더 쉽게 이해 가능

설명이 충분하지 않아 잘못 이해하기 쉽고, 금방 휘발되는 단순 해설의 한계를 보완하기 위해 먼저 시험을 경험한 선배의 입장에서 각 키워드에 맞는 전체적인 접근법과 암기팁 등 깨알 같은 코멘트를 추가했어요. 이제 모두공인만의 깨알 코멘트로 쉽게 이해하고 오래 기억해 보세요!

05 2020 공인중개사

오피스텔의 분양수요함수가 $Q_d = 600 - \frac{3}{2}P$로 주어져있다. 이 경우 사업시행자가 분양수입을 극대화하기 위한 오피스텔 분양가격은? (단, P는 분양가격이고 단위는 만 원/㎡, Q_d는 수요량이고 단위는 ㎡, X축은 수량, Y축은 가격이며, 주어진 조건에 한함)

① 180만 원/㎡
② 190만 원/㎡
③ 200만 원/㎡
④ 210만 원/㎡
⑤ 220만 원/㎡

정답 ③

해설 수요함수의 수식의 가격P에 보기의 가격을 하나씩 대입하여 수요량을 구하고, 각 가격과 수요량을 곱하여 분양수입을 구한다. 분양수입이 가장 큰 경우의 분양가격이 분양수입을 극대화하기 위한 오피스텔 분양가격이다.
계산해보면 분양가격이 200만원일 때, 수요는 300, 분양수입은 6억 원으로 가장 극대화된다.

깨알 문제와 보기가 간단해보여서 쉬운 문제처럼 보이지만 실제로 풀어보면 접근방식을 생각해내기가 어렵고 시간이 많이 걸리는 문제입니다. 이렇게 보기를 하나씩 대입하지 않고 다른 방식으로 문제를 풀려면 부동산학개론에서는 잘 다루지 않는 개념을 알아야 합니다. 2020년 한번 출제된 이 문제 때문에 양을 늘려 공부하기는 어렵습니다. 이 문제는 출제자가 난이도 조절을 위해 틀리라고 낸 문제라 생각하고 미련 없이 넘어가는 것이 좋겠습니다.

03 목표점수 달성을 위한 구체적인 학습방향 제시

단원이 끝날 때마다 합격생의 득점표를 공개해 내 점수와 비교할 수 있도록 구성했어요. 점수 분석 및 학습가이드를 통해 목표점수 달성을 위해서 어떤 문제를 꼭 맞춰야 하는지, 이 문제는 버려도 괜찮은지를 직접 깨닫고 합격점을 체계적으로 완성해 보세요!

9 문제
부동산학개론 40문제 중 9번 문제까지 풀었습니다.

7 문제
[경제론] 쉬운 챕터는 아니지만
6문제 중 4문제는 욕심내볼까요?
9문제 중 7문제(○) 2문제(×)

2021년 경제론에서는 6문제, 이론문제 3문제, 계산문제 3문제가 출제되었습니다. 계산문제 중 [교차탄력성], [거미집이론] 문제는 쉽거나 무난한 정도였고, [균형의 변동] 문제는 생소한 조건 때문에 어려운 편이었습니다.

<2021년 경제론> 반달님 득점표

	NO	내용	난이도	비고
경제론	4	수요와 공급의 변화	중	×
	5	공급의 변화	중	○
	6	가격탄력성	중	○
	7	균형의 변동·계산문제	상	×
	8	교차탄력성·계산문제	중	○
	9	거미집이론·계산문제	중	○

차 례

PART 01 국토의 계획 및 이용에 관한 법률

CHAPTER 01 국토의 계획 및 이용에 관한 법률(1) ··· 3
- 01 광역도시계획 ··· 4
- 02 도시·군기본계획 ··· 9
- 03 도시·군관리계획 ··· 12

CHAPTER 02 국토의 계획 및 이용에 관한 법률(2) ··· 23
- 04 용도지역 ··· 24
- 05 용도지구 ··· 32
- 06 용도구역 ··· 37
- 07 지구단위계획 ··· 40
- 08 도시·군계획시설사업 ··· 47

CHAPTER 03 국토의 계획 및 이용에 관한 법률(3) ··· 67
- 09 개발행위허가 ··· 68
- 10 개발밀도관리구역과 기반시설부담구역 ··· 75

PART 02 도시개발법

CHAPTER 01 도시개발법 ··· 89
- 11 개발계획 ··· 90
- 12 도시개발구역의 지정 ··· 93
- 13 도시개발구역의 시행자 ··· 99
- 14 도시개발조합 및 실시계획 ··· 103
- 15 수용 또는 사용방식의 사업시행 ··· 108

16 환지방식의 사업시행 · 114
17 도시개발사업의 비용부담 등 · 121

PART 03 도시 및 주거환경정비법

CHAPTER 01 도시 및 주거환경정비법 ··· 133

18 도시 및 주거환경정비법 용어의 정의 · 134
19 기본계획 수립 및 정비구역의 지정 · 137
20 정비사업의 시행 · 143
21 정비조합 · 147
22 사업시행계획 · 156
23 관리처분계획 · 159
24 공사완료와 청산금 및 비용부담 · 164

PART 04 건축법

CHAPTER 01 건축법 ··· 175

25 건축법 용어의 정의 · 176
26 건축법의 적용과 용도변경 · 183
27 건축허가 및 신고 · 189
28 대지와 도로 · 202
29 면적과 높이 · 206
30 건축물의 구조 안전 및 재료 · 209
31 특별건축구역 및 건축협정 · 213
32 건축위원회 및 이행강제금 · 218

PART 05 주택법

CHAPTER 01 주택법 ··· 229

33 주택법 용어의 정의 ··· 230
34 주택건설사업과 주택조합 ··· 237
35 주택상환사채 ·· 246
36 사업계획승인 ·· 248
37 매도청구 및 사용검사 등 ··· 254
38 주택의 공급 및 전매행위 제한 ··· 258
39 리모델링 등 ·· 269

PART 06 농지법

CHAPTER 01 농지법 ··· 279

40 농지법 용어의 정의 ··· 280
41 농지의 소유 ·· 283
42 농지의 이용·보전·전용 ··· 288

PART 01
국토의 계획 및 이용에 관한 법률

깨알연구소

국토의 계획 및 이용에 관한 법률(1)

2014년	2015년	2016년	2017년	2018년	2019년	2020년	2021년	2022년
0문	3문	3문	2문	4문	1문	3문	3문	2문

핵심테마 01 | 광역도시계획
핵심테마 02 | 도시·군기본계획
핵심테마 03 | 도시·군관리계획

 광역도시계획

2014년	2015년	2016년	2017년	2018년	2019년	2020년	2021년	2022년
0문	1문	1문	1문	1문	0문	1문	1문	1문

※ 최근 9년간 7문제 출제

01 2018 공인중개사

국토의 계획 및 이용에 관한 법령상 광역도시계획에 관한 설명으로 틀린 것은?

① 중앙행정기관의 장, 시·도지사, 시장 또는 군수는 국토교통부장관이나 도지사에게 광역계획권의 변경을 요청할 수 있다.

② 둘 이상의 특별시·광역시·특별자치시·특별자치도·시 또는 군의 공간구조 및 기능을 상호 연계시키고 환경을 보전하며 광역시설을 체계적으로 정비하기 위하여 필요한 경우에는 광역계획권을 지정할 수 있다.

③ 국가계획과 관련된 광역도시계획의 수립이 필요한 경우 광역도시계획의 수립권자는 국토교통부장관이다.

④ 광역계획권이 둘 이상의 시·도의 관할 구역에 걸쳐 있는 경우에는 관할 시·도지사가 공동으로 광역계획권을 지정하여야 한다.

⑤ 국토교통부장관, 시·도지사, 시장 또는 군수는 광역도시계획을 수립하면 미리 공청회를 열어 주민과 관계 전문가 등으로부터 의견을 들어야 한다.

해설 | 시·도지사가(×), 국토교통부장관이(○), 지정하여야 한다(×). 지정할 수 있다(○). 광역계획권이 둘 이상의 시·도의 관할 구역에 걸쳐 있는 경우에는 국토교통부장관이 광역계획권을 지정할 수 있다.

• 광역계획권의 지정권자
1. 광역계획권이 둘 이상의 시·도의 관할 구역에 걸쳐 있는 경우에는 국토교통부장관이 지정할 수 있다.
2. 광역계획권이 도의 관할구역에 걸쳐있는 경우에는 도지사가 지정할 수 있다.

정답 | ④

02 ■□□ 2015 공인중개사

국토의 계획 및 이용에 관한 법령상 광역도시계획에 관한 설명으로 틀린 것은?

① 동일 지역에 대하여 수립된 광역도시계획의 내용과 도시·군기본계획의 내용이 다를 때에는 광역도시계획의 내용이 우선한다.
② 광역계획권은 광역시장이 지정할 수 있다.
③ 도지사는 시장 또는 군수가 협의를 거쳐 요청하는 경우에는 단독으로 광역도시계획을 수립할 수 있다.
④ 광역도시계획을 수립하려면 광역도시계획의 수립권자는 미리 공청회를 열어야 한다.
⑤ 국토교통부장관이 조정의 신청을 받아 광역도시계획의 내용을 조정하는 경우 중앙도시계획위원회의 심의를 거쳐야 한다.

해설 | 광역계획권은 광역시장이 지정할 수 없다. [보충] 광역계획권이 도의 관할구역에 걸쳐있는 경우에는 도지사가 지정할 수 있다. 광역계획권이 둘 이상의 시·도의 관할 구역에 걸쳐 있는 경우에는 국토교통부장관이 지정할 수 있다.

- 광역도시계획의 수립 - 원칙
1. 광역계획권이 같은 도의 관할구역에 속하여 있는 경우에는 관할 시장 또는 군수가 공동으로 수립하여야 한다.
2. 광역계획권이 둘 이상의 시·도의 관할 구역에 걸쳐 있는 경우에는 관할 시·도지사가 공동으로 수립하여야 한다.
3. 광역계획권을 지정한 날부터 3년이 지날 때까지 관할 시장 또는 군수로부터 광역도시계획의 승인 신청이 없는 경우에는 도지사가 수립하여야 한다.
4. 광역계획권을 지정한 날부터 3년이 지날 때까지 시·도지사로부터 광역도시계획의 승인 신청이 없는 경우에는 국토교통부장관이 수립하여야 한다.
5. 국가계획과 관련된 광역도시계획의 수립이 필요한 경우에는 국토교통부장관이 수립하여야 한다.

- 광역도시계획의 수립 - 예외
1. 국토교통부장관은 시·도지사가 요청하는 경우와 그 밖에 필요하다고 인정되는 경우에는 관할 시·도지사와 공동으로 광역도시계획을 수립할 수 있다.
2. 도지사는 시장 또는 군수가 요청하는 경우와 그 밖에 필요하다고 인정하는 경우에는 관할 시장 또는 군수와 공동으로 광역도시계획을 수립할 수 있다. : ③
3. 시장·군수가 협의해서 요청하는 경우에는 도지사가 단독으로 광역도시계획을 수립할 수 있다.

정답 | ②

03 2016 공인중개사

국토의 계획 및 이용에 관한 법령상 광역도시계획에 관한 설명으로 옳은 것은?

① 국토교통부장관이 광역계획권을 지정하려면 관계 지방도시계획위원회의 심의를 거쳐야 한다.
② 도지사가 시장 또는 군수의 요청으로 관할 시장 또는 군수와 공동으로 광역도시계획을 수립하는 경우에는 국토교통부장관의 승인을 받지 않고 광역도시계획을 수립할 수 있다.
③ 중앙행정기관의 장은 국토교통부장관에게 광역계획권의 변경을 요청할 수 없다.
④ 시장 또는 군수가 광역도시계획을 수립하거나 변경하려면 국토교통부장관의 승인을 받아야 한다.
⑤ 광역계획권은 인접한 둘 이상의 특별시·광역시·시 또는 군의 관할구역 단위로 지정하여야 하며, 그 관할구역의 일부만을 광역계획권에 포함시킬 수는 없다.

해설 | 시장 또는 군수의 요청으로 도지사가 관할 시장 또는 군수와 공동으로 광역도시계획을 수립하는 경우와 시장 또는 군수가 협의를 거쳐 요청하는 경우에 단독으로 도지사가 수립하는 경우에는 국토교통부장관의 승인을 받지 않고 광역도시계획을 수립할 수 있다.

① 국토교통부장관이 광역계획권을 지정하려면 중앙도시계획위원회의 심의를 거쳐야 한다.
③ 중앙행정기관의 장은 국토교통부장관에게 광역계획권의 변경을 요청할 수 있다.
④ 시장 또는 군수가 광역도시계획을 수립하거나 변경하려면 도지사의 승인을 받아야 한다.
⑤ 광역계획권은 인접한 관할 구역의 전부 또는 일부를 대상으로 지정할 수 있다.

정답 | ②

04 2017 공인중개사

국토의 계획 및 이용에 관한 법령상 광역도시계획 등에 관한 설명으로 틀린 것은? (단, 조례는 고려하지 않음)

① 국토교통부장관은 광역계획권을 지정하려면 관계 시·도지사, 시장 또는 군수의 의견을 들은 후 중앙도시계획위원회의 심의를 거쳐야 한다.
② 시·도지사, 시장 또는 군수는 광역도시계획을 변경하려면 미리 관계 시·도, 시 또는 군의 의회와 관계 시장 또는 군수의 의견을 들어야 한다.
③ 국토교통부장관은 시·도지사가 요청하는 경우에도 시·도지사와 공동으로 광역도시계획을 수립할 수 없다.
④ 시장 또는 군수는 광역도시계획을 수립하려면 도지사의 승인을 받아야 한다.
⑤ 시장 또는 군수는 광역도시계획을 변경하려면 미리 공청회를 열어야 한다.

해설 | 국토교통부장관은 시·도지사가 요청하는 경우에는 시·도지사와 공동으로 광역도시계획을 수립할 수 있다.

정답 | ③

05 2020 공인중개사

국토의 계획 및 이용에 관한 법령상 광역도시계획에 관한 설명으로 틀린 것은?

① 도지사는 시장 또는 군수가 협의를 거쳐 요청하는 경우에는 단독으로 광역도시계획을 수립할 수 있다.
② 광역도시계획의 수립기준은 국토교통부장관이 정한다.
③ 광역도시계획의 수립을 위한 공청회는 광역계획권 단위로 개최하되, 필요한 경우에는 광역계획권을 수개의 지역으로 구분하여 개최할 수 있다.
④ 국토교통부장관은 광역도시계획을 수립하였을 때에는 직접 그 내용을 공고하고 일반이 열람할 수 있도록 하여야 한다.
⑤ 광역도시계획을 공동으로 수립하는 시·도지사는 그 내용에 관하여 서로 협의가 되지 아니하면 공동이나 단독으로 국토교통부장관에게 조정을 신청할 수 있다.

해설 | 국토교통부장관은 직접 광역도시계획을 수립 또는 변경하거나 승인하였을 때에는 관계 중앙행정기관의 장과 시·도지사에게 관계 서류를 송부하여야 한다. 관계 서류를 받은 시·도지사는 이를 해당 시·도의 공보와 인터넷 홈페이지에 그 내용을 공고하고, 일반인이 관계 서류를 30일 이상 열람할 수 있도록 해야 한다.

정답 | ④

06 2021 공인중개사

국토의 계획 및 이용에 관한 법령상 광역도시계획에 관한 설명으로 틀린 것은?

① 광역도시계획의 수립기준은 국토교통부장관이 정한다.
② 광역계획권이 같은 도의 관할 구역에 속하여 있는 경우 관할 도지사가 광역도시계획을 수립하여야 한다.
③ 시·도지사, 시장 또는 군수는 광역도시계획을 수립하거나 변경하려면 미리 관계 시·도, 시 또는 군의 의회와 관계 시장 또는 군수의 의견을 들어야 한다.
④ 시장 또는 군수가 기초조사정보체계를 구축한 경우에는 등록된 정보의 현황을 5년마다 확인하고 변동사항을 반영하여야 한다.
⑤ 광역계획권을 지정한 날부터 3년이 지날 때까지 관할 시장 또는 군수로부터 광역도시계획의 승인 신청이 없는 경우 관할 도지사가 광역도시계획을 수립하여야 한다.

해설 | 광역계획권이 같은 도의 관할 구역에 속하여 있는 경우 관할 시장 또는 군수가 공동으로 광역도시계획을 수립하여야 한다.

정답 | ②

도시·군기본계획

2014년	2015년	2016년	2017년	2018년	2019년	2020년	2021년	2022년
0문	0문	1문	0문	0문	0문	1문	1문	1문

※ 최근 9년간 4문제 출제

01 ■■□
2020 공인중개사

국토의 계획 및 이용에 관한 법령상 도시·군기본계획에 관한 설명으로 틀린 것은?

① 시장 또는 군수는 인접한 시 또는 군의 관할 구역을 포함하여 도시·군기본계획을 수립하려면 미리 그 시장 또는 군수와 협의하여야 한다.
② 도시·군기본계획 입안일부터 5년 이내에 토지적성평가를 실시한 경우에는 토지적성평가를 하지 아니할 수 있다.
③ 시장 또는 군수는 도시·군기본계획을 수립하려면 미리 그 시 또는 군 의회의 의견을 들어야 한다.
④ 시장 또는 군수는 도시·군기본계획을 변경하려면 도지사와 협의한 후 지방도시계획위원회의 심의를 거쳐야 한다.
⑤ 시장 또는 군수는 5년마다 관할 구역의 도시·군기본계획에 대하여 타당성을 전반적으로 재검토하여 정비하여야 한다.

해설 | 시장 또는 군수는 도시·군기본계획을 수립하거나 변경하려면 도지사의 승인을 받아야 한다. 도지사는 도시·군기본계획을 승인하려면 관계 행정기관의 장과 협의한 후 지방도시계획위원회의 심의를 거쳐야 한다.

정답 | ④

02　2021 공인중개사

국토의 계획 및 이용에 관한 법령상 도시·군기본계획에 관한 설명으로 틀린 것은?

① 「수도권정비계획법」에 의한 수도권에 속하고 광역시와 경계를 같이하지 아니한 시로서 인구 20만 명 이하인 시는 도시·군기본계획을 수립하지 아니할 수 있다.
② 도시·군기본계획에는 기후변화 대응 및 에너지절약에 관한 사항에 대한 정책 방향이 포함되어야 한다.
③ 광역도시계획이 수립되어 있는 지역에 대하여 수립하는 도시·군기본계획은 그 광역도시계획에 부합되어야 한다.
④ 시장 또는 군수는 5년마다 관할 구역의 도시·군기본계획에 대하여 타당성을 전반적으로 재검토하여 정비하여야 한다.
⑤ 특별시장·광역시장·특별자치시장 또는 특별자치도지사는 도시·군기본계획을 변경하려면 관계 행정기관의장(국토교통부장관을 포함)과 협의한 후 지방도시계획위원회의 심의를 거쳐야 한다.

해설 | 수도권에 속하고(×), 수도권에 속하지 아니하고(○), 20만 명(×), 10만 명(○), 「수도권정비계획법」에 의한 수도권에 속하지 아니하고 광역시와 경계를 같이하지 아니한 시 또는 군으로서 인구 10만 명 이하인 시 또는 군은 도시·군기본계획을 수립하지 아니할 수 있다.

정답 | ①

03　2016 공인중개사

국토의 계획 및 이용에 관한 법령상 도시·군기본계획의 수립 및 정비에 관한 조문의 일부이다. (　　)에 들어갈 숫자를 옳게 연결한 것은?

> ○ 도시·군기본계획 입안일부터 (ㄱ)년 이내에 토지적성평가를 실시한 경우 등 대통령령으로 정하는 경우에는 토지적성평가 또는 재해취약성분석을 하지 아니할 수 있다.
> ○ 시장 또는 군수는 (ㄴ)년마다 관할 구역의 도시·군기본계획에 대하여 그 타당성 여부를 전반적으로 재검토하여 정비하여야 한다.

① ㄱ: 2, ㄴ: 5　　② ㄱ: 3, ㄴ: 2　　③ ㄱ: 3, ㄴ: 5
④ ㄱ: 5, ㄴ: 5　　⑤ ㄱ: 5, ㄴ: 10

해설 | ○ 도시·군기본계획 입안일부터 ㉠ 5년 이내에 토지적성평가를 실시한 경우 등 대통령령으로 정하는 경우에는 토지적성평가 또는 재해취약성분석을 하지 아니할 수 있다.

○ 시장 또는 군수는 ㉡ 5년마다 관할 구역의 도시·군기본계획에 대하여 그 타당성을 전반적으로 재검토하여 정비하여야 한다.

정답 | ④

도시·군관리계획

2014년	2015년	2016년	2017년	2018년	2019년	2020년	2021년	2022년
0문	2문	1문	1문	3문	1문	1문	1문	0문

※ 최근 9년간 10문제 출제

01 2018 공인중개사

국토의 계획 및 이용에 관한 법령상 도시·군관리계획을 시행하기 위한 사업으로 도시·군계획사업에 해당하는 것을 모두 고른 것은?

> ㄱ. 도시·군계획시설사업
> ㄴ. 「도시개발법」에 따른 도시개발사업
> ㄷ. 「도시 및 주거환경정비법」에 따른 정비사업

① ㄱ　　　　　② ㄱ, ㄴ　　　　　③ ㄱ, ㄷ
④ ㄴ, ㄷ　　　　⑤ ㄱ, ㄴ, ㄷ

해설 | 도시·군계획사업이란 도시·군관리계획을 시행하기 위한 다음의 사업을 말한다.

- 도시·군관리계획의 내용
1. 용도지역·용도지구의 지정 또는 변경에 관한 계획
2. 용도구역(개발제한구역·도시자연공원구역·시가화조정구역·수산자원보호구역)의 지정 또는 변경에 관한 계획
3. 기반시설의 설치·정비 또는 개량에 관한 계획 : ㉠
4. 도시개발사업이나 정비사업에 관한 계획 : ㉡, ㉢
5. 지구단위계획구역의 지정 또는 변경에 관한 계획과 지구단위계획
6. 입지규제최소구역의 지정 또는 변경에 관한 계획과 입지규제최소구역계획

정답 | ⑤

02 2015 공인중개사

국토의 계획 및 이용에 관한 법령상 도시·군관리계획으로 결정하여야 하는 사항만을 모두 고른 것은?

> ㄱ. 도시자연공원구역의 지정
> ㄴ. 개발밀도관리구역의 지정
> ㄷ. 도시개발사업에 관한 계획
> ㄹ. 기반시설의 정비에 관한 계획

① ㄴ　　　　② ㄷ, ㄹ　　　　③ ㄱ, ㄴ, ㄷ
④ ㄱ, ㄴ, ㄹ　　⑤ ㄱ, ㄷ, ㄹ

해설 | ㉠ 도시자연공원구역의 지정, ㉢ 도시개발사업에 관한 계획, ㉣ 기반시설의 정비에 관한 계획은 도시·군관리계획의 내용에 해당한다.

- 도시·군관리계획의 내용
1. 용도지역·용도지구의 지정 또는 변경에 관한 계획
2. 용도구역(개발제한구역·도시자연공원구역·시가화조정구역·수산자원보호구역)의 지정 또는 변경에 관한 계획 : ㉠
3. 기반시설의 설치·정비 또는 개량에 관한 계획 : ㉣
4. 도시개발사업이나 정비사업에 관한 계획 : ㉢
5. 지구단위계획구역의 지정 또는 변경에 관한 계획과 지구단위계획
6. 입지규제최소구역의 지정 또는 변경에 관한 계획과 입지규제최소구역계획

정답 | ⑤

03 2019 공인중개사

국토의 계획 및 이용에 관한 법령상 주민이 도시·군관리계획의 입안을 제안하는 경우에 관한 설명으로 틀린 것은?

① 도시·군관리계획의 입안을 제안받은 자는 제안자와 협의하여 제안된 도시·군관리계획의 입안 및 결정에 필요한 비용의 전부 또는 일부를 제안자에게 부담시킬 수 있다.
② 제안서에는 도시·군관리계획도서뿐만 아니라 계획설명서도 첨부하여야 한다.
③ 도시·군관리계획의 입안을 제안받은 자는 그 처리 결과를 제안자에게 알려야 한다.
④ 산업·유통개발진흥지구의 지정 및 변경에 관한 사항은 입안제안의 대상에 해당하지 않는다.
⑤ 도시·군관리계획의 입안을 제안하려는 자가 토지소유자의 동의를 받아야 하는 경우 국·공유지는 동의 대상 토지 면적에서 제외된다.

해설 | 산업·유통개발진흥지구의 지정 및 변경에 관한 사항은 입안제안의 대상에 해당한다.

- 도시·군관리계획 입안제안
1. 주민은 다음에 대하여 도시·군관리계획을 입안할 수 있는 자에게 도시·군관리계획의 입안을 제안할 수 있다. 이 경우 제안서에는 도시·군관리계획도서와 계획설명서를 첨부하여야 한다. : ②
2. 입안을 제안하려는 자는 토지소유자의 동의를 받아야 하고, 이 경우 대상 토지 면적에서 국·공유지는 제외한다.

- 도시·군관리계획 입안제안의 내용
1. 기반시설의 설치·정비 또는 개량에 관한 사항
2. 지구단위계획구역의 지정 및 변경과 지구단위계획의 수립 및 변경에 관한 사항
3. 개발진흥지구 중 공업기능 또는 유통물류기능 등을 집중적으로 개발·정비하기 위한 산업·유통개발진흥지구의 지정 및 변경에 관한 사항 : ④
4. 용도지구 중 해당 용도지구에 따른 건축물이나 그 밖의 시설의 용도·종류 및 규모 등의 제한을 지구단위계획으로 대체하기 위한 용도지구의 지정 및 변경에 관한 사항
5. 입지규제최소구역의 지정 및 변경과 입지규제최소구역계획의 수립 및 변경에 관한 사항

정답 | ④

04 2018 공인중개사

국토의 계획 및 이용에 관한 법령상 주민이 도시·군관리계획의 입안을 제안하려는 경우 요구되는 제안 사항별 토지소유자의 동의 요건으로 틀린 것은?

① 기반시설의 설치에 관한 사항: 대상 토지 면적의 5분의 4이상
② 기반시설의 정비에 관한 사항: 대상 토지 면적의 3분의 2이상
③ 지구단위계획구역의 지정과 지구단위계획의 수립에 관한 사항: 대상 토지 면적의 3분의 2이상
④ 산업·유통개발진흥지구의 지정에 관한 사항: 대상 토지 면적의 3분의 2이상
⑤ 용도지구 중 해당 용도지구에 따른 건축물이나 그 밖의 시설의 용도·종류 및 규모 등의 제한을 지구단위계획으로 대체하기 위한 용도지구의 지정에 관한 사항: 대상 토지 면적의 3분의 2이상

해설 | 주민이 기반시설의 설치·정비에 관한 사항에 대하여 입안을 제안하려면 대상 토지 면적의 5분의 4이상의 토지 소유자의 동의를 받아야 한다.

- 도시·군관리계획 입안제안의 동의 요건
1. 기반시설의 설치·정비 또는 개량에 관한 사항 : 4/5 이상 동의 : ①, ②
2. 지구단위계획구역의 지정 및 변경과 지구단위계획의 수립 및 변경에 관한 사항 : 2/3 이상 동의 : ③
3. 개발진흥지구 중 산업·유통개발진흥지구의 지정 및 변경에 관한 사항 : 2/3 이상 동의 : ④
4. 용도지구 중 해당 용도지구에 따른 건축물이나 그 밖의 시설의 용도·종류 및 규모 등의 제한을 지구단위계획으로 대체하기 위한 용도지구의 지정 및 변경에 관한 사항 : 2/3 이상 동의 : ⑤
5. 입지규제최소구역의 지정 및 변경과 입지규제최소구역계획의 수립 및 변경에 관한 사항 : 2/3 이상 동의

정답 | ②

05 2016 공인중개사

국토의 계획 및 이용에 관한 법령상 도시·군관리계획을 입안할 때 환경성 검토를 실시하지 않아도 되는 경우에 해당하는 것만을 모두 고른 것은?

> ㄱ. 개발제한구역 안에 기반시설을 설치하는 경우
> ㄴ. 「도시개발법」에 따른 도시개발사업의 경우
> ㄷ. 해당 지구단위계획구역 안의 나대지면적이 구역면적의 2%에 미달하는 경우

① ㄱ ② ㄷ ③ ㄱ, ㄴ
④ ㄴ, ㄷ ⑤ ㄱ, ㄴ, ㄷ

해설 | ㉠ 개발제한구역 안에 기반시설을 설치하는 경우에는 토지적성평가만 생략할 수 있다.
㉡ 「도시개발법」에 따른 도시개발사업의 경우에는 토지적성평가만 생략할 수 있다.
㉢ 해당 지구단위계획구역 안의 나대지 면적이 구역 면적의 2%에 미달하는 경우에는 환경성 검토를 생략할 수 있다.

- 기초조사(환경성 검토, 토지적성평가, 재해취약성분석)를 생략할 수 있는 사유
1. 해당 지구단위계획구역이 도심지(상업지역과 상업지역에 연접한 지역)에 위치하는 경우
2. 해당 지구단위계획구역 안의 나대지 면적이 구역면적의 2%에 미달하는 경우 : ㉢
3. 해당 지구단위계획구역 또는 도시·군계획시설부지가 다른 법률에 따라 지역·지구 등으로 지정되거나 개발계획이 수립된 경우
4. 해당 지구단위계획구역의 지정목적이 해당 구역을 정비 또는 관리하고자 하는 경우로서 지구단위계획구역의 내용에 너비 12m 이상 도로의 설치계획이 없는 경우
5. 기존의 용도지구를 폐지하고 지구단위계획을 수립 또는 변경하여 그 용도지구에 따른 건축물이나 그 밖의 시설의 용도·종류 및 규모 등의 제한을 그대로 대체하려는 경우
6. 해당 도시·군계획시설의 결정을 해제하려는 경우

- 토지적성평가를 생략할 수 있는 사유
1. 도시·군관리계획 입안일부터 5년 이내에 토지적성평가를 실시한 경우
2. 주거지역·상업지역·공업지역에 도시·군관리계획을 입안하는 경우
3. 법 또는 다른 명령에 따라 조성된 지역에 도시·군관리계획을 입안하는 경우
4. 개발제한구역의 지정 및 관리에 관한 특별조치법 시행령상 개발제한구역에서 조정 또는 해제된 지역에 대하여 도시·군관리계획을 입안하는 경우 : ㉠
5. 도시개발법에 따른 도시개발사업의 경우 : ㉡
6. 지구단위계획구역 또는 도시·군계획시설부지에서 도시·군관리계획을 입안하는 경우

정답 | ②

06 ■■□ 2018 공인중개사 수정

국토의 계획 및 이용에 관한 법령상 도시·군관리계획의 결정권자가 다른 것은?

① 개발제한구역의 지정에 관한 도시·군관리계획
② 국가계획과 관련되어 국토교통부장관이 입안한 도시·군관리계획
③ 도시자연공원구역의 지정에 관한 도시·군관리계획
④ 국가계획과 연계하여 시가화조정구역의 지정이 필요한 경우 시가화조정구역의 지정에 관한 도시·군관리계획
⑤ 둘 이상의 시·도에 걸쳐 이루어지는 사업의 계획 중 도시·군관리계획으로 결정하여야 할 사항이 있는 경우 국토교통부장관이 입안한 도시·군관리계획

해설 | ① 개발제한구역의 지정에 관한 도시·군관리계획 : 국토교통부장관
② 국가계획과 관련되어 국토교통부장관이 입안한 도시·군관리계획 : 국토교통부장관
③ 도시자연공원구역의 지정에 관한 도시·군관리계획 : 시·도지사, 대도시 시장
④ 국가계획과 연계하여 시가화조정구역의 지정이 필요한 경우 시가화조정구역의 지정에 관한 도시·군관리계획 : 국토교통부장관
⑤ 둘 이상의 시·도에 걸쳐 이루어지는 사업의 계획 중 도시·군관리계획으로 결정하여야 할 사항이 있는 경우 국토교통부장관이 입안한 도시·군관리계획 : 국토교통부장관

정답 | ③

07 ■■□ 2017 공인중개사

국토의 계획 및 이용에 관한 법령상 도시·군관리계획 등에 관한 설명으로 옳은 것은?

① 시가화조정구역의 지정에 관한 도시·군관리계획 결정 당시 승인받은 사업이나 공사에 이미 착수한 자는 신고 없이 그 사업이나 공사를 계속할 수 있다.
② 국가계획과 연계하여 시가화조정구역의 지정이 필요한 경우 국토교통부장관이 직접 그 지정을 도시·군관리계획으로 결정할 수 있다.
③ 도시·군관리계획의 입안을 제안받은 자는 도시·군관리계획의 입안 및 결정에 필요한 비용을 제안자에게 부담시킬 수 없다.
④ 수산자원보호구역의 지정에 관한 도시·군관리계획은 국토교통부장관이 결정한다.
⑤ 도시·군관리계획 결정은 지형도면을 고시한 날의 다음 날부터 효력이 발생한다.

해설 | ① 시가화조정구역의 지정에 관한 도시·군관리계획 결정 당시 승인받은 사업이나 공사에 이미 착수한 자는 3개월 이내에 신고하고 그 사업이나 공사를 계속할 수 있다. [보충] 도시·군관리계획 결정 당시 이미 사업이나 공사에 착수한 자는 그 도시·군관리계획 결정과 관계 없이 그 사업이나 공사를 계속할 수 있다. 다만 수산자원보호구역 또는 시가화조정구역의 지정에 관한 도시·군관리계획 결정 당시 승인받은 사업이나 공사에 이미 착수한 자는 3개월 이내에 신고하여야 한다.
③ 도시·군관리계획의 입안을 제안받은 자는 도시·군관리계획의 입안 및 결정에 필요한 비용을 제안자에게 부담시킬 수 있다.
④ 수산자원보호구역의 지정에 관한 도시·군관리계획은 해양수산부장관이 결정한다.
⑤ 도시·군관리계획 결정은 지형도면을 고시한 날부터 효력이 발생한다.

정답 | ②

08 2020 공인중개사

「국토의 계획 및 이용에 관한 법률」상 도시·군관리계획의 결정에 관한 설명으로 틀린 것은?

① 시장 또는 군수가 입안한 지구단위계획구역의 지정·변경에 관한 도시·군관리계획은 시장 또는 군수가 직접 결정한다.
② 개발제한구역의 지정에 관한 도시·군관리계획은 국토교통부장관이 결정한다.
③ 시·도지사가 지구단위계획을 결정하려면 「건축법」에 따라 시·도에 두는 건축위원회와 도시계획위원회가 공동으로 하는 심의를 거쳐야 한다.
④ 국토교통부장관은 관계 중앙행정기관의 장의 요청이 없어도 국가안전보장상 기밀을 지켜야 할 필요가 있다고 인정되면 중앙도시계획위원회의 심의를 거치지 않고 도시·군관리계획을 결정할 수 있다.
⑤ 도시·군관리계획 결정의 효력은 지형도면을 고시한 날부터 발생한다.

해설 | 국토교통부장관은 국가안전보장상 기밀을 지켜야 할 필요가 있다고 인정되면(관계 중앙행정기관의 장이 요청하는 경우에만) 중앙도시계획위원회의 심의를 거치지 않고 도시·군관리계획을 결정할 수 있다.

정답 | ④

09 ■□□ 2015 공인중개사

국토의 계획 및 이용에 관한 법령상 도시·군관리계획에 관한 설명으로 틀린 것은?

① 도시·군관리계획 결정의 효력은 지형도면을 고시한 날의 다음 날부터 발생한다.
② 용도지구의 지정은 도시·군관리계획으로 결정한다.
③ 주민은 기반시설의 설치·정비 또는 개량에 관한 사항에 대하여 입안권자에게 도시·군관리계획의 입안을 제안할 수 있다.
④ 도시·군관리계획은 광역도시계획과 도시·군기본계획에 부합되어야 한다.
⑤ 도시·군관리계획을 조속히 입안하여야 할 필요가 있다고 인정되면 도시·군기본계획을 수립할 때에 도시·군관리계획을 함께 입안할 수 있다.

해설 | 도시·군관리계획 결정의 효력은 지형도면을 고시한 날부터 발생한다.
정답 | ①

10 ■■□ 2021 공인중개사

국토의 계획 및 이용에 관한 법령상 도시·군관리계획에 관한 설명으로 틀린 것은?

① 국토교통부장관은 국가계획과 관련된 경우 직접 도시·군관리계획을 입안할 수 있다.
② 주민은 산업·유통개발진흥지구의 지정에 관한 사항에 대하여 도시·군관리계획의 입안권자에게 도시·군관리계획의 입안을 제안할 수 있다.
③ 도시·군관리계획으로 입안하려는 지구단위계획구역이 상업지역에 위치하는 경우에는 재해취약성분석을 하지 아니할 수 있다.
④ 도시·군관리계획 결정의 효력은 지형도면을 고시한 다음 날부터 발생한다.
⑤ 인접한 특별시·광역시·특별자치시·특별자치도·시 또는 군의 관할 구역에 대한 도시·군관리계획은 관계 특별시장·광역시장·특별자치시장·특별자치도지사·시장 또는 군수가 협의하여 공동으로 입안하거나 입안할 자를 정한다.

해설 | 도시·군관리계획 결정은 지형도면을 고시한 날부터 효력이 발생한다.
정답 | ④

2 문제

2022년, [국토의 계획 및 이용에 관한 법률(1)]에서는 2문제 출제되었습니다.

01 ■□□
2022 공인중개사

국토의 계획 및 이용에 관한 법령상 광역계획권에 관한 설명으로 옳은 것은?

① 광역계획권이 둘 이상의 도의 관할 구역에 걸쳐 있는 경우, 해당 도지사들은 공동으로 광역계획권을 지정하여야 한다.
② 광역계획권이 하나의 도의 관할 구역에 속하여 있는 경우, 도지사는 국토교통부장관과 공동으로 광역계획권을 지정 또는 변경하여야 한다.
③ 도지사가 광역계획권을 지정하려면 관계 중앙행정기관의 장의 의견을 들은 후 중앙도시계획위원회의 심의를 거쳐야 한다.
④ 국토교통부장관이 광역계획권을 변경하려면 관계 시·도지사, 시장 또는 군수의 의견을 들은 후 지방도시계획위원회의 심의를 거쳐야 한다.
⑤ 중앙행정기관의 장, 시·도지사, 시장 또는 군수는 국토교통부장관이나 도지사에게 광역계획권의 지정 또는 변경을 요청할 수 있다.

해설 | ① 광역계획권이 둘 이상의 도의 관할 구역에 걸쳐 있는 경우, 국토교통부장관이 광역계획권을 지정할 수 있다.
② 광역계획권이 하나의 도의 관할 구역에 속하여 있는 경우, 도지사가 광역계획권을 지정할 수 있다.
③ 도지사가 광역계획권을 지정하려면 관계 중앙행정기관의 장의 의견을 들은 후 지방도시계획위원회의 심의를 거쳐야 한다.
④ 국토교통부장관이 광역계획권을 변경하려면 관계 시·도지사, 시장 또는 군수의 의견을 들은 후 중앙도시계획위원회의 심의를 거쳐야 한다.

정답 | ⑤

02 2022 공인중개사

국토의 계획 및 이용에 관한 법령상 시장 또는 군수가 도시·군기본계획의 승인을 받으려 할 때, 도시·군기본계획안에 첨부하여야 할 서류에 해당하는 것은?

① 기초조사 결과
② 청문회의 청문조서
③ 해당 시·군 및 도의 의회의 심의·의결 결과
④ 해당 시·군 및 도의 지방도시계획위원회의 심의 결과
⑤ 관계 중앙행정기관의 장과의 협의 및 중앙도시계획위원회의 심의에 필요한 서류

해설 | 도시·군기본계획을 수립할 때에는 기초조사, 공청회, 지방의회 의견청취 과정을 거치며, 도시·군기본계획의 승인을 받기 위해서는 기초조사 결과를 첨부하여야 한다.

정답 | ①

CHAPTER 02

국토의 계획 및 이용에 관한 법률(2)

2014년	2015년	2016년	2017년	2018년	2019년	2020년	2021년	2022년
7문	6문	7문	7문	6문	7문	4문	6문	6문

핵심테마 04 | 용도지역
핵심테마 05 | 용도지구
핵심테마 06 | 용도구역
핵심테마 07 | 지구단위계획
핵심테마 08 | 도시·군계획시설사업

핵심테마 04 용도지역

2014년	2015년	2016년	2017년	2018년	2019년	2020년	2021년	2022년
1문	1문	2문	2문	2문	2문	0문	1문	1문

※ 최근 9년간 12문제 출제

01 2017 공인중개사

국토의 계획 및 이용에 관한 법령상 용도지역 중 도시지역에 해당하지 <u>않는</u> 것은?

① 계획관리지역
② 자연녹지지역
③ 근린상업지역
④ 전용공업지역
⑤ 생산녹지지역

해설 | 용도지역은 크게 도시지역, 관리지역, 농림지역, 자연환경보전지역으로 구분한다. 도시지역에는 주거지역, 상업지역(③), 공업지역(④), 녹지지역(②, ⑤)을 포함한다. 계획관리지역은 도시지역이 아니라 관리지역에 해당한다.

정답 | ①

02 2015 공인중개사

국토의 계획 및 이용에 관한 법령상 용도지역에 관한 설명으로 틀린 것은?

① 도시지역의 축소에 따른 용도지역의 변경을 도시·군관리계획으로 입안하는 경우에는 주민 및 지방의회의 의견청취 절차를 생략할 수 있다.
②「택지개발촉진법」에 따른 택지개발지구로 지정·고시되었다가 택지개발사업의 완료로 지구 지정이 해제되면 그 지역은 지구 지정 이전의 용도지역으로 환원된 것으로 본다.
③ 관리지역에서「농지법」에 따른 농업진흥지역으로 지정·고시된 지역은「국토의 계획 및 이용에 관한 법률」에 따른 농림지역으로 결정·고시된 것으로 본다.
④ 용도지역을 다시 세부 용도지역으로 나누어 지정하려면 도시·군관리계획으로 결정하여야 한다.
⑤ 도시지역이 세부 용도지역으로 지정되지 아니한 경우에는 용도지역의 용적률 규정을 적용할 때에 보전녹지지역에 관한 규정을 적용한다.

해설 | 개발사업의 완료로 해제되는 경우는 용도지역의 환원으로 보지 않는다.

- 용도지역의 환원

  도시지역으로 간주하는 구역 등이 해제되는 경우(개발사업의 완료로 해제되는 경우는 제외한다) 이 법 또는 다른 법률에서 그 구역 등이 어떤 용도지역에 해당하는지를 따로 정하고 있지 아니한 경우에는 이를 지정하기 이전의 용도지역으로 환원된 것으로 본다.

정답 | ②

03 ■□□ 2014 공인중개사

국토의 계획 및 이용에 관한 법령상 건폐율의 최대한도가 큰 용도지역부터 나열한 것은? (단, 조례는 고려하지 않음)

> ㄱ. 제2종전용주거지역 ㄴ. 제1종일반주거지역
> ㄷ. 준공업지역 ㄹ. 계획관리지역

① ㄱ-ㄴ-ㄹ-ㄷ ② ㄴ-ㄱ-ㄷ-ㄹ ③ ㄴ-ㄷ-ㄹ-ㄱ
④ ㄷ-ㄱ-ㄹ-ㄴ ⑤ ㄷ-ㄴ-ㄱ-ㄹ

해설 | ㉠ 제2종 전용주거지역 : 50%

㉡ 제1종 일반주거지역 : 60%

㉢ 준공업지역 : 70%

㉣ 계획관리지역 : 40%

- 용도지역별 건폐율

대구분	중구분	세분	건폐율
도시지역	주거지역	제1종 전용주거지역	50% 이하
		제2종 전용주거지역	50% 이하
		제1종 일반주거지역	60% 이하
		제2종 일반주거지역	60% 이하
		제3종 일반주거지역	50% 이하
		준주거지역	70% 이하
	공업지역	전용공업지역	70% 이하
		일반공업지역	70% 이하

		준공업지역	70% 이하
	상업지역	근린상업지역	70% 이하
		유통상업지역	80% 이하
		일반상업지역	80% 이하
		중심상업지역	90% 이하
	녹지지역	보전녹지지역	20% 이하
		생산녹지지역	20% 이하
		자연녹지지역	20% 이하
관리지역	보전관리지역	-	20% 이하
	생산관리지역	-	20% 이하
	계획관리지역	-	40% 이하
농림지역	-	-	20% 이하
자연환경보전지역	-	-	20% 이하

정답 | ⑤

04 ■□□ 2016 공인중개사

국토의 계획 및 이용에 관한 법령상 도시지역 중 건폐율의 최대한도가 낮은 지역부터 높은 지역 순으로 옳게 나열한 것은? (단, 조례 등 기타 강화·완화조건은 고려하지 않음)

① 전용공업지역 - 중심상업지역 - 제1종전용주거지역
② 보전녹지지역 - 유통상업지역 - 준공업지역
③ 자연녹지지역 - 일반상업지역 - 준주거지역
④ 일반상업지역 - 준공업지역 - 제2종일반주거지역
⑤ 생산녹지지역 - 근린상업지역 - 유통상업지역

해설 | ① 전용공업지역(70%) - 중심상업지역(90%) - 제1종 전용주거지역(50%)
② 보전녹지지역(20%) - 유통상업지역(80%) - 준공업지역(70%)
③ 자연녹지지역(20%) - 일반상업지역(80%) - 준주거지역(70%)
④ 일반상업지역(80%) - 준공업지역(70%) - 제2종 일반주거지역(60%)
⑤ 생산녹지지역(20%) - 근린상업지역(70%) - 유통상업지역(80%)

정답 | ⑤

05 2018 공인중개사

국토의 계획 및 이용에 관한 법령상 도시·군계획조례로 정할 수 있는 건폐율의 최대한도가 다음 중 가장 큰 지역은?

① 자연환경보전지역에 있는 「자연공원법」에 따른 자연공원
② 계획관리지역에 있는 「산업입지 및 개발에 관한 법률」에 따른 농공단지
③ 수산자원보호구역
④ 도시지역 외의 지역에 지정된 개발진흥지구
⑤ 자연녹지지역에 지정된 개발진흥지구

해설 | ① 「자연공원법」에 따른 자연공원 : 60%
② 「산업입지 및 개발에 관한 법률」에 따른 농공단지 : 70%
③ 수산자원보호구역 : 40%
④ 도시지역 외의 지역에 지정된 개발진흥지구 : 40%
⑤ 자연녹지지역에 지정된 개발진흥지구 : 30%

깨알 도시·군계획조례에 따른 건폐율·용적률의 특례에 관한 문제입니다. 용도지역의 건폐율·용적률에서 추가로 외워야 하는 내용인데요, 2018년에 한 번 출제되었습니다.

정답 | ②

06 2017 공인중개사

국토의 계획 및 이용에 관한 법령상 용적률의 최대한도가 낮은 지역부터 높은 지역에까지 순서대로 나열한 것은? (단, 조례 등 기타 강화·완화조건은 고려하지 않음)

| ㄱ. 준주거지역 | ㄴ. 준공업지역 |
| ㄷ. 일반공업지역 | ㄹ. 제3종 일반주거지역 |

① ㄱ - ㄴ - ㄷ - ㄹ
② ㄱ - ㄹ - ㄷ - ㄴ
③ ㄴ - ㄷ - ㄹ - ㄱ
④ ㄷ - ㄹ - ㄱ - ㄴ
⑤ ㄹ - ㄷ - ㄴ - ㄱ

해설 | ⊙ 준주거지역 : 500%, ⓒ 준공업지역 : 400%, ⓒ 일반공업지역 : 350%, ⓔ 제3종 일반주거지역 : 300%

- 용도지역별 용적률

대구분	중구분	세분	용적률(최대)
도시지역	주거지역	제1종 전용주거지역	100%
		제2종 전용주거지역	150%
		제1종 일반주거지역	200%
		제2종 일반주거지역	250%
		제3종 일반주거지역	300%
		준주거지역	500%
	공업지역	전용공업지역	300%
		일반공업지역	350%
		준공업지역	400%
	상업지역	근린상업지역	900%
		유통상업지역	1,100%
		일반상업지역	1,300%
		중심상업지역	1,500%
	녹지지역	보전녹지지역	80%
		생산녹지지역	100%
		자연녹지지역	100%
관리지역	보전관리지역	-	80%
	생산관리지역	-	80%
	계획관리지역	-	100%
농림지역	-	-	80%
자연환경보전지역	-	-	80%

정답 | ⑤

07　2019 공인중개사

국토의 계획 및 이용에 관한 법령상 용도지역별 용적률의 최대한도가 다음 중 가장 큰 것은? (단, 조례 등 기타 강화·완화조건은 고려하지 않음)

① 제1종 전용주거지역
② 제3종 일반주거지역
③ 준주거지역
④ 일반공업지역
⑤ 준공업지역

해설 | ① 제1종 전용주거지역 : 100%
② 제3종 일반주거지역 : 300%
③ 준주거지역 : 500%
④ 일반공업지역 : 350%
⑤ 준공업지역 : 400%

정답 | ③

08　2021 공인중개사

국토의 계획 및 이용에 관한 법령상 용도지역별 용적률의 최대한도가 큰 순서대로 나열한 것은? (단, 조례 기타 강화·완화조건은 고려하지 않음)

ㄱ. 근린상업지역	ㄴ. 준공업지역
ㄷ. 준주거지역	ㄹ. 보전녹지지역
ㅁ. 계획관리지역	

① ㄱ - ㄴ - ㄷ - ㄹ - ㅁ
② ㄱ - ㄷ - ㄴ - ㅁ - ㄹ
③ ㄴ - ㅁ - ㄱ - ㄹ - ㄷ
④ ㄷ - ㄱ - ㄹ - ㄴ - ㅁ
⑤ ㄷ - ㄴ - ㄱ - ㅁ - ㄹ

해설 | ㉠ 근린상업지역 : 900%
㉡ 준공업지역 : 400%

ⓒ 준주거지역 : 500%
② 보전녹지지역 : 80%
⑩ 계획관리지역 : 100%

정답 | ②

09 ∎∎∎□
2018 공인중개사

국토의 계획 및 이용에 관한 법령상 아파트를 건축할 수 있는 용도지역은?

① 계획관리지역
② 일반공업지역
③ 유통상업지역
④ 제1종 일반주거지역
⑤ 제2종 전용주거지역

해설 | 아파트는 제2종 전용주거지역, 제2종 일반주거지역, 제3종 일반주거지역, 준주거지역, 상업지역(유통상업지역을 제외) 및 준공업지역에서 건축할 수 있다.

> **깨알** 9번 문제부터 12번 문제까지는 용도지역에서의 [용도별 건축제한] 내용으로 일반적인 기본서의 20페이지에 해당하는 내용입니다. 현실적으로 외울 수 없는 내용으로 느낌대로 찍고 틀려도 어쩔 수 없는 문제입니다. [용도별 건축제한] 관련 문제는 9년 동안 4문제 출제되었는데, 9번 문제는 느낌으로 풀어도 맞힐 수 있는 문제입니다. 제2종 전용주거지역이면 공동주택 중심의 양호한 주거지역이므로 아파트를 건축할 수 있습니다. 주거지역 중에서는 제1종 전용주거지역(단독주택 중심)과 제1종 일반주거지역(저층중심 주택)에서는 아파트를 건축할 수 없습니다.

정답 | ⑤

10 ∎∎∎
2016 공인중개사

국토의 계획 및 이용에 관한 법령상 용도지역의 세분 중 '편리한 주거환경을 조성하기 위하여 필요한 지역'에 건축할 수 있는 건축물이 <u>아닌</u> 것은? (단, 건축물은 4층 이하이고, 조례는 고려하지 않음)

① 동물미용실
② 기숙사
③ 고등학교
④ 양수장
⑤ 단독주택

해설 | 편리한 주거환경을 조성하기 위하여 필요한 지역 그리고 건축물은 4층 이하이므로 제1종 일반주거지역을 말한다. 또한 조례는 고려하지 않으므로 제1종 일반주거지역에는 단독주택, 공동주택(아파트 제외), 제1종 근린생활시설, 교육연구시설 중 유치원·초등학교·중학교 및 고등학교, 노유자시설을 건축할 수 있다. 따라서 제2종 근린생활시설인 동물미용실은 건축할 수 없다.

깨알 용도지역에서의 [용도별 건축제한] 내용으로 느낌대로 찍는 문제입니다.

정답 | ①

11 2019 공인중개사

국토의 계획 및 이용에 관한 법령상 제3종 일반주거지역 안에서 도시·군계획조례가 정하는 바에 의하여 건축할 수 있는 건축물은? (단, 건축물의 종류는 「건축법 시행령」 별표1에 규정된 용도별 건축물의 종류에 따름)

① 제2종 근린생활시설 중 단란주점
② 의료시설 중 격리병원
③ 문화 및 집회시설 중 관람장
④ 위험물저장 및 처리시설 중 액화가스 취급소·판매소
⑤ 업무시설로서 그 용도에 쓰이는 바닥면적의 합계가 4천제곱미터인 것

해설 | 제3종 일반주거지역 안에서 도시·군계획조례가 정하는 바에 의하여 건축할 수 있는 건축물은 위험물저장 및 처리시설 중 액화가스 취급소·판매소이다.

깨알 용도지역에서의 [용도별 건축제한] 내용으로 느낌대로 찍는 문제입니다.

정답 | ④

용도지구

2014년	2015년	2016년	2017년	2018년	2019년	2020년	2021년	2021년
1문	0문	0문	1문	1문	2문	2문	0문	0문

※ 최근 9년간 7문제 출제

01 ■□□
2019 공인중개사

「국토의 계획 및 이용에 관한 법률」상 용어의 정의에 관한 조문의 일부이다. (   )에 들어갈 내용을 바르게 나열한 것은?

> (ㄱ)이란 토지의 이용 및 건축물의 용도·건폐율·용적률·높이 등에 대한 (ㄴ)의 제한을 강화하거나 완화하여 적용함으로서 (ㄴ)의 기능을 증진시키고 경관·안전 등을 도모하기 위하여 도시·군관리계획으로 결정하는 지역을 말한다.

① ㄱ: 용도지구, ㄴ: 용도지역
② ㄱ: 용도지구, ㄴ: 용도구역
③ ㄱ: 용도지역, ㄴ: 용도지구
④ ㄱ: 용도지구, ㄴ: 용도지역 및 용도구역
⑤ ㄱ: 용도지역, ㄴ: 용도지역 및 용도지구

해설 | ㉠ 용도지구란 토지의 이용 및 건축물의 용도·건폐율·용적률·높이 등에 대한 ㉡ 용도지역의 제한을 강화하거나 완화하여 적용함으로서 ㉢ 용도지역의 기능을 증진시키고 경관·안전 등을 도모하기 위하여 도시·군관리계획으로 결정하는 지역을 말한다.

정답 | ①

02 ■□□
2019 공인중개사

국토의 계획 및 이용에 관한 법령상 용도지구와 그 세분(細分)이 바르게 연결된 것만을 모두 고른 것은? (단, 조례는 고려하지 않음)

> ㄱ. 보호지구 – 역사문화환경보호지구, 중요시설물보호지구, 생태계보호지구
> ㄴ. 방재지구 – 자연방재지구, 시가지방재지구, 특정개발방재지구
> ㄷ. 경관지구 – 자연경관지구, 주거경관지구, 시가지경관지구
> ㄹ. 취락지구 – 자연취락지구, 농어촌취락지구, 집단취락지구

① ㄱ
② ㄹ
③ ㄱ, ㄷ
④ ㄴ, ㄹ
⑤ ㄷ, ㄹ

해설 | ㉠ 보호지구 – 역사문화환경보호지구(○), 중요시설물보호지구(○), 생태계보호지구(○)
㉡ 방재지구 – 자연방재지구(○), 시가지방재지구(○), 특정개발방재지구(×)
㉢ 경관지구 – 자연경관지구(○), 주거경관지구(×), 시가지경관지구(○) + 특화경관지구
㉣ 취락지구 – 자연취락지구(○), 농어촌취락지구(×), 집단취락지구(○)

정답 | ①

03 ■□□
2020 공인중개사

국토의 계획 및 이용에 관한 법령상 공업기능 및 유통·물류기능을 중심으로 개발·정비할 필요가 있는 용도지구는?

① 복합용도지구
② 주거개발진흥지구
③ 산업·유통개발진흥지구
④ 관광·휴양개발진흥지구
⑤ 특정개발진흥지구

해설 | 공업기능 및 유통·물류기능을 중심으로 개발·정비할 필요가 있는 용도지구는 산업·유통개발진흥지구이다.

정답 | ③

04 ■■□ 2017 공인중개사

국토의 계획 및 이용에 관한 법령상 용도지역·용도지구·용도구역에 관한 설명으로 틀린 것은?

① 국토교통부장관이 용도지역을 지정하는 경우에는 도시·군관리계획으로 결정한다.
② 시·도지사는 도시자연공원구역의 변경을 도시·군관리계획으로 결정할 수 있다.
③ 시·도지사는 법률에서 정하고 있는 용도지구 외에 새로운 용도지구를 신설할 수 없다.
④ 집단취락지구란 개발제한구역 안의 취락을 정비하기 위하여 필요한 지구를 말한다.
⑤ 방재지구의 지정을 도시·군관리계획으로 결정하는 경우 도시·군관리계획의 내용에는 해당 방재지구의 재해저감대책을 포함하여야 한다.

해설 | 시·도지사는 법률에서 정하고 있는 용도지구 외에 새로운 용도지구를 신설 또는 변경할 수 있다.

- 조례로 정하는 용도지구
  시·도지사 또는 대도시 시장은 지역여건상 필요하면 대통령령으로 정하는 기준에 따라 그 시·도 또는 대도시의 조례로 용도지구의 명칭 및 지정목적, 건축이나 그 밖의 행위의 금지 및 제한에 관한 사항 등을 정하여 법령에서 정한 용도지구 외의 용도지구의 지정 또는 변경을 도시·군관리계획으로 결정할 수 있다.

정답 | ③

05 ■■■ 2018 공인중개사

국토의 계획 및 이용에 관한 법령상 용도지구 안에서의 건축제한 등에 관한 설명으로 틀린 것은? (단, 건축물은 도시·군계획시설이 아니며, 조례는 고려하지 않음)

① 지구단위계획 또는 관계 법률에 따른 개발계획을 수립하지 아니하는 개발진흥지구에서는 개발진흥지구의 지정목적 범위에서 해당 용도지역에서 허용되는 건축물을 건축할 수 있다.
② 고도지구 안에서는 도시·군관리계획으로 정하는 높이를 초과하는 건축물을 건축할 수 없다.
③ 일반주거지역에 지정된 복합용도지구 안에서는 장례시설을 건축할 수 있다.
④ 방재지구 안에서는 용도지역 안에서의 층수 제한에 있어 1층 전부를 필로티 구조로 하는 경우 필로티 부분을 층수에서 제외한다.
⑤ 자연취락지구 안에서는 4층 이하의 방송통신시설을 건축할 수 있다.

해설 | 일반주거지역에 지정된 복합용도지구 안에서는 장례시설을 건축할 수 없다. [보충] 일반주거지역에 지정된 복합용도지구 안에서는 준주거지역에 허용되는 건축물을 건축할 수 있다. 다만, 제2종 근린생활시설 중 안마시술소, 문화 및 집회시설 중 관람장, 공장, 위험물저장 및 처리시설, 동물 및 식물관련시설, 장례시설은 제외한다.

정답 | ③

06 2014 공인중개사

국토의 계획 및 이용에 관한 법령상 자연취락지구 안에 건축할 수 있는 건축물에 해당하지 <u>않는</u> 것은? (단, 4층 이하의 건축물에 한하고, 조례는 고려하지 않음)

① 단독주택
② 노래연습장
③ 축산업용 창고
④ 방송국
⑤ 정신병원

해설 | 정신병원, 관광휴게시설, 동물전용 장례식장 등은 자연취락지구에 건축할 수 없다.

- 자연취락지구 안에서 건축할 수 있는 건축물(4층 이하의 건축물에 한한다)
  1. 단독주택 : ①
  2. 제1종 근린생활시설 - 한의원, 마을회관
  3. 제2종 근린생활시설 - 노래연습장 : ②
  4. 운동시설
  5. 창고(농업·임업, 축산업·수산업용만 해당한다) : ③
  6. 동물 및 식물관련시설 - 도축장
  7. 교정 및 국방·군사시설
  8. 방송통신시설 - 방송국 : ④
  9. 발전시설

정답 | ⑤

07 | 2020 공인중개사

국토의 계획 및 이용에 관한 법령상 자연취락지구 안에서 건축 할 수 있는 건축물에 해당하지 않는 것은? (단, 4층 이하의 건축물이고, 조례는 고려하지 않음)

① 동물 전용의 장례식장
② 단독주택
③ 도축장
④ 마을회관
⑤ 한의원

해설 | 동물 전용의 장례식장은 자연취락지구에서 건축할 수 없다.

- 자연취락지구 안에서 건축할 수 있는 건축물(4층 이하의 건축물에 한한다)
1. 단독주택 : ②
2. 제1종 근린생활시설 – 한의원, 마을회관 : ④, ⑤
3. 제2종 근린생활시설 – 노래연습장
4. 운동시설
5. 창고(농업·임업, 축산업·수산업용만 해당한다)
6. 동물 및 식물관련시설 – 도축장 : ③
7. 교정 및 국방·군사시설
8. 방송통신시설 – 방송국
9. 발전시설

정답 | ①

용도구역

2014년	2015년	2016년	2017년	2018년	2019년	2020년	2021년	2022년
0문	0문	0문	0문	1문	0문	1문	1문	1문

※ 최근 9년간 4문제 출제

 ■■□
2018 공인중개사 수정

국토의 계획 및 이용에 관한 법령상 도시지역에서 입지규제최소구역으로 지정할 수 있는 지역에 해당하지 <u>않는</u> 것은?

① 도시·군기본계획에 따른 도심·부도심 또는 생활권의 중심지역
② 철도역사, 터미널 등의 기반시설 중 지역의 거점 역할을 수행하는 시설을 중심으로 주변지역을 집중적으로 정비할 필요가 있는 지역
③ 세 개 이상의 노선이 교차하는 대중교통 결절지로부터 5킬로미터 이내에 위치한 지역
④ 「도시 및 주거환경정비법」에 따른 노후·불량건축물이 밀집한 주거지역 또는 공업지역으로 정비가 시급한 지역
⑤ 「도시재생 활성화 및 지원에 관한 특별법」에 다른 도시재생활성화지역 중 근린재생형 활성화계획을 수립하는 지역

해설 | 세 개 이상의 노선이 교차하는 대중교통 결절지로부터 1킬로미터 이내에 위치한 지역은 도시지역에서 입지규제최소구역으로 지정할 수 있다.

• 입지규제최소구역 지정대상

1. 도시·군기본계획에 따른 도심·부도심 또는 생활권의 중심지역 : ①
2. 철도역사, 터미널 등의 기반시설 중 지역의 거점 역할을 수행하는 시설을 중심으로 주변지역을 집중적으로 정비할 필요가 있는 지역 : ②
3. 세 개 이상의 노선이 교차하는 대중교통 결절지로부터 1킬로미터 이내에 위치한 지역 : ③
4. 「도시 및 주거환경정비법」에 따른 노후·불량건축물이 밀집한 주거지역 또는 공업지역으로 정비가 시급한 지역 : ④
5. 「도시재생 활성화 및 지원에 관한 특별법」에 다른 도시재생활성화지역 중 도시경제기반형 활성화계획을 수립하는 지역 : ⑤
6. 그 밖에 창의적인 지역개발이 필요한 지역으로 대통령령으로 정하는 지역

㉠ 산업입지 및 개발에 관한 법률에 따른 도시첨단산업단지
㉡ 빈집 및 소규모주택 정비에 관한 특례법에 따른 소규모주택정비사업의 시행구역
㉢ 「도시재생 활성화 및 지원에 관한 특별법」에 따른 도시재생활성화지역 중 근린재생형 활성화계획을 수립하는 지역

정답 | ③

02 ■■□ 2020 공인중개사

국토의 계획 및 이용에 관한 법령상 입지규제최소구역에 관한 설명으로 옳은 것을 모두 고른 것은?

> ㄱ. 도시·군관리계획의 결정권자는 도시·군기본계획에 따른 도심·부도심 또는 생활권의 중심지역과 그 주변지역의 전부 또는 일부를 입지규제최소구역으로 지정할 수 있다.
> ㄴ. 입지규제최소구역에 대하여는 「주차장법」에 따른 부설주차장의 설치에 관한 규정을 적용하지 아니할 수 있다.
> ㄷ. 다른 법률에서 도시·군관리계획의 결정을 의제하고 있는 경우에는 「국토의 계획 및 이용에 관한 법률」에 따르지 아니하고 입지규제최소구역을 지정할 수 있다.

① ㄱ
② ㄱ, ㄴ
③ ㄱ, ㄷ
④ ㄴ, ㄷ
⑤ ㄱ, ㄴ, ㄷ

해설 | 다른 법률에서 도시·군관리계획의 결정을 의제하고 있는 경우에도 「국토의 계획 및 이용에 관한 법률」에 따르지 아니하고 입지규제최소구역을 지정할 수 없다.

㉠, ㉡은 옳은 내용이다.

- 입지규제최소구역에 대하여는 다음의 법률 규정을 적용하지 아니할 수 있다.
1. 주택법에 따른 주택의 배치, 부대시설·복리시설의 설치기준 및 대지조성 기준
2. 주차장법에 따른 부설주차장의 설치 : ㉡
3. 문화예술진흥법에 따른 건축물에 대한 미술작품의 설치
4. 건축법에 따른 공개 공지 등의 확보

정답 | ②

03 2021 공인중개사

국토의 계획 및 이용에 관한 법령상 시가화조정구역에 관한 설명으로 옳은 것은?

① 시가화조정구역은 도시지역과 그 주변지역의 무질서한 시가화를 방지하고 계획적·단계적인 개발을 도모하기 위하여 시·도지사가 도시·군기본계획으로 결정하여 지정하는 용도구역이다.
② 시가화유보기간은 5년 이상 20년 이내의 기간이다.
③ 시가화유보기간이 끝나면 국토교통부장관 또는 시·도지사는 이를 고시하여야 하고, 시가화조정구역 지정 결정은 그 고시일 다음 날부터 그 효력을 잃는다.
④ 공익상 그 구역 안에서의 사업시행이 불가피한 것으로서 주민의 요청에 의하여 시·도지사가 시가화조정구역의 지정목적달성에 지장이 없다고 인정한 도시·군계획사업은 시가화조정구역에서 시행할 수 있다.
⑤ 시가화조정구역에서 입목의 벌채, 조림, 육림 행위는 허가 없이 할 수 있다.

해설 | ① 도시·군기본계획(×), 도시·군관리계획(○), 시가화조정구역은 도시지역과 그 주변지역의 무질서한 시가화를 방지하고 계획적·단계적인 개발을 도모하기 위하여 시·도지사가 도시·군관리계획으로 결정하여 지정하는 용도구역이다.
③ 그 고시일의 다음 날(×), 시가화 유보기간이 끝난 날의 다음 날(○), 시가화유보기간이 끝나면 국토교통부장관 또는 시·도지사는 이를 고시하여야 하고, 시가화조정구역의 지정 결정은 시가화 유보기간이 끝난 날의 다음 날부터 그 효력을 잃는다.
④ 주민의(×), 관계 중앙행정기관의(○), 시·도지사(×), 국토교통부장관(○), 공익상 그 구역 안에서의 사업시행이 불가피한 것으로서 관계 중앙행정기관의 요청에 의하여 국토교통부장관이 시가화조정구역의 지정목적달성에 지장이 없다고 인정한 도시·군계획사업은 시가화조정구역에서 시행할 수 있다.
⑤ 허가 없이(×), 허가를 받아야(○), 시가화조정구역에서 입목의 벌채, 조림, 육림 행위는 허가를 받아야 할 수 있다.

정답 | ②

지구단위계획

2014년	2015년	2016년	2017년	2018년	2019년	2020년	2021년	2022년
1문	1문	2문	1문	1문	1문	0문	1문	0문

※ 최근 9년간 8문제 출제

01 ■□□
2019 공인중개사

국토의 계획 및 이용에 관한 법령상 아래 내용을 뜻하는 용어는?

> 도시·군계획 수립 대상지역의 일부에 대하여 토지 이용을 합리화하고 그 기능을 증진시키며 미관을 개선하고 양호한 환경을 확보하며, 그 지역을 체계적·계획적으로 관리하기 위하여 수립하는 도시·군관리계획

① 일부관리계획
② 지구단위계획
③ 도시·군기본계획
④ 시가화조정구역계획
⑤ 입지규제최소구역계획

해설 | 도시·군계획 수립 대상지역의 일부에 대하여 토지 이용을 합리화하고 그 기능을 증진시키며 미관을 개선하고 양호한 환경을 확보하며, 그 지역을 체계적·계획적으로 관리하기 위하여 수립하는 도시·군관리계획은 지구단위계획이다.

정답 | ②

02 2016 공인중개사

국토의 계획 및 이용에 관한 법령상 지구단위계획에 관한 설명으로 틀린 것은?

① 지구단위계획은 도시·군관리계획으로 결정한다.
② 두 개의 노선이 교차하는 대중교통 결절지로부터 2km 이내에 위치한 지역은 지구단위계획구역으로 지정하여야 한다.
③ 시·도지사는 「도시개발법」에 따라 지정된 도시개발구역의 전부 또는 일부에 대하여 지구단위계획구역을 지정할 수 있다.
④ 지구단위계획의 수립기준은 국토교통부장관이 정한다.
⑤ 「택지개발촉진법」에 따라 지정된 택지개발지구에서 시행되는 사업이 끝난 후 10년이 지난 지역으로서 관계 법률에 따른 토지 이용과 건축에 관한 계획이 수립되어 있지 않은 지역은 지구단위계획구역으로 지정하여야 한다.

해설 | 세 개 이상의 노선이 교차하는 대중교통 결절지로부터 1km 이내에 위치한 지역은 지구단위계획구역으로 지정할 수 있다.

- 도시지역의 재량적 지구단위계획구역 지정대상지역(지정할 수 있다)

1. 용도지구
2. 도시개발법에 지정된 도시개발구역 : ③
3. 도시 및 주거환경정비법에 따라 지정된 정비구역
4. 택지개발촉진법에 따라 지정된 택지개발지구
5. 주택법에 따른 대지조성사업지구
6. 산업입지 및 개발에 관한 법률의 산업단지와 준산업단지
7. 관광진흥법에 따라 지정된 관광단지와 관광특구
8. 개발제한구역·도시자연공원구역·공원·시가화조정구역에서 해제되는 구역, 녹지지역에서 주거·상업·공업지역으로 변경되는 구역과 새로 도시지역으로 편입되는 구역 중 계획적인 개발 또는 관리가 필요한 지역
9. 시범도시, 개발행위허가제한지역
10. 세 개 이상의 노선이 교차하는 대중교통결절지로부터 1km 이내에 위치하는 지역 : ②

- 도시지역의 의무적 지정대상지역(지정하여야 한다)

1. 정비구역, 택지개발지구에서 사업이 끝난 후 10년이 지난 지역 : ⑤
2. 체계적·계획적인 개발관리가 필요한 지역으로서 면적이 30만 제곱미터 이상인 다음의 지역
   ㉠ 공원 또는 시가화 조정구역에서 해제되는 지역. 다만, 녹지지역으로 지정 또는 존치되거

나 법 또는 다른 법령에 의하여 도시·군계획사업 등 개발계획이 수립되지 아니하는 경우를 제외한다.

ⓒ 녹지지역에서 주거지역·상업지역 또는 공업지역으로 변경되는 지역

정답 | ②

03 ■□□
2014 공인중개사

국토의 계획 및 이용에 관한 법령상 지구단위계획 및 지구단위계획구역에 관한 설명으로 틀린 것은?

① 주민은 도시·군관리계획의 입안권자에게 지구단위계획의 변경에 관한 도시·군관리계획의 입안을 제안할 수 있다.
② 개발제한구역에서 해제되는 구역 중 계획적인 개발 또는 관리가 필요한 지역은 지구단위계획구역으로 지정될 수 있다.
③ 시장 또는 군수가 입안한 지구단위계획의 수립·변경에 관한 도시·군관리계획은 해당 시장 또는 군수가 직접 결정한다.
④ 지구단위계획의 수립기준은 시·도지사가 국토교통부장관과 협의하여 정한다.
⑤ 도시지역 외의 지역으로서 용도지구를 폐지하고 그 용도지구에서의 행위 제한 등을 지구단위계획으로 대체하려는 지역은 지구단위계획구역으로 지정될 수 있다.

해설 | 지구단위계획의 수립기준은 국토교통부장관이 정한다.

• 도시·군관리계획 입안제안의 동의 요건
1. 기반시설의 설치·정비 또는 개량에 관한 사항 : 4/5 이상 동의
2. 지구단위계획구역의 지정 및 변경과 지구단위계획의 수립 및 변경에 관한 사항 : 2/3 이상 동의 : ①
3. 개발진흥지구 중 산업·유통개발진흥지구의 지정 및 변경에 관한 사항 : 2/3 이상 동의
4. 용도지구 중 해당 용도지구에 따른 건축물이나 그 밖의 시설의 용도·종류 및 규모 등의 제한을 지구단위계획으로 대체하기 위한 용도지구의 지정 및 변경에 관한 사항 : 2/3 이상 동의
5. 입지규제최소구역의 지정 및 변경과 입지규제최소구역계획의 수립 및 변경에 관한 사항 : 2/3 이상 동의

• 도시지역 외의 지구단위계획구역 지정대상지역

도시지역 외의 지역을 지구단위계획구역으로 지정하려는 경우에는 다음에 해당하여야 한다.
1. 계획관리지역 : 50% 이상이 계획관리지역으로 다음에 해당하는 지역(다음 생략)

2. 개발진흥지구 : 개발진흥지구로서 다음의 요건에 해당하는 지역

  ㉠ 주거개발진흥지구, 복합개발진흥지구 및 특정개발진흥지구 : 계획관리지역

  ㉡ 산업·유통개발진흥지구 및 복합개발진흥지구 : 농림지역·생산관리지역·계획관리지역

  ㉢ 관광·휴양개발진흥지구 : 도시지역 외

3. 용도지구를 폐지하고 그 용도지구에서의 행위 제한 등을 지구단위계획으로 대체하려는 지역 : ⑤

정답 | ④

04
2015 공인중개사

국토의 계획 및 이용에 관한 법령상 (　　) 안에 알맞은 것은?

> 도시지역 내 지구단위계획구역의 지정이 한옥마을의 보존을 목적으로 하는 경우 지구단위계획으로 「주차장법」 제19조 제3항에 의한 주차장 설치기준을 (　　) 퍼센트까지 완화하여 적용할 수 있다.

① 20 ② 30 ③ 50 ④ 80 ⑤ 100

해설 | 도시지역 내 지구단위계획구역의 지정이 한옥마을의 보존을 목적으로 하는 경우 지구단위계획으로 주차장 설치기준을 100%까지 완화하여 적용할 수 있다.

- 주차장 설치기준의 완화 대상
1. 한옥마을을 보존하고자 하는 경우
2. 차 없는 거리를 조성하고자 하는 경우(지구단위계획으로 보행자전용도로를 지정하거나 차량의 출입을 금지한 경우를 포함)
3. 그 밖에 국토교통부령(차량진입금지구간)이 정하는 경우

정답 | ⑤

05 ■□□ 2017 공인중개사

국토의 계획 및 이용에 관한 법령상 지구단위계획 등에 관한 설명으로 틀린 것은?

① 「관광진흥법」에 따라 지정된 관광특구에 대하여 지구단위계획구역을 지정할 수 있다.
② 도시지역 외의 지역도 지구단위계획구역으로 지정될 수 있다.
③ 건축물의 형태·색채에 관한 계획도 지구단위계획의 내용으로 포함될 수 있다.
④ 지구단위계획으로 차량진입금지구간을 지정한 경우 「주차장법」에 따른 주차장 설치기준을 최대 80%까지 완화하여 적용할 수 있다.
⑤ 주민은 시장 또는 군수에게 지구단위계획구역의 지정에 관한 사항에 대하여 도시·군관리계획의 입안을 제안할 수 있다.

해설 | 지구단위계획으로 차량진입금지구간을 지정한 경우 「주차장법」에 따른 주차장 설치기준을 최대 100%까지 완화하여 적용할 수 있다.

정답 | ④

06 ■■■ 2018 공인중개사

국토의 계획 및 이용에 관한 법령상 도시지역 외 지구단위계획구역에서 지구단위계획에 의한 건폐율 등의 완화적용에 관한 설명으로 틀린 것은?

① 당해 용도지역 또는 개발진흥지구에 적용되는 건폐율의 150퍼센트 이내에서 건폐율을 완화하여 적용할 수 있다.
② 당해 용도지역 또는 개발진흥지구에 적용되는 용적률의 200퍼센트 이내에서 용적률을 완화하여 적용할 수 있다.
③ 당해 용도지역에 적용되는 건축물 높이의 120퍼센트 이내에서 높이제한을 완화하여 적용할 수 있다.
④ 계획관리지역에 지정된 개발진흥지구 내의 지구단위계획구역에서는 건축물의 용도·종류 및 규모 등을 완화하여 적용할 수 있다.
⑤ 계획관리지역 외의 지역에 지정된 개발진흥지구 내의 지구단위계획구역에서는 건축물의 용도·종류 및 규모 등을 완화하여 적용할 경우 아파트 및 연립주택은 허용되지 아니한다.

해설 | 도시지역 외에서는 용도지역에 적용되는 건축물의 건폐율 및 용적률을 완화하여 적용할 수 있지만 건축물 높이제한을 완화하여 적용할 수 없다. [비교] 용도지역에 적용되는 건축물 높이의 120% 이내에서 높이제한을 완화하여 적용할 수 있는 것은 도시지역 내에 지정하는 지구단위계획구역에서 적용되는 규정이다.

- 도시지역 외의 지구단위계획구역의 완화 적용

1. 도시지역 외의 지구단위계획구역에서는 지구단위계획으로 당해 용도지역 또는 개발진흥지구에 적용되는 건폐율의 150% 및 용적률의 200% 이내에서 건폐율 및 용적률을 완화하여 적용할 수 있다.
2. 도시지역 외의 지구단위계획구역에서는 지구단위계획으로 건축물의 용도·종류 및 규모 등을 완화하여 적용할 수 있다. 다만, 개발진흥지구(계획관리지역에 지정된 개발진흥지구를 제외한다)에 지정된 지구단위계획구역에 대하여는 공동주택 중 아파트 및 연립주택은 허용되지 않는다.

정답 | ③

07 2021 공인중개사

국토의 계획 및 이용에 관한 법령상 지구단위계획구역과 지구단위계획에 관한 설명으로 틀린 것은? (단, 조례는 고려하지 않음)

① 지구단위계획이 수립되어 있는 지구단위계획구역에서 공사기간 중 이용하는 공사용 가설건축물을 건축하려면 그 지구단위계획에 맞게 하여야 한다.
② 지구단위계획은 해당 용도지역의 특성을 고려하여 수립한다.
③ 시장 또는 군수가 입안한 지구단위계획구역의 지정·변경에 관한 도시·군관리계획은 시장 또는 군수가 직접 결정한다.
④ 지구단위계획구역 및 지구단위계획은 도시·군관리계획으로 결정한다.
⑤ 「관광진흥법」에 따라 지정된 관광단지의 전부 또는 일부에 대하여 지구단위계획구역을 지정할 수 있다.

해설 | 지구단위계획구역에서 건축물(일정 기간 내 철거가 예상되는 경우 등 대통령령으로 정하는 가설건축물은 제외한다)을 건축하려면 그 지구단위계획에 맞게 하여야 한다. 공사용 가설건축물은 지구단위계획이 적용되지 않는 건축물이므로 지구단위계획에 맞지 않아도 된다.

- 지구단위계획이 적용되지 않는 가설건축물

1. 존치기간이 3년의 범위에서 해당 특별시·광역시·특별자치시·특별자치도·시 또는 군의 도시·군계획조례로 정한 존치기간 이내인 가설건축물
2. 재해복구기간 중 이용하는 재해복구용 가설건축물
3. 공사기간 중 이용하는 공사용 가설건축물 : ①

정답 | ①

08 2016 공인중개사

국토의 계획 및 이용에 관한 법령상 일반상업지역 내의 지구단위계획구역에서 건폐율이 60%이고 대지면적이 400㎡인 부지에 건축물을 건축하려는 자가 그 부지 중 100㎡를 공공시설의 부지로 제공하는 경우, 지구단위계획으로 완화하여 적용할 수 있는 건폐율의 최대한도(%)는 얼마인가? (단, 조례는 고려하지 않으며, 건축주가 용도폐지되는 공공시설을 무상양수 받은 경우가 아님)

① 60 ② 65 ③ 70
④ 75 ⑤ 80

해설 | 공공시설부지를 제공하는 경우, 완화할 수 있는 건폐율 = 해당 용도지역에 적용되는 건폐율 × [1 + 공공시설 등의 부지로 제공하는 면적(단, 공공시설 등의 부지를 제공하는 자가 법 제65조 제2항에 따라 용도가 폐지되는 공공시설을 무상으로 양수받은 경우에는 그 양수받은 부지면적을 빼고 산정) ÷ 원래의 대지면적] 이내이다.

∴ 60% × (1 + 100㎡ ÷ 400㎡) = 75%

정답 | ④

08 도시·군계획시설사업

2014년	2015년	2016년	201년	2018년	2019년	2020년	2021년	2022년
4문	4문	3문	3문	1문	2문	1문	3문	4문

※ 최근 9년간 25문제 출제

01 ■□□
2017 공인중개사

국토의 계획 및 이용에 관한 법률상 기반시설의 종류와 그 해당 시설의 연결로 틀린 것은?

① 교통시설 – 차량 검사 및 면허시설
② 유통·공급시설 – 방송·통신시설
③ 방재시설 – 하천
④ 공간시설 – 장사시설
⑤ 환경기초시설 – 폐차장

해설 | 장사시설은 보건위생시설에 해당한다.

- 기반시설의 종류
1. 교통시설 : 도로·철도·항만·공항·주차장·자동차정류장·궤도·차량 검사 및 면허시설
2. 공간시설 : 광장·공원·녹지·유원지·공공공지
3. 유통·공급시설 : 유통업무설비, 수도·전기·가스·열공급설비, 방송·통신시설, 공동구·시장, 유류저장 및 송유설비
4. 공공·문화체육시설 : 학교·공공청사·문화시설·공공필요성이 인정되는 체육시설·연구시설·사회복지시설·공공직업훈련시설·청소년수련시설
5. 방재시설 : 하천·유수지·저수지·방화설비·방풍설비·방수설비·사방설비·방조설비
6. 보건위생시설 : 장사시설·도축장·종합의료시설 : ⑤
7. 환경기초시설 : 하수도·폐기물처리 및 재활용시설·빗물저장 및 이용시설·수질오염방지시설·폐차장

정답 | ④

02 ■□□
2015 공인중개사

국토의 계획 및 이용에 관한 법령상 기반시설의 종류와 그 해당시설의 연결로 틀린 것은?

① 교통시설 – 폐차장
② 공간시설 – 유원지
③ 공공·문화체육시설 – 청소년수련시설
④ 방재시설 – 저수지
⑤ 환경기초시설 – 하수도

해설 | 폐차장은 환경기초시설에 해당한다.
정답 | ①

03 ■□□
2021 공인중개사

국토의 계획 및 이용에 관한 법령상 기반시설의 종류와 그 해당 시설의 연결이 틀린 것은?

① 교통시설 – 차량 검사 및 면허시설
② 공간시설 – 녹지
③ 유통·공급시설 – 방송·통신시설
④ 공공·문화체육시설 – 학교
⑤ 보건위생시설 – 폐기물처리 및 재활용시설

해설 | 폐기물처리 및 재활용시설은 환경기초시설이다.
정답 | ⑤

04 ■□□
2014 공인중개사

국토의 계획 및 이용에 관한 법령상 기반시설 중 방재시설에 해당하지 않는 것은?

① 하천 ② 유수지 ③ 하수도
④ 사방설비 ⑤ 저수지

해설 | 하수도는 환경기초시설에 해당한다.
정답 | ③

05 ■■□ 2016 공인중개사

국토의 계획 및 이용에 관한 법령상 기반시설인 자동차정류장을 세분할 경우 이에 해당하지 않는 것은?

① 화물터미널
② 공영차고지
③ 복합환승센터
④ 화물자동차 휴게소
⑤ 교통광장

해설 | 교통광장은 기반시설 중 광장에 해당한다.

- 기반시설의 세분
1. 자동차정류장 : 여객자동차터미널, 화물터미널(①), 공영차고지(②), 공동차고지, 화물자동차 휴게소(④), 복합환승센터(③)
2. 광장 : 교통광장(⑤), 일반광장, 경관광장, 지하광장, 건축물부설광장

정답 | ⑤

06 ■■■ 2014 공인중개사

국토의 계획 및 이용에 관한 법령상 도시지역에서 기반시설을 설치하는 경우 도시·군관리계획으로 결정하여야 하는 것은?

① 전세버스운송사업용 여객자동차터미널
② 광장 중 건축물부설광장
③ 변전소
④ 대지면적이 400제곱미터인 도축장
⑤ 폐기물처리시설 중 재활용시설

해설 | 변전소는 도시·군관리계획으로 결정하여야 하는 시설이다. 기반시설을 설치하려면 도시·군관리계획으로 결정하여야 한다. 다만, 용도지역·기반시설의 특성 등을 고려하여 대통령령으로 정한 경우에는 그러하지 아니하다. **깨알** 다만, 현실적으로 외울 수 없는 내용이네요. 만점방지용 문제입니다.

- 도시·군관리계획으로 결정하지 않아도 되는 시설
도시지역 또는 지구단위계획구역에서 다음의 기반시설을 설치하고자 하는 경우

1. 주차장, 차량 검사 및 면허시설, 공공공지, 열공급설비, 방송·통신시설, 시장·공공청사·문화시설·공공필요성이 인정되는 체육시설·연구시설·사회복지시설·공공직업 훈련시설·청소년수련시설·저수지·방화설비·방풍설비·방수설비·사방설비·방조설비·장사시설·종합의료시설·빗물저장 및 이용시설·폐차장
2. 「도시공원 및 녹지 등에 관한 법률」의 규정에 의하여 점용허가대상이 되는 공원 안의 기반시설
3. 그 밖에 국토교통부령으로 정하는 시설 : 전세버스운송사업용 여객자동차터미널, 광장 중 건축물부설광장, 대지면적이 500㎡ 미만인 도축장, 폐기물처리 및 재활용시설 중 재활용시설 등

정답 | ③

07 2020 공인중개사

국토의 계획 및 이용에 관한 법령상 사업시행자가 공동구를 설치하여야 하는 지역 등을 모두 고른 것은? (단, 지역 등의 규모는 200만 제곱미터를 초과함)

ㄱ. 「공공주택 특별법」에 따른 공공주택지구
ㄴ. 「도시 및 주거환경정비법」에 따른 정비구역
ㄷ. 「산업입지 및 개발에 관한 법률」에 따른 일반 산업단지
ㄹ. 「도청이전을 위한 도시건설 및 지원에 관한 특별법」에 따른 도청이전신도시

① ㄱ, ㄴ, ㄷ
② ㄱ, ㄴ, ㄹ
③ ㄱ, ㄷ, ㄹ
④ ㄴ, ㄷ, ㄹ
⑤ ㄱ, ㄴ, ㄷ, ㄹ

해설 | 「산업입지 및 개발에 관한 법률」에 따른 일반산업단지는 공동구를 설치하여야 하는 지역에 해당하지 않는다.

- 공동구 설치

  공동구를 설치하는 경우에 도시·군관리계획으로 그 설치를 결정하여야 하나, 다음의 해당하는 지역·지구·구역 등이 200만㎡를 초과하는 경우, 해당 지역 등에서 개발사업을 시행하는 자는 공동구를 설치하여야 한다.

  1. 「도시개발법」에 따른 도시개발구역
  2. 「택지개발촉진법」에 따른 택지개발지구

3. 「경제자유구역의 지정 및 운영에 관한 특별법」에 따른 경제자유지역
4. 「도시 및 주거환경정비법」에 따른 정비구역 : ⓒ
5. 「공공주택 특별법」에 따른 공공주택지구 : ㉠
6. 「도청이전을 위한 도시건설 및 지원에 관한 특별법」에 따른 도청이전신도시 : ㉡

정답 | ②

08 ■□□
2015 공인중개사

국토의 계획 및 이용에 관한 법령상 공동구가 설치된 경우 공동구에 수용하기 위하여 공동구협의회의 심의를 거쳐야 하는 시설은?

① 전선로 ② 수도관 ③ 열수송관
④ 가스관 ⑤ 통신선로

해설 | 안전 및 기술적인 고려가 필요한 가스관, 하수도관은 공동구협의회의 심의를 거쳐야 한다.
정답 | ④

09 ■■□
2014 공인중개사

국토의 계획 및 이용에 관한 법령상 공동구에 관한 설명으로 틀린 것은?

① 사업시행자는 공동구의 설치공사를 완료한 때에는 지체 없이 공동구에 수용할 수 있는 시설의 종류와 공동구 설치위치를 일간신문에 공시하여야 한다.
② 공동구 점용예정자는 공동구에 수용될 시설을 공동구에 수용함으로써 용도가 폐지된 종래의 시설은 사업시행자가 지정하는 기간 내에 철거하여야 하고, 도로는 원상으로 회복하여야 한다.
③ 사업시행자는 공동구의 설치가 포함되는 개발사업의 실시계획인가 등이 있은 후 지체 없이 공동구 점용예정자에게 부담금의 납부를 통지하여야 한다.
④ 공동구관리자가 공동구의 안전 및 유지관리계획을 변경하려면 미리 관계 행정기관의 장과 협의한 후 공동구협의회의 심의를 거쳐야 한다.
⑤ 공동구관리자는 1년에 1회 이상 공동구의 안전점검을 실시하여야 한다.

해설 | 사업시행자는 공동구의 설치공사를 완료한때에는 지체 없이 공동구를 수용할 수 있는 시설의 종류와 공동구 설치위치를 공동구 점용예정자에게 개별적으로 통지하여야 한다.
정답 | ①

10 2017 공인중개사

국토의 계획 및 이용에 관한 법령상 도시·군계획시설에 관한 설명으로 옳은 것은?

① 도시·군계획시설결정의 고시일부터 5년 이내에 도시·군계획시설사업이 시행되지 아니하는 경우 그 도시·군계획시설의 부지 중 지목이 대(垈)인 토지의 소유자는 그 토지의 매수를 청구할 수 있다.
② 도시개발구역의 규모가 150만㎡인 경우 해당 구역의 개발사업 시행자는 공동구를 설치하여야 한다.
③ 공동구가 설치된 경우 하수도관은 공동구협의회의 심의를 거쳐 공동구에 수용할 수 있다.
④ 공동구관리자는 매년 해당 공동구의 안전 및 유지관리계획을 수립·시행하여야 한다.
⑤ 도시·군계획시설결정은 고시일부터 10년 이내에 도시·군계획시설사업이 시행되지 아니하는 경우 그 고시일부터 10년이 되는 날의 다음날에 그 효력을 잃는다.

해설 | 안전 및 기술적인 고려가 필요한 가스관, 하수도관은 공동구협의회의 심의를 거쳐야 한다.

① 도시·군계획시설결정의 고시일부터 10년 이내에 도시·군계획시설사업이 시행되지 아니하는 경우 그 도시·군계획시설의 부지 중 지목이 대(垈)인 토지의 소유자는 그 토지의 매수를 청구할 수 있다.
② 도시개발구역의 규모가 200만㎡를 초과하는 경우 해당 구역의 개발사업 시행자는 공동구를 설치하여야 한다.
④ 공동구관리자는 5년마다 해당 공동구의 안전 및 유지관리계획을 수립·시행하여야 한다.
⑤ 도시·군계획시설결정은 고시일부터 20년이 지날 때까지 도시·군계획시설사업이 시행되지 아니하는 경우 그 고시일부터 20년이 되는 날의 다음날에 그 효력을 잃는다.

정답 | ③

11 2021 공인중개사

국토의 계획 및 이용에 관한 법령상 도시·군계획시설 사업에 관한 설명으로 틀린 것은?

① 도시·군계획시설은 기반시설 중 도시·군관리계획으로 결정된 시설이다.
② 도시·군계획시설사업이 같은 도의 관할 구역에 속하는 둘 이상의 시 또는 군에 걸쳐 시행되는 경우에는 국토교통부장관이 시행자를 정한다.
③ 한국토지주택공사는 도시·군계획시설사업 대상 토지소유자 동의 요건을 갖추지 않아도 도시·군계획시설사업의 시행자로 지정을 받을 수 있다.

④ 도시·군계획시설사업 실시계획에는 사업의 착수예정일 및 준공예정일도 포함되어야 한다.
⑤ 도시·군계획시설사업 실시계획 인가 내용과 다르게 도시·군계획시설사업을 하여 토지의 원상회복 명령을 받은 자가 원상회복을 하지 아니하면「행정대집행법」에 따른 행정대집행에 따라 원상회복을 할 수 있다.

해설 | 도시·군계획시설사업이 같은 도의 관할 구역에 속하는 둘 이상의 시 또는 군에 걸쳐 시행되는 경우에는 관계 시장 또는 군수가 협의하여 시행자를 지정하며, 협의가 성립하지 않는 경우에는 관할 도지사가 시행자를 지정한다.

정답 | ②

12 ■■□
2018 공인중개사

국토의 계획 및 이용에 관한 법령상 도시·군계획시설에 관한 설명으로 옳은 것은?

① 도시개발법에 따른 도시개발구역이 200만 제곱미터를 초과하는 경우 해당 구역에서 개발사업을 시행하는 자는 공동구를 설치하여야 한다.
② 공동구관리자는 10년마다 해당 공동구의 안전 및 유지관리계획을 수립·시행하여야 한다.
③ 도시·군계획시설 부지의 매수청구 시 매수의무자가 매수하지 아니하기로 결정한 날부터 1년이 경과하면 토지 소유자는 해당 용도지역에서 허용되는 건축물을 건축할 수 있다.
④ 도시·군계획시설 부지로 되어 있는 토지의 소유자는 도시·군계획시설결정의 실효시까지 그 토지의 도시·군계획시설결정 해제를 위한 도시·군관리계획 입안을 신청할 수 없다.
⑤ 도시·군계획시설에 대해서 시설결정이 고시된 날부터 10년이 지날 때까지 도시·군계획시설사업이 시행되지 아니한 경우 그 도시·군계획시설의 결정은 효력을 잃는다.

해설 | ② 공동구관리자는 5년마다 해당 공동구의 안전 및 유지관리계획을 수립·시행하여야 한다.
③ 도시·군계획시설 부지의 매수 청구 시 매수의무자가 매수하지 아니하기로 결정한 경우 또는 매수 결정을 알린 날부터 2년이 지날 때까지 해당 토지를 매수하지 아니하는 경우, 매수청구자는 개발행위허가를 받아 다음의 건축물 또는 공작물을 설치할 수 있다.

1. 단독주택으로서 3층 이하인 것
2. 제1종 근린생활시설로서 3층 이하인 것
3. 제2종 근린생활시설(단란주점, 안마시술소, 노래연습장 및 다중생활시설은 제외)로서 3층 이하인 것

4. 공작물

④ 도시·군계획시설 부지로 되어 있는 토지의 소유자는 도시·군계획시설결정의 고시일부터 10년 이내에 도시·군계획시설 설치에 관한 도시·군계획시설사업이 시행되지 아니한 경우로서 단계별집행계획상 도시·군계획시설의 실효시까지 집행계획이 없는 경우에는 해당 도시·군관리계획 입안권자에게 그 토지의 도시·군계획시설결정 해제를 위한 도시·군관리계획 입안을 신청할 수 있다.

⑤ 도시·군계획시설에 대해서 시설결정이 고시된 날부터 20년이 지날 때까지 도시·군계획시설사업이 시행되지 아니한 경우 20년이 되는 날의 다음 날에 도시·군계획시설의 결정은 효력을 잃는다.

정답 | ①

13 2016 공인중개사

국토의 계획 및 이용에 관한 법령상 도시·군계획시설사업에 관한 설명으로 틀린 것은?

① 도시·군관리계획으로 결정된 하천의 정비사업은 도시·군계획시설사업에 해당한다.

② 한국토지주택공사가 도시·군계획시설사업의 시행자로 지정받으려면 사업 대상 토지면적의 3분의 2 이상의 토지소유자의 동의를 얻어야 한다.

③ 도시·군계획시설사업의 시행자는 도시·군계획시설사업에 필요한 토지나 건축물을 수용할 수 있다.

④ 행정청인 도시·군계획시설사업의 시행자가 도시·군계획시설사업에 의하여 새로 공공시설을 설치한 경우 새로 설치된 공공시설은 그 시설을 관리할 관리청에 무상으로 귀속된다.

⑤ 도시·군계획시설결정의 고시일부터 20년이 지날 때까지 그 시설의 설치에 관한 도시·군계획시설사업이 시행되지 아니하는 경우, 그 도시·군계획시설결정은 그 고시일부터 20년이 되는 날의 다음날에 효력을 잃는다.

해설 | 한국토지주택공사는 동의를 받지 아니하고도 도시·군계획시설사업의 시행자로 지정을 받을 수 있다.

- 민간시행자지정 동의요건

  다음에 해당하지 아니하는 자가 도시·군계획시설사업의 시행자로 지정을 받으려면 도시·군계획시설사업의 대상인 토지(국공유지는 제외한다)면적의 3분의 2 이상에 해당하는 토지를 소유하고, 토지 소유자 총수의 2분의 1 이상에 해당하는 자의 동의를 얻어야 한다.

  1. 국가 또는 지방자치단체

2. 대통령으로 정하는 공공기관(한국농수산식품유통공사, 대한석탄공사, 한국토지주택공사, 한국관광공사, 한국농어촌공사, 한국도로공사, 한국석유공사, 한국수자원공사, 한국전력공사, 한국철도공사) : ②
3. 지방공사 및 지방공단
4. 다른 법률에 의하여 도시·군계획시설사업이 포함된 사업의 시행자로 지정된 자
5. 공공시설을 관리할 관리청에 무상으로 귀속되는 공공시설을 설치하고자 하는 자
6. 국유재산법이나 지방재정법에 따라 기부를 조건으로 시설물을 설치하려는 자

정답 | ②

14 2019 공인중개사

국토의 계획 및 이용에 관한 법령상 도시·군계획시설에 관한 설명이다. (   )에 들어갈 내용을 바르게 나타낸 것은?

> 도시·군계획시설결정이 고시된 도시·군계획시설에 대하여 그 고시일부터 (ㄱ)년이 지날 때까지 그 시설의 설치에 관한 도시·군계획시설사업이 시행되지 아니하는 경우 그 도시·군계획시설결정은 그 고시일부터 (ㄱ)년이 (ㄴ)에 그 효력을 잃는다.

① ㄱ: 10, ㄴ: 되는 날
② ㄱ: 20, ㄴ: 되는 날
③ ㄱ: 10, ㄴ: 되는 날의 다음 날
④ ㄱ: 15, ㄴ: 되는 날의 다음 날
⑤ ㄱ: 20, ㄴ: 되는 날의 다음 날

해설 | 도시·군계획시설결정이 고시된 도시·군계획시설에 대하여 그 고시일부터 ㉠ 20년이 지날 때까지 그 시설의 설치에 관한 도시·군계획시설사업이 시행되지 아니하는 경우 그 도시·군계획시설결정은 그 고시일부터 ㉠ 20년이 ㉡ 되는 날의 다음 날에 그 효력을 잃는다.

정답 | ⑤

15 2015 공인중개사

국토의 계획 및 이용에 관한 법령상 도시·군계획시설부지의 매수청구에 관한 설명으로 틀린 것은?

① 매수의무자가 매수하기로 결정한 토지는 매수 결정을 알린 날부터 3년 이내에 매수하여야 한다.
② 지방자치단체가 매수의무자인 경우에는 토지소유자가 원하는 경우에 채권을 발행하여 매수대금을 지급할 수 있다.
③ 도시·군계획시설채권의 상환기간은 10년 이내로 한다.
④ 매수청구를 한 토지의 소유자는 매수의무자가 매수하지 아니하기로 결정한 경우에는 개발행위허가를 받아서 공작물을 설치할 수 있다.
⑤ 해당 도시·군계획시설사업의 시행자가 정하여진 경우에는 그 시행자에게 토지의 매수를 청구할 수 있다.

해설 | 매수의무자가 매수하기로 결정한 토지는 매수결정을 알린 날부터 2년 이내에 매수하여야 한다.
정답 | ①

16 2021 공인중개사

국토의 계획 및 이용에 관한 법령상 도시·군계획시설에 관한 설명으로 틀린 것은? (단, 조례는 고려하지 않음)

① 도시·군계획시설 부지의 매수의무자인 지방공사는 도시·군계획시설채권을 발행하여 그 대금을 지급할 수 있다.
② 도시·군계획시설 부지의 매수의무자는 매수하기로 결정한 토지를 매수 결정을 알린 날부터 2년 이내에 매수하여야 한다.
③ 200만 제곱미터를 초과하는 「도시개발법」에 따른 도시개발구역에서 개발사업을 시행하는 자는 공동구를 설치하여야 한다.
④ 국가계획으로 설치하는 광역시설은 그 광역시설의 설치·관리를 사업종목으로 하여 다른 법률에 따라 설립된 법인이 설치·관리할 수 있다.
⑤ 도시·군계획시설채권의 상환기간은 10년 이내로 한다.

해설 | 지방공사(×), 지방자치단체(○), 도시·군계획시설 부지의 매수의무자인 지방자치단체는 도시·군계획시설채권을 발행하여 그 대금을 지급할 수 있다.
정답 | ①

17 2014 공인중개사

국토의 계획 및 이용에 관한 법령상 매수의무자인 지방자치단체가 매수청구를 받은 장기미집행 도시·군계획시설 부지 중 지목이 대(垈)인 토지를 매수할 때에 관한 설명으로 틀린 것은?

① 토지 소유자가 원하면 도시·군계획시설채권을 발행하여 매수대금을 지급할 수 있다.
② 도시·군계획시설채권의 상환기간은 10년 이내에서 정해진다.
③ 매수 청구된 토지의 매수가격·매수절차 등에 관하여 「국토의 계획 및 이용에 관한 법률」에 특별한 규정이 있는 경우 외에는 「공익사업을 위한 토지 등의 취득 및 보상에 관한 법률」을 준용한다.
④ 비업무용 토지로서 매수대금이 2천만 원을 초과하는 경우 매수의무자는 그 초과하는 금액에 대해서 도시·군계획시설채권을 발행하여 지급할 수 있다.
⑤ 매수의무자가 매수하기로 결정한 토지는 매수 결정을 알린 날부터 2년 이내에 매수하여야 한다.

해설 | 지방자치단체가 매수청구를 하는 경우, 비업무용 토지로서 매수대금이 3천만 원을 초과하는 경우 매수의무자는 그 초과하는 금액에 대해서 도시·군계획시설채권을 발행하여 지급할 수 있다.

정답 | ④

18 2016 공인중개사

甲소유의 토지는 A광역시 B구에 소재한 지목이 대(垈)인 토지로서 한국토지주택공사를 사업시행자로 하는 도시·군계획시설 부지이다. 甲의 토지에 대해 국토의 계획 및 이용에 관한 법령상 도시·군계획시설 부지의 매수청구권이 인정되는 경우, 이에 관한 설명으로 옳은 것은? (단, 도시·군계획시설의 설치의무자는 사업시행자이며, 조례는 고려하지 않음)

① 甲의 토지의 매수의무자는 B구청장이다.
② 甲이 매수청구를 할 수 있는 대상은 토지이며, 그 토지에 있는 건축물은 포함되지 않는다.
③ 甲이 원하는 경우 매수의무자는 도시·군계획시설채권을 발행하여 그 대금을 지급할 수 있다.
④ 매수의무자는 매수청구를 받은 날부터 6개월 이내에 매수여부를 결정하여 甲과 A광역시장에게 알려야 한다.
⑤ 매수청구에 대해 매수의무자가 매수하지 아니하기로 결정한 경우 甲은 자신의 토지에 2층의 다세대주택을 건축할 수 있다.

해설 | 매수의무자는 매수 청구를 받을 날부터 6개월 이내에 매수여부를 결정하여 토지소유자와 특별시장·광역시장·특별자치시장·특별자치도지사·시장 또는 군수에게 알려야 한다.

① 甲의 토지의 매수의무자는 사업시행자, 한국토지주택공사이다.
② 그 토지에 있는 건축물 및 정착물도 매수청구대상에 포함된다.
③ 한국토지주택공사가 사업시행자이므로 도시·군계획시설채권을 발행할 수 없다. 매수의무자가 지방자치단체인 경우에만 도시·군계획시설채권을 발행할 수 있다.
⑤ 매수의무자가 매수거부 시 토지소유자는 3층 이하의 단독주택을 건축할 수 있다. 다세대주택은 공동주택이므로 건축할 수 없다.

정답 | ④

19. 2017 공인중개사

국토의 계획 및 이용에 관한 법령상 도시·군계획시설사업의 시행 등에 관한 설명으로 틀린 것은?

① 지방자치단체가 직접 시행하는 경우에는 이행보증금을 예치하여야 한다.
② 광역시장이 단계별집행계획을 수립하고자 하는 때에는 미리 관계 행정기관의 장과 협의하여야 하며, 해당 지방의회의 의견을 들어야 한다.
③ 둘 이상의 시 또는 군의 관할 구역에 걸쳐 시행되는 도시·군계획시설사업이 광역도시계획과 관련된 경우, 도지사는 관계 시장 또는 군수의 의견을 들어 직접 시행할 수 있다.
④ 시행자는 도시·군계획시설사업을 효율적으로 추진하기 위하여 필요하다고 인정되면 사업시행대상지역을 둘 이상으로 분할하여 시행할 수 있다.
⑤ 행정청인 시행자는 이해관계인의 주소 또는 거소(居所)가 불분명하여 서류를 송달할 수 없는 경우 그 서류의 송달을 갈음하여 그 내용을 공시할 수 있다.

해설 | 지방자치단체가 직접 시행하는 경우에는 이행보증금 예치 대상에서 제외된다.

- **이행보증금**
  특별시장·광역시장·특별자치시장·특별자치도지사·시장 또는 군수는 기반시설의 설치나 그에 필요한 용지의 확보, 위해 방지, 환경오염 방지, 경관 조성, 조경 등을 위하여 필요하다고 인정되는 경우에는 그 이행을 담보하기 위하여 도시·군계획시설사업의 시행자에 이행보증금을 예치하게 할 수 있다. 다만, 국가 또는 지방자치단체, 공기업, 위탁집행형 준정부기관, 지방공사, 지방공단에 대하여는 이행보증금을 예치하게 할 수 없다.

정답 | ①

20 2015 공인중개사

국토의 계획 및 이용에 관한 법령상 도시·군계획시설에 관한 설명으로 옳은 것은?

① 도시지역에서 사회복지시설을 설치하려면 미리 도시·군관리계획으로 결정하여야 한다.
② 도시·군계획시설 부지에 대한 매수청구의 대상은 지목이 대(垈)인 토지에 한정되며, 그 토지에 있는 건축물은 포함되지 않는다.
③ 용도지역 안에서의 건축물의 용도·종류 및 규모의 제한에 대한 규정은 도시·군계획시설에 대해서도 적용된다.
④ 도시·군계획시설 부지에서 도시·군관리계획을 입안하는 경우에는 그 계획의 입안을 위한 토지적성평가를 실시하지 아니할 수 있다.
⑤ 도시·군계획시설사업의 시행자가 행정청인 경우, 시행자의 처분에 대해서는 행정심판을 제기할 수 없다.

해설 | 도시·군계획시설 부지에서 도시·군관리계획을 입안하는 경우에는 그 계획의 입안을 위한 토지적성평가를 실시하지 아니할 수 있다.

① 도시지역에 사회복지시설을 설치하는 경우 도시·군관리계획으로 결정하지 않아도 된다.
② 도시·군계획시설 부지에서의 매수청구의 대상은 지목이 대(垈)인 토지와 그 토지에 있는 건축물과 정착물을 포함한다.
③ 용도지역·용도지구 안에서의 도시·군계획시설에 대하여는 용도지역·용도지구 안에서의 건축제한에 관한 규정을 적용하지 아니한다.
⑤ 도시·군계획시설사업의 시행자가 행정청인 경우, 시행자의 처분에 대하여 행정심판을 제기할 수 있다.

- 도시·군관리계획 입안시 토지적성평가를 생략할 수 있는 사유
1. 도시·군관리계획 입안일부터 5년 이내에 토지적성평가를 실시한 경우
2. 주거지역·상업지역·공업지역에 도시·군관리계획을 입안하는 경우
3. 법 또는 다른 명령에 따라 조성된 지역에 도시·군관리계획을 입안하는 경우
4. 개발제한구역의 지정 및 관리에 관한 특별조치법 시행령상 개발제한구역에서 조정 또는 해제된 지역에 대하여 도시·군관리계획을 입안하는 경우
5. 도시개발법에 따른 도시개발사업의 경우
6. 지구단위계획구역 또는 도시·군계획시설부지에서 도시·군관리계획을 입안하는 경우 : ④

정답 | ④

21 2019 공인중개사

국토의 계획 및 이용에 관한 법령상 국가 또는 지방자치단체가 자연취락지구안의 주민의 생활편익과 복지증진 등을 위하여 시행하거나 지원할 수 있는 사업만을 모두 고른 것은?

> ㄱ. 어린이놀이터·마을회관의 설치
> ㄴ. 쓰레기처리장·하수처리시설의 개량
> ㄷ. 하천정비 등 재해방지를위한 시설의 설치
> ㄹ. 주택의 개량

① ㄱ, ㄴ, ㄷ   ② ㄱ, ㄴ, ㄹ   ③ ㄱ, ㄷ, ㄹ
④ ㄴ, ㄷ, ㄹ   ⑤ ㄱ, ㄴ, ㄷ, ㄹ

해설 | 국가 또는 지방자치단체는 자연취락지구안의 주민의 생활편익과 복지증진 등을 위한 사업을 시행하거나 그 사업을 지원할 수 있다.

1. 자연취락지구 안에 있거나 자연취락지구에 연결되는 도로·수도공급설비·하수도 등의 정비
2. 어린이놀이터·공원·녹지·주차장·학교·마을회관 등의 설치·정비 : ㉠
3. 쓰레기처리장·하수처리시설 등의 설치·개량 : ㉡
4. 하천정비 등 재해방지를 위한 시설의 설치·개량 : ㉢
5. 주택의 신축·개량 : ㉣

정답 | ⑤

6 문제

2022년, [국토의 계획 및 이용에 관한 법률(2)]에서는 6문제 출제되었습니다.

03 ■□□
2022 공인중개사

국토의 계획 및 이용에 관한 법령상 용도지역별 용적률의 최대한도에 관한 내용이다. (   ) 에 들어갈 숫자를 바르게 나열한 것은? (단, 조례, 기타 강화·완화조건은 고려하지 않음)

> ○ 주거지역: (ㄱ)퍼센트 이하
> ○ 계획관리지역: (ㄴ)퍼센트 이하
> ○ 농림지역: (ㄷ)퍼센트 이하

① ㄱ: 400, ㄴ: 150, ㄷ: 80
② ㄱ: 400, ㄴ: 200, ㄷ: 80
③ ㄱ: 500, ㄴ: 100, ㄷ: 80
④ ㄱ: 500, ㄴ: 100, ㄷ: 100
⑤ ㄱ: 500, ㄴ: 150, ㄷ: 100

해설 | ○ 주거지역: (500)퍼센트 이하 ※ 준주거지역 용적률의 최대한도 500%
　　　○ 계획관리지역: (100)퍼센트 이하
　　　○ 농림지역: (80)퍼센트 이하

정답 | ③

04　2022 공인중개사

국토의 계획 및 이용에 관한 법령상 용도지역·용도지구·용도구역에 관한 설명으로 옳은 것은? (단, 조례는 고려하지 않음)

① 대도시 시장은 유통상업지역에 복합용도지구를 지정할 수 있다.
② 대도시 시장은 재해의 반복 발생이 우려되는 지역에 대해서는 방재지구를 지정하여야 한다.
③ 용도지역 안에서의 건축물의 용도·종류 및 규모의 제한에 대한 규정은 도시·군계획시설에 대해서도 적용된다.
④ 공유수면의 매립 목적이 그 매립구역과 이웃하고 있는 용도지역의 내용과 다른 경우 그 매립준공구역은 이와 이웃하고 있는 용도지역으로 지정된 것으로 본다.
⑤ 「택지개발촉진법」에 따른 택지개발지구로 지정·고시된 지역은 「국토의 계획 및 이용에 관한 법률」에 따른 도시지역으로 결정·고시된 것으로 본다.

해설 | ① 대도시 시장은 주거지역·공업지역·관리지역에 복합용도지구를 지정할 수 있다.
② 대도시 시장은 재해의 반복 발생이 우려되는 지역에 대해서는 방재지구를 지정할 수 있다.
③ 용도지역·용도지구 안에서의 도시·군계획시설에 대하여는 용도지역·용도지구 안에서의 건축제한에 관한 규정을 적용하지 아니한다.
④ 공유수면의 매립목적이 그 매립구역과 이웃하고 있는 용도지역의 내용과 다른 경우 및 그 매립구역이 둘 이상의 용도지역에 걸쳐 있거나 이웃하고 있는 경우 그 매립구역이 속할 용도지역은 도시·군관리계획결정으로 지정하여야 한다.

정답 | ⑤

05　2022 공인중개사

국토의 계획 및 이용에 관한 법령상 시가화조정구역안에서 특별시장·광역시장·특별자치시장·특별자치도지사·시장 또는 군수의 허가를 받아 할 수 있는 행위에 해당하지 않는 것은? (단, 도시·군계획사업은 고려하지 않음)

① 농업·임업 또는 어업을 영위하는 자가 관리용건축물로서 기존 관리용건축물의 면적을 제외하고 33제곱미터를 초과하는 것을 건축하는 행위
② 주택의 증축(기존 주택의 면적을 포함하여 100제곱미터 이하에 해당하는 면적의 증축을 말한다)
③ 마을공동시설로서 정자 등 간이휴게소의 설치
④ 마을공동시설로서 농로·제방 및 사방시설의 설치

⑤ 마을공동시설로서 농기계수리소 및 농기계용 유류판매소(개인소유의 것을 포함한다)의 설치

해설 | 농업·임업 또는 어업을 영위하는 자가 관리용건축물로서 기존 관리용건축물의 면적을 포함하고 33제곱미터 이하에 해당하는 면적의 것을 건축하는 행위는 특별시장·광역시장·특별자치시장·특별자치도지사·시장 또는 군수의 허가를 받아 그 행위를 할 수 있다.

깨알 [시가화조정구역의 행위제한의 세부내용]에 대한 문제로 기존 기출문제에서는 출제되지 않던 문제입니다. 만점방지용 문제로 볼 수 있습니다.

정답 | ①

---

06 2022 공인중개사

국토의 계획 및 이용에 관한 법령상 도시지역에서 미리 도시·군관리계획으로 결정하지 않고 설치할 수 있는 시설을 모두 고른 것은?

> ㄱ. 광장(건축물부설광장은 제외한다)
> ㄴ. 대지면적이 500제곱미터 미만인 도축장
> ㄷ. 폐기물처리 및 재활용시설 중 재활용시설
> ㄹ. 「고등교육법」에 따른 방송대학·통신대학 및 방송통신대학

① ㄱ
② ㄱ, ㄹ
③ ㄴ, ㄷ
④ ㄴ, ㄷ, ㄹ
⑤ ㄱ, ㄴ, ㄷ, ㄹ

해설 | 도시·군관리계획으로 결정하지 않고 설치할 수 있는 시설은 다음과 같다.

- 도시·군관리계획으로 결정하지 않아도 되는 시설
  도시지역 또는 지구단위계획구역에서 다음의 기반시설을 설치하고자 하는 경우

1. 주차장, 차량 검사 및 면허시설, 공공공지, 열공급설비, 방송·통신시설, 시장·공공청사·문화시설·공공필요성이 인정되는 체육시설·연구시설·사회복지시설·공공직업 훈련시설·청소년수련시설·저수지·방화설비·방풍설비·방수설비·사방설비·방조설비·장사시설·종합의료시설·빗물저장 및 이용시설·폐차장
2. 「도시공원 및 녹지 등에 관한 법률」의 규정에 의하여 점용허가대상이 되는 공원 안의 기반시설
3. 그 밖에 국토교통부령으로 정하는 시설 : 전세버스운송사업용 여객자동차터미널, 광장 중 건축물부설광장, 대지면적이 500㎡ 미만인 도축장, 폐기물처리 및 재활용시설 중 재활용시설 등

깨알 만점방지용 문제입니다.

정답 | ④

07 2022 공인중개사

국토의 계획 및 이용에 관한 법령상 토지에의 출입에 관한 규정의 일부이다. (   )에 들어갈 내용을 바르게 나열한 것은?

> 제130조(토지에의 출입 등) ① 국토교통부장관, 시·도지사, 시장 또는 군수나 도시·군계획시설사업의 시행자는 다음 각 호의 행위를 하기 위하여 필요하면 타인의 토지에 출입하거나 타인의 토지를 재료 적치장 또는 임시통로로 일시 사용할 수 있으며, 특히 필요한 경우에는 나무, 흙, 돌, 그 밖의 장애물을 변경하거나 제거할 수 있다.
> 1. < 생략 >
> 2. (ㄱ), (ㄴ) 및 제67조 제4항에 따른 기반시설설치계획에 관한 기초조사 < 이하 생략 >

① ㄱ: 기반시설부담구역, ㄴ: 성장관리계획구역
② ㄱ: 성장관리계획구역, ㄴ: 시가화조정구역
③ ㄱ: 시가화조정구역, ㄴ: 기반시설부담구역
④ ㄱ: 개발밀도관리구역, ㄴ: 시가화조정구역
⑤ ㄱ: 개발밀도관리구역, ㄴ: 기반시설부담구역

해설 | 타인 토지에의 출입에 대한 규정은 다음과 같다.

1. 국토교통부장관, 시·도지사, 시장 또는 군수나 도시·군계획시설사업의 시행자는 다음 각 호의 행위를 하기 위하여 필요하면 타인의 토지에 출입하거나 타인의 토지를 재료 적치장 또는 임시통로로 일시 사용할 수 있으며, 특히 필요한 경우에는 나무, 흙, 돌, 그 밖의 장애물을 변경하거나 제거할 수 있다.

① 도시·군계획·광역도시계획에 관한 기초조사
② 개발밀도관리구역, 기반시설부담구역 및 기반시설설치계획에 관한 기초조사
③ 지가의 동향 및 토지거래의 상황에 관한 조사
④ 도시·군계획시설사업에 관한 조사·측량 또는 시행

정답 | ⑤

08 2022 공인중개사

국토의 계획 및 이용에 관한 법령상 도시계획위원회에 관한 설명으로 옳은 것은?

① 시·군·구에는 지방도시계획위원회를 두지 않는다.
② 중앙도시계획위원회가 분과위원회에 위임하는 사항에 대한 모든 심의는 중앙도시계획위원회의 심의로 본다.
③ 국토교통부장관이 해당 도시·군계획시설에 대한 도시·군관리계획 결정권자에게 도시·군계획시설결정의 해제를 권고하려는 경우에는 중앙도시계획위원회의 심의를 거쳐야 한다.
④ 중앙도시계획위원회 회의록의 공개는 열람하는 방법으로 하며 사본을 제공할 수는 없다.
⑤ 시장 또는 군수가 성장관리계획구역을 지정하려면 시·도지사의 의견을 들은 후 중앙도시계획위원회의 심의를 거쳐야 한다.

해설 | ① 시·군·구에는 지방도시계획위원회를 둔다.
② 중앙도시계획위원회가 분과위원회에 위임하는 사항에 대한 특정한 사항(토지 이용에 관한 구역 등의 지정·변경 및 용도지역 등의 변경계획에 관한 사항 등)에 대한 심의는 중앙도시계획위원회의 심의로 본다.
④ 중앙도시계획위원회 회의록의 공개는 열람하는 방법으로 하며 사본을 제공할 수 있다.
⑤ 시장 또는 군수가 성장관리계획구역을 지정하려면 미리 주민과 지방의회의 의견을 들어야 하며, 관계 행정기관과의 협의 및 지방도시계획위원회의 심의를 거쳐야 한다.

정답 | ③

 MEMO

CHAPTER 03

국토의 계획 및 이용에 관한 법률(3)

2014년	2015년	2016년	2017년	2018년	2019년	2020년	2021년	2022년
3문	2문	1문	1문	2문	4문	5문	3문	4문

핵심테마 09 | 개발행위허가
핵심테마 10 | 개발밀도구역과 기반시설부담구역

개발행위허가

2014년	2015년	2016년	2017년	2018년	2019년	2020년	2021년	2022년
1문	1문	0문	0문	1문	1문	3문	2문	3문

※ 최근 9년간 12문제 출제

01
2014 공인중개사

국토의 계획 및 이용에 관한 법령상 개발행위의 허가에 관한 설명으로 틀린 것은?

① 개발행위허가를 받은 사업면적을 5퍼센트 범위 안에서 확대 또는 축소하는 경우에는 변경허가를 받지 않아도 된다.
② 허가권자가 개발행위허가를 하면서 환경오염 방지 등의 조치를 할 것을 조건으로 붙이려는 때에는 미리 개발행위허가를 신청한 자의 의견을 들어야 한다.
③ 개발행위허가의 신청 내용이 성장관리방안의 내용에 어긋나는 경우에는 개발행위허가를 하여서는 아니 된다.
④ 자연녹지지역에서는 도시계획위원회의 심의를 통하여 개발행위허가의 기준을 강화 또는 완화하여 적용할 수 있다.
⑤ 건축물 건축에 대해 개발행위허가를 받은 자가 건축을 완료하고 그 건축물에 대해「건축법」상 사용승인을 받은 경우에는 따로 준공검사를 받지 않아도 된다.

해설 | 확대 또는 축소하는 경우에는(×), 축소하는 경우에는(○), 개발행위허가를 받은 사업면적을 5% 범위 안에서 축소하는 경우에는 변경허가를 받지 않아도 된다. [비교] 개발행위허가를 받은 사업면적을 5% 범위 안에서 확대하는 경우에는 변경허가를 받아야 한다.

정답 | ①

02 ▪▪◻ 2015 공인중개사

국토의 계획 및 이용에 관한 법령상 개발행위허가에 관한 설명으로 틀린 것은? (단, 조례는 고려하지 않음)

① 토지 분할에 대해 개발행위허가를 받은 자가 그 개발행위를 마치면 관할 행정청의 준공검사를 받아야 한다.
② 건축물의 건축에 대해 개발행위허가를 받은 후 건축물 연면적을 5퍼센트 범위 안에서 확대하려면 변경허가를 받아야 한다.
③ 개발행위허가를 하는 경우 미리 허가신청자의 의견을 들어 경관 등에 관한 조치를 할 것을 조건으로 허가할 수 있다.
④ 도시·군관리계획의 시행을 위한 「도시개발법」에 따른 도시개발사업에 의해 건축물을 건축하는 경우에는 개발행위허가를 받지 않아도 된다.
⑤ 토지의 일부를 공공용지로 하기 위해 토지를 분할하는 경우에는 개발행위허가를 받지 않아도 된다.

해설 | 토지 분할에 대해 개발행위허가를 받은 자가 그 개발행위를 마치면 관할 행정청의 준공검사를 받지 아니한다.

정답 | ①

03 ▪▪▪ 2019 공인중개사

국토의 계획 및 이용에 관한 법령상 개발행위허가에 관한 설명으로 옳은 것은? (단, 다른 법령은 고려하지 않음)

① 재해복구를 위한 응급조치로서 공작물의 설치를 하려는 자는 도시·군계획사업에 의한 행위가 아닌 한 개발행위허가를 받아야 한다.
② 국가나 지방자치단체가 시행하는 개발행위에도 이행보증금을 예치하게 하여야 한다.
③ 환경오염 방지조치를 할 것을 조건으로 개발허가행위를 하려는 경우에는 미리 개발행위허가를 신청한 자의 의견을 들어야 한다.
④ 개발행위허가를 받은 자가 행정청인 경우, 그가 기존의 공공시설에 대체되는 공공시설을 설치하면 기존의 공공시설은 대체되는 공공시설의 설치비용에 상당하는 범위 안에서 개발행위허가를 받은 자에게 무상으로 양도될 수 있다.
⑤ 개발행위허가를 받은 자가 행정청이 아닌 경우, 개발행위의 용도가 폐지되는 공공시설은 개발행위허가를 받은 자에게 무상으로 귀속된다.

해설 | 특별시장·광역시장·특별자치시장·특별자치도지사·시장 또는 군수는 개발행위허가에 조건을 붙이려는 때에는 미리 개발행위허가를 신청한 자의 의견을 들어야 한다.

① 재해복구를 위한 응급조치를 한 경우에는 1개월 이내에 특별시장·광역시장·특별자치시장·특별자치도지사·시장 또는 군수에게 신고하여야 한다.
② 국가나 지방자치단체는 이행보증금을 예치하지 않는다.
④ 개발행위허가를 받은 자가 행정청이 아닌 경우, 그가 기존의 공공시설에 대체되는 공공시설을 설치하면 기존의 공공시설은 대체되는 공공시설의 설치비용에 상당하는 범위 안에서 개발행위허가를 받은 자에게 무상으로 양도될 수 있다.
⑤ 개발행위허가를 받은 자가 행정청인 경우, 개발행위로 용도가 폐지되는 공공시설은 개발행위허가를 받은 자에게 전부 무상으로 귀속된다.

정답 | ③

04 2020 공인중개사

국토의 계획 및 이용에 관한 법령상 개발행위허가의 기준에 해당하지 않는 것은? (단, 관련 인·허가 등의 의제는 고려하지 않음)

① 자금조달계획이 목적사업의 실현에 적합하도록 수립되어 있을 것
② 도시·군계획으로 경관계획이 수립되어 있는 경우에는 그에 적합할 것
③ 공유수립매립의 경우 매립목적이 도시·군계획에 적합할 것
④ 토지의 분할 및 물건을 쌓아놓는 행위에 입목의 벌채가 수반되지 아니할 것
⑤ 도시·군계획조례로 정하는 도로의 너비에 관한 기준에 적합할 것

해설 | 자금조달계획이 목적사업의 실현에 적합하도록 수립되어 있을 것은 개발행위허가의 기준에 해당하지 않는다.

정답 | ①

05 2020 공인중개사

국토의 계획 및 이용에 관한 법령상 청문을 하여야하는 경우를 모두 고른 것은? (단, 다른 법령에 따른 청문은 고려하지 않음)

> ㄱ. 개발행위허가의 취소
> ㄴ. 「국토의 계획 및 이용에 관한 법률」 제63조에 따른 개발행위허가의 제한
> ㄷ. 실시계획인가의 취소

① ㄱ   ② ㄴ   ③ ㄱ, ㄴ
④ ㄱ, ㄷ   ⑤ ㄴ, ㄷ

해설 | 개발행위허가의 취소와 실시계획인가의 취소는 청문을 하여야 한다.

- 청문을 하여야 하는 경우
1. 개발행위허가의 취소 : ㉠
2. 행정청이 아닌 도시·군계획시설사업의 시행자 지정의 취소
3. 실시계획인가의 취소 : ㉢

정답 | ④

06 2021 공인중개사

국토의 계획 및 이용에 관한 법령상 성장관리계획구역을 지정할 수 있는 지역이 <u>아닌</u> 것은?

① 녹지지역
② 관리지역
③ 주거지역
④ 자연환경보전지역
⑤ 농림지역

해설 | 주거지역은 (이미 성장이 된 지역이므로) 성장관리계획구역을 지정할 수 지역에 해당하지 않는다.

- 성장관리계획구역의 지정
  특별시장·광역시장·특별자치시장·특별자치도지사·시장 또는 군수는 녹지지역(①), 관리

지역(②), 농림지역(⑤) 및 자연환경보전지역(④) 중 다음의 어느 하나에 해당하는 지역의 전부 또는 일부에 대하여 성장관리계획구역을 지정할 수 있다.

1. 개발수요가 많아 무질서한 개발이 진행되고 있거나 진행될 것으로 예상되는 지역
2. 주변의 토지이용이나 교통여건 변화 등으로 향후 시가화가 예상되는 지역
3. 주변지역과 연계하여 체계적인 관리가 필요한 지역
4. 「토지이용규제 기본법」에 따른 지역·지구 등의 변경으로 토지이용에 대한 행위제한이 완화되는 지역
5. 그 밖에 난개발의 방지와 체계적인 관리가 필요한 지역으로서 대통령령으로 정하는 지역

정답 | ③

07 ■□□
2018 공인중개사

국토의 계획 및 이용에 관한 법령상 성장관리계획구역으로 지정할 수 있는 지역에 해당하지 않는 것은?

① 주변지역과 연계하여 체계적인 관리가 필요한 주거지역
② 개발수요가 많아 무질서한 개발이 진행되고 있는 계획관리지역
③ 개발수요가 많아 무질서한 개발이 진행될 것으로 예상되는 생산관리지역
④ 주변의 토지이용 변화 등으로 향후 시가화가 예상되는 농림지역
⑤ 교통여건 변화 등으로 향후 시가화가 예상되는 자연환경보전지역

해설 | 주거지역은 (이미 성장이 된 지역이므로) 성장관리계획구역을 지정할 수 있는 지역에 해당하지 않는다. 주변지역과 연계하여 체계적인 관리가 필요한 지역은 성장관리계획구역으로 지정할 수 있다. 녹지지역, 관리지역, 농림지역 및 자연환경보전지역이 이에 해당한다.

정답 | ①

08 2020 공인중개사

국토의 계획 및 이용에 관한 법령상 성장관리방안에 관한 설명으로 옳은 것을 모두 고른 것은?

> ㄱ. 기반시설의 배치와 규모에 관한 사항은 성장관리방안에 포함되지 않을 수 있다.
> ㄴ. 「국토의 계획 및 이용에 관한 법률」 제58조에 따른 시가화 용도 지역은 성장관리방안의 수립 대상 지역이 아니다.
> ㄷ. 계획관리지역에서 경관계획을 포함하는 성장관리방안을 수립한 경우에는 50퍼센트 이하의 범위에서 조례로 건폐율을 정할 수 있다.

① ㄱ
② ㄴ
③ ㄱ, ㄷ
④ ㄴ, ㄷ
⑤ ㄱ, ㄴ, ㄷ

해설 | ㉠ 기반시설의 배치와 규모에 관한 사항은 성장관리방안에 반드시 포함되어야 하는 내용이다.
㉡ 성장관리방안의 수립 대상지역은 녹지지역, 관리지역, 농림지역 및 자연환경보전지역이다. 따라서 시가화 용도 지역은 성장관리방안의 수립 대상지역이 아니다. 옳은 내용이다.
㉢ 계획관리지역에서 경관계획을 포함하는 성장관리방안을 수립한 경우에는 50퍼센트 이하의 범위에서 조례로 건폐율을 정할 수 있다. 옳은 내용이다.

• 성장관리계획구역의 수립

특별시장·광역시장·특별자치시장·특별자치도지사·시장 또는 군수는 성장관리계획구역을 지정할 때에는 다음의 사항 중 그 성장관리계획구역의 지정목적을 이루는 데 필요한 사항을 포함하여 성장관리계획을 수립하여야 한다.

1. 도로, 공원 등 기반시설의 배치와 규모에 관한 사항 : ㉠
2. 건축물의 용도제한, 건축물의 건폐율 또는 용적률
3. 건축물의 배치, 형태, 색채 및 높이
4. 환경관리 및 경관계획
5. 그 밖에 난개발의 방지와 체계적인 관리에 필요한 사항으로서 대통령령으로 정하는 사항

• 성장관리계획구역의 건폐율 완화

1. 계획관리지역 : 50퍼센트 이하 : ㉢
2. 생산관리지역·농림지역 및 자연녹지지역과 생산녹지지역 : 30퍼센트 이하

정답 | ④

09 2021 공인중개사

국토의 계획 및 이용에 관한 법령상 개발행위에 따른 공공시설 등의 귀속에 관한 설명으로 틀린 것은?

① 개발행위허가를 받은 행정청이 기존의 공공시설에 대체되는 공공시설을 설치한 경우에는 새로 설치된 공공시설은 그 시설을 관리할 관리청에 무상으로 귀속된다.
② 개발행위허가를 받은 행정청은 개발행위가 끝나 준공검사를 마친 때에는 해당 시설의 관리청에 공공시설의 종류와 토지의 세목을 통지하여야 한다.
③ 개발행위허가를 받은 자가 행정청이 아닌 경우 개발행위허가를 받은 자가 새로 설치한 공공시설은 그 시설을 관리할 관리청에 무상으로 귀속된다.
④ 개발행위허가를 받은 행정청이 기존의 공공시설에 대체되는 공공시설을 설치한 경우에는 종래의 공공시설은 그 행정청에게 무상으로 귀속된다.
⑤ 개발행위허가를 받은 자가 행정청이 아닌 경우 개발행위로 용도가 폐지되는 공공시설은 개발행위허가를 받은 자에게 무상으로 귀속된다.

해설 | 개발행위허가를 받은 자가 행정청이 아닌 경우 개발행위로 용도가 폐지되는 공공시설은 대체되는 공공시설의 설치비용에 상당하는 범위 안에서 개발행위허가를 받은 자에게 무상으로 양도될 수 있다.

정답 | ⑤

개발밀도관리구역과 기반시설부담구역

2014년	2015년	2016년	2017년	2018년	2019년	2020년	2021년	2022년
2문	1문	1문	1문	1문	3문	2문	1문	1문

※ 최근 9년간 13문제 출제

01 ■■□
2018 공인중개사

국토의 계획 및 이용에 관한 법령상 개발밀도관리구역 및 기반시설부담구역에 관한 설명으로 옳은 것은?

① 개발밀도관리구역에서는 당해 용도지역에 적용되는 건폐율 또는 용적률을 강화 또는 완화하여 적용할 수 있다.
② 군수가 개발밀도관리구역을 지정하려면 지방도시계획위원회의 심의를 거쳐 도지사의 승인을 받아야 한다.
③ 주거·상업지역에서의 개발행위로 기반시설의 수용능력이 부족할 것으로 예상되는 지역 중 기반시설의 설치가 곤란한 지역은 기반시설부담구역으로 지정할 수 있다.
④ 시장은 기반시설부담구역을 지정하면 기반시설설치계획을 수립하여야 하며, 이를 도시·군관리계획에 반영하여야 한다.
⑤ 기반시설부담구역에서 개발행위를 허가받고자 하는 자에게는 기반시설설치비용을 부과하여야 한다.

해설 | ① 개발밀도관리구역에서는 당해 용도지역에 적용되는 건폐율 또는 용적률을 강화하여 적용한다.
② 군수가 개발밀도관리구역을 지정하려면 지방도시계획위원회의 심의를 거쳐야 한다. 그러나 도지사의 승인은 받지 아니한다.
③ 기반시설부담구역(×), 개발밀도관리구역(○), 주거·상업지역에서의 개발행위로 기반시설의 수용능력이 부족할 것으로 예상되는 지역 중 기반시설의 설치가 곤란한 지역은 개발밀도관리구역으로 지정할 수 있다.
⑤ 기반시설부담구역에서 개발행위를 허가받고자 하는 자 모두에게 기반시설설치비용을 부과하는 것은 아니며 다음의 행위를 하는 자에게만 기반시설설치비용을 부과한다. 기반시설부담구역에서 기반시설설치비용의 부과 대상인 건축행위는 단독주택 및 숙박시설 등 대통령령으로 정하는 시설로서 200㎡를 초과하는 건축물의 신축·증축 행위로 한다. 다만, 기본건축물을 철거하고 신축하는 경우에는 기존 건축물의 건축 연면적을 초과하는 건축행위만

부과대상으로 한다.

정답 | ④

02 ■■□ 2019 공인중개사 수정

국토의 계획 및 이용에 관한 법령상 시장 또는 군수가 주민의 의견을 들어야 하는 경우로 명시되어 있지 <u>않은</u> 것은? (단, 국토교통부장관이 따로 정하는 경우는 고려하지 않음)

① 광역도시계획을 수립하려는 경우
② 성장관리계획을 수립하려는 경우
③ 시범도시사업계획을 수립하려는 경우
④ 기반시설부담구역을 지정하려는 경우
⑤ 개발밀도관리구역을 지정하려는 경우

해설 | 개발밀도관리구역을 지정하려는 경우에는 주민의 의견을 듣는 절차는 없으며, 지방도시계획 위원회의 심의를 거쳐 이를 지방자치단체의 공보와 인터넷 홈페이지에 고시해야 한다.

정답 | ⑤

03 ■□□ 2016 공인중개사

국토의 계획 및 이용에 관한 법령상 기반시설부담구역에 관한 설명으로 <u>틀린</u> 것은?

① 법령의 개정으로 인하여 행위제한이 완화되는 지역에 대해서는 기반시설부담구역으로 지정하여야 한다.
② 녹지와 폐기물처리시설은 기반시설부담구역에 설치가 필요한 기반시설에 해당한다.
③ 동일한 지역에 대해 기반시설부담구역과 개발밀도관리 구역을 중복하여 지정할 수 있다.
④ 기반시설부담구역 내에서 「주택법」에 따른 리모델링을 하는 건축물은 기반시설설치비용의 부과대상이 아니다.
⑤ 기존 건축물을 철거하고 신축하는 건축행위가 기반시설 설치비용의 부과대상이 되는 경우에는 기존 건축물의 건축연면적을 초과하는 건축행위만 부과대상으로 한다.

해설 | 기반시설부담구역과 개발밀도관리구역은 중복하여 지정할 수 없다.

정답 | ③

04 2014 공인중개사

국토의 계획 및 이용에 관한 법령상 기반시설부담구역 등에 관한 설명으로 옳은 것은?

① 기반시설부담구역은 개발밀도관리구역과 중첩하여 지정될 수 있다.
② 「고등교육법」에 따른 대학은 기반시설부담구역에 설치가 필요한 기반시설에 해당한다.
③ 기반시설설치비용은 현금 납부를 원칙으로 하되, 부과대상 토지 및 이와 비슷한 토지로 하는 납부를 인정할 수 있다.
④ 기반시설부담구역으로 지정된 지역에 대해 개발행위허가를 제한하였다가 이를 연장하기 위해서는 중앙도시계획위원회의 심의를 거쳐야 한다.
⑤ 기반시설부담구역의 지정고시일부터 2년이 되는 날까지 기반시설설치계획을 수립하지 아니하면 그 2년이 되는 날의 다음날에 구역의 지정은 해제된 것으로 본다.

해설 | ① 기반시설부담구역은 개발밀도관리구역과 중첩하여 지정될 수 없다.
② 「고등교육법」에 따른 대학은 기반시설부담구역에 설치가 필요한 기반시설에서 제외된다.
④ 기반시설부담구역으로 지정된 지역에 대해 개발행위허가를 제한하였다가 이를 연장하기 위해서는 중앙도시계획위원회의 심의를 거지지 아니하고 1회에 한하여 2년 이내의 기간 동안 개발행위허가의 제한을 연장할 수 있다.
⑤ 기반시설부담구역의 지정고시일부터 1년이 되는 날까지 기반시설설치계획을 수립하지 아니하면 그 1년이 되는 날의 다음 날에 구역의 지정은 해제된 것으로 본다.

- 개발행위허가의 제한

  국토교통부장관, 시도지사, 시장 또는 군수는 다음에 해당하는 지역으로서 도시·군관리계획상 특히 필요하다고 인정되는 지역에 대하여는 대통령령이 정하는 바에 따라 중앙도시계획위원회 또는 지방도시계획위원회의 심의를 거쳐 1회에 한하여 3년 이내의 기간 동안 개발행위허가를 제한할 수 있다. 다만, 3부터 5까지에 해당하는 지역에 대하여는 중앙도시계획위원회 또는 지방도시계획위원회의 심의를 거치지 아니하고 1회에 한하여 2년 이내의 기간 동안 개발행위허가의 제한을 연장할 수 있다.

1. 녹지지역이나 계획관리지역으로서 수목이 집단적으로 자라고 있거나 조수류 등이 집단적으로 서식하고 있는 지역 또는 우량 농지 등으로 보전할 필요가 있는 지역
2. 개발행위로 인하여 주변의 환경·경관·미관·문화재 등이 크게 오염되거나 손상될 우려가 있는 지역
3. 도시·군기본계획 또는 도시·군관리계획을 수립하고 있는 지역으로서 도시·군기본계획 또는 도시·군관리계획이 결정될 경우 용도지역·용도지구 또는 용도구역의 변경이 예상되고 그에 따라 개발행위허가의 기준이 크게 달라질 것으로 예상되는 지역
4. 지구단위계획구역으로 지정된 지역
5. 기반시설부담구역으로 지정된 지역 : ④

정답 | ③

05
2019 공인중개사

국토의 계획 및 이용에 관한 법령상 광역시의 기반시설부담구역에 관한 설명으로 틀린 것은?

① 기반시설부담구역이 지정되면 광역시장은 대통령령으로 정하는 바에 따라 기반시설설치계획을 수립하여야 하며, 이를 도시·군관리계획에 반영하여야 한다.
② 기반시설부담구역의 지정은 해당 광역시에 설치된 지방도시계획위원회의 심의대상이다.
③ 광역시장은 「국토의 계획 및 이용에 관한 법률」의 개정으로 인하여 행위 제한이 완화되는 지역에 대하여는 이를 기반시설부담구역으로 지정할 수 없다.
④ 지구단위계획을 수립한 경우에는 기반시설설치계획을 수립한 것으로 본다.
⑤ 기반시설부담구역의 지정고시일부터 1년이 되는 날까지 광역시장이 기반시설설치계획을 수립하지 아니하면 그 1년이 되는 날의 다음 날에 기반시설부담구역의 지정은 해제된 것으로 본다.

해설 | 광역시장은 「국토의 계획 및 이용에 관한 법률」의 개정으로 인하여 행위 제한이 완화되는 지역에 대하여는 이를 기반시설부담구역으로 지정하여야 한다.

- 기반시설부담구역의 지정
  다음의 어느 하나에 해당하는 지역에 대하여는 기반시설부담구역으로 지정하여야 한다.
  1. 이 법 또는 다른 법령의 제정·개정으로 인하여 행위 제한이 완화되거나 해제되는 지역 : ③
  2. 이 법 또는 다른 법령에 따라 지정된 용도지역 등이 변경되거나 해제되어 행위 제한이 완화되는 지역
  3. 개발행위허가 현황 및 인구증가율 등을 고려하여 대통령령으로 정하는 다음의 지역
     ㉠ 해당 지역의 전년도 개발행위허가 건수가 전전년도 개발행위 건수보다 20% 이상 증가한 지역
     ㉡ 해당 지역의 전년도 인구증가율이 그 지역이 속하는 특별시·광역시·특별자치시·특별자치도·시 또는 군의 전년도 인구증가율보다 20% 이상 높은 지역

정답 | ③

06
2015 공인중개사

국토의 계획 및 이용에 관한 법령상 기반시설부담구역에 설치가 필요한 기반시설에 해당하지 않는 것은?

① 공원
② 도로
③ 대학
④ 폐기물처리시설
⑤ 녹지

해설 | 학교는 공공·문화체육시설에 해당하지만 대학(고등교육법에 따른 학교)은 기반시설부담구역에 설치가 필요한 기반시설에 해당하지 않는다.

정답 | ③

07 ■■□
2014 공인중개사

국토의 계획 및 이용에 관한 법령상 건축물별 기반시설유발계수가 다음 중 가장 높은 것은?

① 제1종 근린생활시설
② 공동주택
③ 의료시설
④ 업무시설
⑤ 숙박시설

해설 | ① 제1종 근린생활시설 : 1.3
② 공동주택 : 0.7
③ 의료시설 : 0.9
④ 업무시설 : 0.7
⑤ 숙박시설 : 1.0

- 기반시설유발계수
1. 위락시설 : 2.1
2. 관광휴게시설 : 1.9
3. 제2종 근린생활시설 : 1.6
4. 자원순환 관련 시설, 종교시설, 문화 및 집회시설, 운수시설 : 1.4
5. 제1종 근린생활시설, 판매시설 : 1.3
6. 숙박시설 : 1.0
7. 의료시설 : 0.9
8. 단독주택, 공동주택, 교육연구시설, 노유자시설, 수련시설, 운동시설, 업무시설 : 0.7

정답 | ①

08 2019 공인중개사

국토의 계획 및 이용에 관한 법령상 건축물별 기반시설유발계수가 다음 중 가장 큰 것은?

① 단독주택
② 장례시설
③ 관광휴게시설
④ 제2종 근린생활시설
⑤ 비금속 광물제품 제조공장

해설 | ① 단독주택 : 0.7
② 장례시설 : 0.7
③ 관광휴게시설 : 1.9
④ 제2종 근린생활시설 : 1.6
⑤ 비금속 광물제품 제조공장 : 1.3

정답 | ③

09 2017 공인중개사

국토의 계획 및 이용에 관한 법령상 기반시설부담구역에서의 기반시설설치비용에 관한 설명으로 틀린 것은?

① 기반시설설치비용 산정시 기반시설을 설치하는 데 필요한 용지비용도 산입된다.
② 기반시설설치비용 납부시 물납이 인정될 수 있다.
③ 기반시설설치비용의 관리 및 운용을 위하여 기반시설부담구역별로 특별회계가 설치되어야 한다.
④ 의료시설과 교육연구시설의 기반시설유발계수는 같다.
⑤ 기반시설설치비용을 부과받은 납부의무자는 납부기일의 연기 또는 분할납부가 인정되지 않는 한 사용승인(준공검사 등 사용승인이 의제되는 경우에는 그 준공검사)신청 시까지 기반시설설치비용을 내야 한다.

해설 | 의료시설의 기반시설유발계수는 0.9이고, 교육연구시설의 기반시설유발계수 0.7이다.

정답 | ④

10 2020 공인중개사

국토의 계획 및 이용에 관한 법령상 기반시설을 유발하는 시설에서 제외되는 건축물에 해당하지 않는 것은?

① 「유아교육법」에 따른 사립유치원
② 「도시재정비 촉진을 위한 특별법」에 따라 공급하는 임대주택
③ 상업지역에 설치하는 「농수산물유통 및 가격안정에 관한 법률」에 따른 농수산물집하장
④ 주한 국제기구 소유의 건축물
⑤ 「택지개발촉진법」에 따른 택지개발예정지구에서 지구단위계획을 수립하여 개발하는 토지에 건축하는 건축물

해설 | 상업지역에 설치하는 「농수산물유통 및 가격안정에 관한 법률」에 따른 농수산물집하장은 기반시설을 유발하는 시설에서 제외되는 건축물에 해당하지 않는다. [비교] 녹지지역·관리지역·농림지역 및 자연환경보전지역에 설치하는 「농수산물유통 및 가격안정에 관한 법률」에 따른 농수산물집하장은 기반시설을 유발하는 시설에서 제외되는 건축물에 해당한다.

개말 '기반시설을 유발하는 시설에서 제외되는 건축물'은 일반적인 기본서의 4페이지에 해당하는 내용으로 이것을 전부 외우는 것은 너무 어렵습니다. 느낌대로 찍어야 하는데요, 정답지문 ③번을 차분하게 읽어보면, 상업지역의 농수산물집하장은 인구유입이 많은 곳으로 기반시설을 유발하는 시설물로 생각할 수 있습니다.

정답 | ③

11 2020 공인중개사

「국토의 계획 및 이용에 관한 법률」 조문의 일부이다. (   )에 들어갈 숫자로 옳은 것은?

> 제68조(기반시설설치비용의 부과대상 및 산정기준) ①기반시설부담구역에서 기반시설설치비용의 부과대상인 건축행위는 제2조 제20호에 따른 시설로서 (   )제곱미터(기존 건축물의 연면적을 포함한다)를 초과하는 건축물의 신축·증축 행위로 한다.

① 100 ② 200 ③ 300
④ 400 ⑤ 500

해설 | 기반시설부담구역에서 기반시설설치비용의 부과 대상인 건축행위는 제2조 제20호에 따른 시설(단독주택 및 숙박시설 등)로서 200㎡(기존 건축물의 연면적을 포함한다)를 초과하는 건축물의 신축·증축 행위로 한다.

정답 | ②

12 | 2021 공인중개사

국토의 계획 및 이용에 관한 법령상 개발행위에 따른 기반시설의 설치에 관한 설명으로 옳은 것은? (단, 조례는 고려하지 않음)

① 시장 또는 군수가 개발밀도관리구역을 변경하는 경우 관할 지방도시계획위원회의 심의를 거치지 않아도 된다.
② 기반시설부담구역의 지정고시일부터 2년이 되는 날까지 기반시설설치계획을 수립하지 아니하면 그 2년이 되는 날에 기반시설부담구역의 지정은 해제된 것으로 본다.
③ 시장 또는 군수는 기반시설설치비용 납부의무자가 지방자치단체로부터 건축허가를 받은 날부터 3개월 이내에 기반시설설치비용을 부과하여야 한다.
④ 시장 또는 군수는 개발밀도관리구역에서는 해당 용도지역에 적용되는 용적률의 최대한도의 50퍼센트 범위에서 용적률을 강화하여 적용한다.
⑤ 기반시설설치비용 납부의무자는 사용승인 신청 후 7일까지 그 비용을 내야 한다.

해설 | ① 시장 또는 군수가 개발밀도관리구역을 변경하는 경우 관할 지방도시계획위원회의 심의를 거쳐야 한다.
② 기반시설부담구역의 지정고시일부터 1년이 되는 날까지 기반시설설치계획을 수립하지 아니하면 그 1년이 되는 날의 다음날에 기반시설부담구역의 지정은 해제된 것으로 본다.
③ 시장 또는 군수는 기반시설설치비용 납부의무자가 지방자치단체로부터 건축허가를 받은 날부터 2개월 이내에 기반시설설치비용을 부과하여야 한다.
⑤ 기반시설설치비용 납부의무자는 사용승인 신청시까지 그 비용을 내야 한다.

정답 | ④

4 문제

2022년, [국토의 계획 및 이용에 관한 법률(3)]에서는 4문제 출제되었습니다.

09 ■■□
2022 공인중개사

국토의 계획 및 이용에 관한 법령상 개발행위허가에 관한 설명으로 옳은 것은? (단, 조례는 고려하지 않음)

① 「사방사업법」에 따른 사방사업을 위한 개발행위를 허가하려면 지방도시계획위원회의 심의를 거쳐야 한다.
② 토지의 일부가 도시·군계획시설로 지형도면고시가 된 당해 토지의 분할은 개발행위허가를 받아야 한다.
③ 국토교통부장관은 개발행위로 인하여 주변의 환경이 크게 오염될 우려가 있는 지역에서 개발행위허가를 제한하고자 하는 경우 중앙도시계획위원회의 심의를 거쳐야 한다.
④ 시·도지사는 기반시설부담구역으로 지정된 지역에 대해서는 10년간 개발행위허가를 제한할 수 있다.
⑤ 토지분할을 위한 개발행위허가를 받은 자는 그 개발행위를 마치면 시·도지사의 준공검사를 받아야 한다.

해설 | ① 「사방사업법」에 따른 사방사업을 위한 개발행위를 허가하려면 지방도시계획위원회의 심의를 거치지 아니한다.
② 토지의 일부가 도시·군계획시설로 지형도면고시가 된 당해 토지의 분할은 개발행위허가를 받지 아니하고 할 수 있다.
④ 시·도지사는 기반시설부담구역으로 지정된 지역에 대해서는 3년 이내의 기간 동안 개발행위허가를 제한할 수 있다.
⑤ 토지 분할에 대해 개발행위허가를 받은 자가 그 개발행위를 마치면 관할 행정청의 준공검사를 받지 아니한다.

정답 | ③

10
2022 공인중개사

국토의 계획 및 이용에 관한 법령상 성장관리계획에 관한 설명으로 옳은 것은? (단, 조례, 기타 강화·완화조건은 고려하지 않음)

① 시장 또는 군수는 공업지역 중 향후 시가화가 예상되는 지역의 전부 또는 일부에 대하여 성장관리계획구역을 지정할 수 있다.
② 성장관리계획구역 내 생산녹지지역에서는 30퍼센트 이하의 범위에서 성장관리계획으로 정하는 바에 따라 건폐율을 완화하여 적용할 수 있다.
③ 성장관리계획구역 내 보전관리지역에서는 125퍼센트 이하의 범위에서 성장관리계획으로 정하는 바에 따라 용적률을 완화하여 적용할 수 있다.
④ 시장 또는 군수는 성장관리계획구역을 지정할 때에는 도시·군관리계획의 결정으로 하여야 한다.
⑤ 시장 또는 군수는 성장관리계획구역을 지정하려면 성장관리계획구역안을 7일간 일반이 열람할 수 있도록 해야 한다.

해설 | ① 시장 또는 군수는 녹지지역, 관리지역, 농림지역 및 자연환경보전지역 중 향후 시가화가 예상되는 지역의 전부 또는 일부에 대하여 성장관리계획구역을 지정할 수 있다.
③ 성장관리계획구역 내 계획관리지역에서는 125퍼센트 이하의 범위에서 성장관리계획으로 정하는 바에 따라 용적률을 완화하여 적용할 수 있다.
④ 성장관리계획구역의 지정은 도시·군관리계획의 결정으로 하여야 하는 것에 해당하지 않는다.
⑤ 시장 또는 군수는 성장관리계획구역을 지정하려면 성장관리계획구역안을 14일 이상 일반이 열람할 수 있도록 해야 한다.

정답 | ②

11
2022 공인중개사

국토의 계획 및 이용에 관한 법령상 개발행위허가를 받은 자가 행정청인 경우 개발행위에 따른 공공시설의 귀속에 관한 설명으로 옳은 것은? (단, 다른 법률은 고려하지 않음)

① 개발행위허가를 받은 자가 새로 공공시설을 설치한 경우, 새로 설치된 공공시설은 그 시설을 관리할 관리청에 무상으로 귀속된다.
② 개발행위로 용도가 폐지되는 공공시설은 새로 설치한 공공시설의 설치비용에 상당하는 범위에서 개발행위허가를 받은 자에게 무상으로 양도할 수 있다.
③ 공공시설의 관리청이 불분명한 경우 하천에 대하여는 국토교통부장관을 관리청으로 본다.

④ 관리청에 귀속되거나 개발행위허가를 받은 자에게 양도될 공공시설은 준공검사를 받음으로써 관리청과 개발행위허가를 받은 자에게 각각 귀속되거나 양도된 것으로 본다.

⑤ 개발행위허가를 받은 자는 국토교통부장관의 허가를 받아 그에게 귀속된 공공시설의 처분으로 인한 수익금을 도시·군계획사업 외의 목적에 사용할 수 있다.

해설 | ② 개발행위허가를 받은 자가 행정청인 경우, 개발행위로 용도가 폐지되는 공공시설은 개발행위허가를 받은 자에게 전부 무상으로 귀속된다.

③ 공공시설의 관리청이 불분명한 경우 하천에 대하여는 환경부장관을 관리청으로 본다.

④ 관리청에 귀속되거나 개발행위허가를 받은 자에게 양도될 공공시설은 그 공공시설의 종류와 토지의 세목을 통지한 날에 관리청과 개발행위허가를 받은 자에게 각각 귀속되거나 양도된 것으로 본다.

⑤ 개발행위허가를 받은 자는 국토교통부장관의 허가를 받아 그에게 귀속된 공공시설의 처분으로 인한 수익금을 도시·군계획사업 외의 목적에 사용할 수 없다.

정답 | ①

12 2022 공인중개사

국토의 계획 및 이용에 관한 법령상 개발행위에 따른 기반시설의 설치에 관한 설명으로 틀린 것은? (단, 조례는 고려하지 않음)

① 개발밀도관리구역에서는 해당 용도지역에 적용되는 용적률의 최대한도의 50퍼센트 범위에서 강화하여 적용한다.

② 기반시설의 설치가 필요하다고 인정하는 지역으로서, 해당 지역의 전년도 개발행위허가 건수가 전전년도 개발행위허가 건수보다 20퍼센트 이상 증가한 지역에 대하여는 기반시설부담구역으로 지정하여야 한다.

③ 기반시설부담구역이 지정되면 기반시설설치계획을 수립하여야 하며, 이를 도시·군관리계획에 반영하여야 한다.

④ 기반시설설치계획은 기반시설부담구역의 지정고시일부터 3년이 되는 날까지 수립하여야 한다.

⑤ 기반시설설치비용의 관리 및 운용을 위하여 기반시설부담구역별로 특별회계를 설치하여야 한다.

해설 | 기반시설부담구역의 지정고시일부터 1년이 되는 날까지 기반시설설치계획을 수립하지 아니하면 그 1년이 되는 날의 다음 날에 구역의 지정은 해제된 것으로 본다.

정답 | ④

MEMO

모두공인공인중개사 깨알단원별기출문제집

PART 02
도시개발법

깨알연구소

도시개발법

2014년	2015년	2016년	2017년	2018년	2019년	2020년	2021년	2022년
4문	5문	6문	6문	6문	6문	6문	6문	6문

핵심테마 11 | 개발계획
핵심테마 12 | 도시개발구역의 지정
핵심테마 13 | 도시개발구역의 시행자
핵심테마 14 | 도시개발조합 및 실시계획
핵심테마 15 | 수용 또는 사용방식의 사업시행
핵심테마 16 | 환지방식의 사업시행
핵심테마 17 | 도시개발사업의 비용부담 등

개발계획

2014년	2015년	2016년	2017년	2018년	2019년	2020년	2021년	2022년
0문	2문	0문	1문	0문	0문	0문	0문	1문

※ 최근 9년간 4문제 출제

01 ■□□
2015 공인중개사

도시개발법령상 도시개발구역을 지정한 후에 개발계획을 수립할 수 있는 경우가 아닌 것은?

① 개발계획을 공모하는 경우
② 자연녹지지역에 도시개발구역을 지정할 때
③ 도시지역 외의 지역에 도시개발구역을 지정할 때
④ 국토교통부장관이 국가균형발전을 위하여 관계 중앙행정기관의 장과 협의하여 상업지역에 도시개발구역을 지정할 때
⑤ 해당 도시개발구역에 포함되는 주거지역이 전체 도시개발구역 지정 면적의 100분의 40인 지역을 도시개발구역으로 지정할 때

해설 | 100분의 40인 지역(×), 100분의 30 이하인 지역(○), 해당 도시개발구역에 포함되는 주거지역·상업지역·공업지역의 면적의 합계가 전체 도시개발구역 지정 면적의 100분의 30 이하인 지역을 도시개발구역으로 지정하는 경우에 도시개발구역을 지정한 후에 개발계획을 수립할 수 있다.

• 도시개발구역 지정 후 개발계획을 수립하는 경우

㉮ 원칙 : 도시개발구역의 지정권자는 도시개발구역을 지정하려면 해당 도시개발구역에 대한 도시개발사업의 계획을 수립하여야 한다.

㉯ 예외 : 다음에 해당하는 지역에 도시개발구역을 지정할 때에는 도시개발구역을 지정한 후에 개발계획을 수립할 수 있다.

1. 자연녹지지역 : ②
2. 생산녹지지역(생산녹지지역이 도시개발구역 지정면적의 100분의 30 이하인 경우만 해당)
3. 도시지역 외의 지역(관리지역, 농림지역, 자연환경보전지역) : ③
4. 국토교통부장관이 국가균형발전을 위하여 관계 중앙행정기관의 장과 협의하여 도시개발구역으로 지정하려는 지역(자연환경보전지역은 제외) : ④

5. 해당 도시개발구역에 포함되는 주거지역·상업지역·공업지역의 면적의 합계가 전체 도시개발구역 지정 면적의 100분의 30 이하인 지역 : ⑤

6. 개발계획 공모하는 경우 : ①

정답 | ⑤

02 2017 공인중개사

도시개발법령상 도시개발사업의 일부를 환지방식으로 시행하기 위하여 개발계획을 변경할 때 토지소유자의 동의가 필요한 경우는? (단, 시행자는 한국토지주택공사이며, 다른 조건은 고려하지 않음)

① 너비가 10m인 도로를 폐지하는 경우
② 도로를 제외한 기반시설의 면적이 종전보다 100분의 4 증가하는 경우
③ 기반시설을 제외한 도시개발구역의 용적률이 종전보다 100분의 4 증가하는 경우
④ 사업시행지구를 분할하거나 분할된 사업시행지구를 통합하는 경우
⑤ 수용예정인구가 종전보다 100분의 5 증가하여 2천 6백 명이 되는 경우

해설 | 사업시행지구를 분할하거나 분할된 사업시행지구를 통합하는 경우에는 토지소유자의 동의를 받아야 한다.

• 환지 방식의 도시개발사업에 대한 개발계획 수립

㉮ 원칙 : 환지방식의 도시개발사업에 대한 개발계획을 수립하려면 환지방식이 적용되는 지역의 토지면적의 3분의 2 이상에 해당하는 토지 소유자와 그 지역의 토지 소유자 총수의 2분의 1 이상의 동의를 받아야 한다. 환지방식으로 시행하기 위하여 개발계획을 변경하려는 경우에도 또한 같다.

㉯ 도시개발사업의 시행자가 국가나 지방자치단체이면 토지 소유자의 동의를 받을 필요가 없다.

1. 너비가 12m 이상인 도로를 신설 또는 폐지하는 경우
2. 사업시행지구를 분할하거나 분할된 사업시행지구를 통합하는 경우 : ④
3. 도로를 제외한 기반시설의 면적이 종전보다 100분의 10 이상으로 증감하거나 신설되는 기반시설의 총면적이 종전 기반시설 면적의 100분의 5 이상인 경우
4. 수용예정인구가 종전보다 100분의 10 이상 증감하는 경우(변경 이후 수용예정인구가 3천 명 미만인 경우는 제외한다)
5. 기반시설을 제외한 도시개발구역의 용적률이 종전보다 100분의 5 이상 증가하는 경우
6. 기반시설의 설치에 필요한 비용이 종전보다 100분의 5 이상 증가하는 경우

7. 사업시행방식을 변경하는 경우 등

정답 | ④

03 2015 공인중개사

도시개발법령상 도시개발구역의 지정과 개발계획에 관한 설명으로 틀린 것은?

① 지정권자는 도시개발사업의 효율적 추진을 위하여 필요하다고 인정하는 경우 서로 떨어진 둘 이상의 지역을 결합하여 하나의 도시개발구역으로 지정할 수 있다.
② 도시개발구역을 둘 이상의 사업시행지구로 분할하는 경우 분할 후 사업시행지구의 면적은 각각 1만 제곱미터 이상이어야 한다.
③ 세입자의 주거 및 생활 안정 대책에 관한 사항은 도시개발구역을 지정한 후에 개발계획의 내용으로 포함시킬 수 있다.
④ 지정권자는 도시개발사업을 환지 방식으로 시행하려고 개발계획을 수립할 때 시행자가 지방자치단체인 경우 토지소유자의 동의를 받아야 한다.
⑤ 도시·군기본계획이 수립되어 있는 지역에 대하여 개발계획을 수립하려면 개발계획의 내용이 해당 도시·군기본계획에 들어맞도록 하여야 한다.

해설 | 지정권자는 도시개발사업을 환지 방식으로 시행하려고 개발계획을 수립할 때 시행자가 지방자치단체인 경우 토지소유자의 동의를 받을 필요가 없다.

- 도시개발구역을 지정한 후에 개발계획에 포함시킬 수 있는 경우
1. 도시개발구역 밖의 지역에 기반시설을 설치하여야 하는 경우에는 그 시설의 설치에 필요한 비용의 부담 계획
2. 수용 또는 사용의 대상이 되는 토지·건축물의 세부목록
3. 임대주택건설계획 등 세입자 등의 주거 및 생활안정대책 : ③
4. 순환개발 등 단계적 사업추진이 필요한 경우 사업추진 계획 등

정답 | ④

도시개발구역의 지정

2014년	2015년	2016년	2017년	2018년	2019년	2020년	2021년	2022년
1문	1문	0문	0문	1문	1문	1문	2문	1문

※ 최근 9년간 8문제 출제

01 ■□□
2021 공인중개사

도시개발법령상 도시개발구역을 지정할 수 있는 자를 모두 고른 것은?

ㄱ. 시·도지사
ㄴ. 대도시 시장
ㄷ. 국토교통부장관
ㄹ. 한국토지주택공사

① ㄱ
② ㄴ, ㄹ
③ ㄷ, ㄹ
④ ㄱ, ㄴ, ㄷ
⑤ ㄱ, ㄴ, ㄷ, ㄹ

해설 | 도시개발구역의 지정권자는 다음과 같다.
1. 원칙 : 시·도지사(특별시장·광역시장·도지사, 특별자치도지사), 대도시 시장
2. 예외 : 국토교통부장관

따라서 ㄱ, ㄴ, ㄷ이 도시개발구역을 지정할 수 있는 자에 해당한다.

정답 | ④

02 ■■□
2015 공인중개사

도시개발법령상 국토교통부장관이 도시개발구역을 지정할 수 있는 경우가 아닌 것은?

① 국가가 도시개발사업을 실시할 필요가 있는 경우
② 산업통상자원부장관이 10만 제곱미터 규모로 도시개발구역의 지정을 요청하는 경우
③ 지방공사의 장이 30만 제곱미터 규모로 도시개발구역의 지정을 요청하는 경우
④ 한국토지주택공사 사장이 30만 제곱미터 규모로 국가계획과 밀접한 관련이 있는 도시개발구역의 지정을 제안하는 경우
⑤ 천재·지변으로 인하여 도시개발사업을 긴급하게 할 필요가 있는 경우

해설 | 지방공사의 장(×), 공공기관의 장 또는 정부출연기관의 장(○), 공공기관의 장 또는 정부출연기관의 장이 30만㎡ 이상으로서 국가계획과 밀접한 관련이 있는 도시개발구역의 지정을 제안하는 경우에는 국토교통부장관이 도시개발구역을 지정할 수 있다.

- 국토교통부장관이 도시개발구역의 지정권자인 경우
1. 국가가 도시개발사업을 실시할 필요가 있는 경우 : ①
2. 관계 중앙행정기관의 장이 요청하는 경우 : ②
3. 공공기관의 장 또는 정부출연기관의 장이 30만㎡ 이상으로서 국가계획과 밀접한 관련이 있는 도시개발구역의 지정을 제안하는 경우 : ④
4. 둘 이상의 시·도 또는 대도시의 행정구역에 걸치는 경우로서 시·도지사 또는 대도시 시장의 협의가 성립되지 아니하는 경우
5. 천재지변, 그 밖의 사유로 인하여 도시개발사업을 긴급하게 할 필요가 있는 경우 : ⑤

정답 | ③

03 ■□□
2014 공인중개사

도시개발법령상 도시개발구역의 지정에 관한 설명으로 틀린 것은?

① 서울특별시와 광역시를 제외한 인구 50만 이상의 대도시의 시장은 도시개발구역을 지정할 수 있다.
② 자연녹지지역에서 도시개발구역으로 지정할 수 있는 규모는 3만 제곱미터 이상이어야 한다.
③ 계획관리지역에 도시개발구역을 지정할 때에는 도시개발구역을 지정한 후에 개발계획을 수립할 수 있다.
④ 지정권자가 도시개발사업을 환지방식으로 시행하려고 개발계획을 수립하는 경우 사업시행자가 지방자치단체이면 토지 소유자의 동의를 받을 필요가 없다.
⑤ 군수가 도시개발구역의 지정을 요청하려는 경우 주민이나 관계전문가 등으로부터 의견을 들어야 한다.

해설 | 자연녹지지역에서 도시개발구역으로 지정할 수 있는 규모는 1만㎡ 이상이어야 한다.
정답 | ②

04 ■□□
2018 공인중개사

도시개발법령상 도시개발구역으로 지정할 수 있는 대상 지역 및 규모에 관하여 (   )에 들어갈 숫자를 바르게 나열한 것은?

> ○ 주거지역 및 상업지역: (ㄱ)만 제곱미터 이상
> ○ 공업지역: (ㄴ)만 제곱미터 이상
> ○ 자연녹지지역: (ㄷ)만 제곱미터 이상
> ○ 도시개발구역 지정면적의 100분의 30 이하인 생산녹지지역: (ㄹ)만 제곱미터 이상

① ㄱ: 1, ㄴ: 1, ㄷ: 1, ㄹ: 3
② ㄱ: 1, ㄴ: 3, ㄷ: 1, ㄹ: 1
③ ㄱ: 1, ㄴ: 3, ㄷ: 3, ㄹ: 1
④ ㄱ: 3, ㄴ: 1, ㄷ: 3, ㄹ: 3
⑤ ㄱ: 3, ㄴ: 3, ㄷ: 1, ㄹ: 1

해설 | • 도시개발구역의 지정규모

1. 도시지역

　가. 주거지역 및 상업지역 : 1만㎡ 이상 : ㉠

　나. 공업지역 : 3만㎡ 이상 : ㉡

　다. 자연녹지지역 : 1만㎡ 이상 : ㉢

　라. 생산녹지지역(생산녹지지역이 도시개발구역 지정면적의 100분의 30 이하인 경우만 해당된다) : 1만㎡ 이상 : ㉣

2. 도시지역 외의 지역 : 원칙적으로 30만㎡ 이상

정답 | ②

05 2019 공인중개사

도시개발법령상 도시개발구역의 지정에 관한 설명으로 옳은 것은? (단, 특례는 고려하지 않음)

① 대도시 시장은 직접 도시개발구역을 지정할 수 없고, 도지사에게 그 지정을 요청하여야 한다.
② 도시개발사업이 필요하다고 인정되는 지역이 둘 이상의 도의 행정구역에 걸치는 경우에는 해당 면적이 더 넓은 행정구역의 도지사가 도시개발구역을 지정하여야 한다.
③ 천재지변으로 인하여 도시개발사업을 긴급하게 할 필요가 있는 경우 국토교통부장관이 도시개발구역을 지정할 수 있다.
④ 도시개발구역의 총 면적이 1만 제곱미터 미만인 경우 둘 이상의 사업시행지구로 분할하여 지정할 수 있다.
⑤ 자연녹지지역에서 도시개발구역을 지정한 이후 도시개발사업의 계획을 수립하는 것은 허용되지 아니한다.

해설 | ① 대도시 시장은 직접 도시개발구역을 지정할 수 있다.
② 도시개발사업이 필요하다고 인정되는 지역이 둘 이상의 도의 행정구역에 걸치는 경우에는 도지사가 협의하여 지정할 자를 정한다.
④ 도시개발구역의 총 면적이 1만㎡ 미만인 경우 둘 이상의 사업시행지구로 분할하여 지정할 수 없다. 도시개발구역을 둘 이상의 사업시행지구로 분할할 경우 분할 후 각각 면적이 1만㎡ 이상인 경우에는 둘 이상의 사업시행지구로 분할하여 지정할 수 있다.
⑤ 자연녹지지역에 도시개발구역을 지정할 때 도시개발구역을 지정한 후에 개발계획을 수립할 수 있다.

정답 | ③

06 2021 공인중개사

도시개발법령상 도시개발구역에서 허가를 받아야 할 행위로 명시되지 않은 것은?

① 토지의 합병
② 토석의 채취
③ 죽목의 식재
④ 공유수면의 매립
⑤ 「건축법」에 따른 건축물의 용도 변경

해설 | 토지의 합병은 도시개발구역에서 허가를 받아야 할 행위가 아니다. [비교] 토지분할은 도시개발구역에서 허가를 받아야 할 행위이다.

- 도시개발구역내 개발행위허가
1. 건축물(가설건축물을 포함)의 건축, 대수선 또는 용도 변경 : ⑤
2. 공작물의 설치 : 인공을 가하여 제작한 시설물의 설치
3. 토지의 형질변경 : 절토·성토·정지·포장 등의 방법으로 토지의 형상을 변경하는 행위, 토지의 굴착 또는 공유수면의 매립 : ④
4. 토석의 채취 : 흙·모래·자갈·바위 등의 토석을 채취하는 행위. 다만, 토지의 형질 변경을 목적으로 하는 것은 제3호에 따른다. : ②
5. 토지분할
6. 물건을 쌓아놓는 행위 : 옮기기 쉽지 아니한 물건을 1개월 이상 쌓아놓는 행위
7. 죽목의 벌채 및 식재 : ③

정답 | ①

07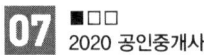
2020 공인중개사

도시개발법령상 도시개발구역 지정의 해제에 관한 규정내용이다. (   )에 들어갈 숫자를 바르게 나열한 것은?

> ○ 도시개발구역을 지정한 후 개발계획을 수립하는 경우에는 아래에 규정된 날의 다음 날에 도시개발구역의 지정이 해제된 것으로 본다.
> ○ 도시개발구역이 지정·고시된 날부터 (ㄱ)년이 되는 날까지 개발계획을 수립·고시하지 아니하는 경우에는 그 (ㄱ)년이 되는 날. 다만, 도시개발구역의 면적이 330만제곱미터 이상인 경우에는 5년으로 한다.
> ○ 개발계획을 수립·고시한 날부터 (ㄴ)년이 되는 날까지 실시계획 인가를 신청하지 아니하는 경우에는 그 (ㄴ)년이 되는 날. 다만, 도시개발구역의 면적이 330만제곱미터 이상인 경우에는 (ㄷ)년으로 한다.

① ㄱ: 2, ㄴ: 3, ㄷ: 3
② ㄱ: 2, ㄴ: 3, ㄷ: 5
③ ㄱ: 3, ㄴ: 2, ㄷ: 3
④ ㄱ: 3, ㄴ: 2, ㄷ: 5
⑤ ㄱ: 3, ㄴ: 3, ㄷ: 5

해설 | 도시개발구역을 지정한 후 개발계획을 수립하는 경우에는 아래에 규정된 날의 다음 날에 도시개발구역의 지정이 해제된 것으로 본다.

- 도시개발구역이 지정·고시된 날부터 ㉠ 2년이 되는 날까지 개발계획을 수립·고시하지 아니하는 경우에는 그 ㉠ 2년이 되는 날. 다만, 도시개발구역의 면적이 330만㎡ 이상인 경우에는 5년으로 한다.
- 개발계획을 수립·고시한 날부터 ㉡ 3년이 되는 날까지 실시계획 인가를 신청하지 아니하는 경우에는 그 ㉡ 3년이 되는 날. 다만, 도시개발구역의 면적이 330만㎡ 이상인 경우에는 ㉢ 5년으로 한다.

정답 | ②

13 도시개발구역의 시행자

2014년	2015년	2016년	2017년	2018년	2019년	2020년	2021년	2022년
0문	0문	0문	2문	1문	2문	0문	0문	1문

※ 최근 9년간 6문제 출제

01 ■■□
2018 공인중개사

도시개발법령상 도시개발사업의 시행에 관한 설명으로 옳은 것은?

① 국가는 도시개발사업의 시행자가 될 수 없다.
② 한국철도공사는 「역세권의 개발 및 이용에 관한 법률」에 따른 역세권개발사업을 시행하는 경우에만 도시개발사업의 시행자가 된다.
③ 지정권자는 시행자가 도시개발사업에 관한 실시계획의 인가를 받은 후 2년 이내에 사업을 착수하지 아니하는 경우 시행자를 변경할 수 있다.
④ 토지 소유자가 도시개발구역의 지정을 제안하려는 경우에는 대상 구역 토지면적의 2분의 1 이상에 해당하는 토지 소유자의 동의를 받아야 한다.
⑤ 사업주체인 지방자치단체는 조성된 토지의 분양을 「주택법」에 따른 주택건설사업자에게 대행하게 할 수 없다.

해설 | ① 국가는 도시개발사업의 시행자가 될 수 있다.
② 한국철도공사(×), 국가철도공단(○), 국가철도공단은 「역세권의 개발 및 이용에 관한 법률」에 따른 역세권개발사업을 시행하는 경우에만 도시개발사업의 시행자가 된다.
④ 토지소유자가 도시개발구역의 지정을 제안하려는 경우에는 대상 구역의 토지 면적의 3분의 2 이상에 해당하는 토지 소유자의 동의를 받아야 한다.
⑤ 사업주체인 지방자치단체는 조성된 토지의 분양을 「주택법」에 따른 주택건설사업자에게 대행하게 할 수 있다.

정답 | ③

02 ■■■□ 2019 공인중개사

도시개발법령상 지정권자가 '도시개발구역 전부를 환지 방식으로 시행하는 도시개발사업'을 '지방자치단체의 장이 집행하는 공공시설에 관한 사업'과 병행하여 시행할 필요가 있다고 인정하는 경우, 이 도시개발사업의 시행자로 지정될 수 없는 자는? (단, 지정될 수 있는 자가 도시개발구역의 토지 소유자는 아니며, 다른 법령은 고려하지 않음)

① 국가
② 지방자치단체
③ 「지방공기업법」에 따른 지방공사
④ 「한국토지주택공사법」에 따른 한국토지주택공사
⑤ 「자본시장과 금융투자업에 관한 법률」에 따른 신탁업자 중 「주식회사 등의 외부감사에 관한 법률」 제4조에 따른 외부감사의 대상이 되는 자

해설 | 도시개발구역의 전부를 환지방식으로 시행하는 경우에는 토지 소유자 또는 조합을 시행자로 지정한다. 그런데 지정권자가 '도시개발구역 전부를 환지방식으로 시행하는 도시개발사업'을 '지방자치단체의 장이 집행하는 공공시설에 관한 사업'과 병행하여 시행할 필요가 있다고 인정하는 경우에는 지방자치단체, 한국토지주택공사, 지방공사, 신탁업자를 시행자로 지정할 수 있다.

정답 | ①

03 ■□□□ 2017 공인중개사

도시개발법령상 도시개발구역 지정권자가 시행자를 변경할 수 있는 경우가 아닌 것은?

① 도시개발사업에 관한 실시계획의 인가를 받은 후 2년 이내에 사업을 착수하지 아니하는 경우
② 행정처분으로 사업시행자의 지정이 취소된 경우
③ 사업시행자가 도시개발구역 지정의 고시일부터 6개월 이내에 실시계획의 인가를 신청하지 아니하는 경우
④ 사업시행자의 부도로 도시개발사업의 목적을 달성하기 어렵다고 인정되는 경우
⑤ 행정처분으로 실시계획의 인가가 취소된 경우

해설 | 지정권자는 도시개발구역의 전부를 환지 방식으로 시행하는 경우로서 시행자로 지정된 자가 1년 이내에 도시개발사업에 관한 실시계획의 인가를 신청하지 아니하는 경우에는 시행자를 변경할 수 있다.

- 도시개발사업의 시행자를 변경할 수 있는 경우
1. 실시계획의 인가를 받은 후 2년 이내에 사업을 착수하지 아니하는 경우 : ①
2. 시행자의 부도·파산 그 밖에 이와 비슷한 사유로 인하여 도시개발사업의 목적을 달성하기 어렵다고 인정되는 경우 : ④
3. 행정처분에 따라 시행자의 지정 또는 실시계획의 인가가 취소된 경우 : ②, ⑤
4. 도시개발구역의 전부를 환지방식으로 시행하는 경우 시행자로 지정된 자가 도시개발구역 지정의 고시일로부터 1년 이내에 개발사업에 관한 실시계획의 인가를 신청하지 아니하는 경우 : ③

정답 | ③

04 ■■■ 2017 공인중개사

도시개발법령상 도시개발사업의 시행자 중 「주택법」에 따른 주택건설사업자 등으로 하여금 도시개발사업의 일부를 대행하게 할 수 있는 자만을 모두 고른 것은?

> ㄱ. 지방자치단체
> ㄴ. 「한국관광공사법」에 따른 한국관광공사
> ㄷ. 「부동산투자회사법」에 따라 설립된 자기관리부동산투자회사
> ㄹ. 「수도권정비계획법」에 따른 과밀억제권역에서 수도권 외의 지역으로 이전하는 법인

① ㄱ
② ㄱ, ㄴ
③ ㄴ, ㄷ
④ ㄷ, ㄹ
⑤ ㄴ, ㄷ, ㄹ

해설 | • 도시개발사업의 대행

공공사업시행자인 국가, 지방자치단체(㉠), 공공기관(한국토지주택공사, 한국관광공사(㉡) 등), 정부출연기관(국가철도공단 등), 지방공사는 도시개발사업을 효율적으로 시행하기 위하여 필요한 경우에는 대통령령으로 정하는 바에 따라 설계·분양 등 도시개발사업의 일부를 「주택법」 제4조에 따른 주택건설사업자 등으로 하여금 대행하게 할 수 있다.

정답 | ②

05 2019 공인중개사

도시개발법령상 도시개발사업의 시행자인 국가 또는 지방자치단체가 「주택법」에 따른 주택건설사업자에게 대행하게 할 수 있는 도시개발사업의 범위에 해당하는 것만을 모두 고른 것은?

ㄱ. 실시설계	ㄴ. 기반시설공사
ㄷ. 부지조성공사	ㄹ. 조성된 토지의 분양

① ㄱ, ㄴ, ㄷ
② ㄱ, ㄴ, ㄹ
③ ㄱ, ㄷ, ㄹ
④ ㄴ, ㄷ, ㄹ
⑤ ㄱ, ㄴ, ㄷ, ㄹ

해설 | 도시개발사업의 시행자인 국가 또는 지방자치단체가 「주택법」에 따른 주택건설사업자에게 대행하게 할 수 있는 도시개발사업의 범위는 다음과 같다.

1. 실시설계 : ㉠
2. 기반시설공사 : ㉡
3. 부지조성공사 : ㉢
4. 조성된 토지의 분양 : ㉣

정답 | ⑤

도시개발조합 및 실시계획

2014년	2015년	2016년	2017년	2018년	2019년	2020년	2021년	2022년
1문	0문	1문	0문	2문	0문	3문	0문	1문

※ 최근 9년간 8문제 출제

01 ■■□
2018 공인중개사

도시개발법령상 도시개발사업을 위하여 설립하는 조합에 관한 설명으로 옳은 것은?

① 조합을 설립하려면 도시개발구역의 토지 소유자 7명 이상이 국토교통부장관에게 조합 설립의 인가를 받아야 한다.
② 조합이 인가받은 사항 중 주된 사무소의 소재지를 변경하려는 경우 변경인가를 받아야 한다.
③ 조합 설립의 인가를 신청하려면 해당 도시개발구역의 토지면적의 2분의 1 이상에 해당하는 토지 소유자와 그 구역의 토지 소유자 총수의 3분의 2 이상의 동의를 받아야 한다.
④ 금고 이상의 형을 선고받고 그 집행이 끝나지 아니한 자는 조합원이 될 수 없다.
⑤ 의결권을 가진 조합원의 수가 100인인 조합은 총회의 권한을 대행하게 하기 위하여 대의원회를 둘 수 있다.

해설 | ① 국토교통부장관(×), 지정권자(○), 조합을 설립하려면 도시개발구역의 토지소유자 7명 이상이 지정권자에게 조합 설립의 인가를 받아야 한다.
② 변경인가(×), 신고(○), 조합이 인가받은 사항 중 주된 사무소의 소재지를 변경하려는 경우 신고를 하여야 한다.
③ 토지면적의 3분의2 이상(○), 토지 소유자 총수의 2분의 1 이상(○), 조합 설립의 인가를 신청하려면 해당 도시개발구역의 토지면적의 3분의 2 이상에 해당하는 토지 소유자와 그 구역의 토지 소유자 총수의 2분의 1 이상의 동의를 받아야 한다.
④ 금고 이상의 형을 선고받고 그 집행이 끝나지 아니한 자는 조합원이 될 수 있다. [비교] 금고 이상의 형을 선고받고 그 집행이 끝나지 아니한 자는 조합의 임원이 될 수 없다.

정답 | ⑤

02 2020 공인중개사

도시개발법령상 도시개발조합에 관한 설명으로 옳은 것은?

① 도시개발구역의 토지소유자가 미성년자인 경우에는 조합의 조합원이 될 수 없다.
② 조합원은 보유토지의 면적과 관계없는 평등한 의결권을 가지므로, 공유 토지의 경우 공유자별로 의결권이 있다.
③ 조합은 도시개발사업 전부를 환지 방식으로 시행하는 경우에 도시개발사업의 시행자가 될 수 있다.
④ 조합 설립의 인가를 신청하려면 해당 도시개발구역의 토지면적의 2분의 1 이상에 해당하는 토지소유자와 그 구역의 토지 소유자 총수의 3분의 2 이상의 동의를 받아야 한다.
⑤ 토지소유자가 조합설립인가 신청에 동의하였다면 이후 조합 설립인가의 신청 전에 그 동의를 철회하였더라도 그 토지소유자는 동의자 수에 포함된다.

해설 | ① 도시개발구역의 토지소유자가 미성년자인 경우에도 조합의 조합원이 될 수 있다. [비교] 도시개발구역의 토지소유자가 미성년자인 경우에는 조합의 임원이 될 수 없다.
② 공유자별로(×), 공유대표자 1명만(○), 공유 토지의 경우에는 공유자의 동의를 받은 공유대표자 1명만 의결권이 있다.
④ 토지면적의 3분의2 이상(○), 토지 소유자 총수의 2분의 1 이상(○), 조합 설립의 인가를 신청하려면 해당 도시개발구역의 토지면적의 3분의 2 이상에 해당하는 토지소유자와 그 구역의 토지소유자 총수의 2분의 1 이상의 동의를 받아야 한다.
⑤ 포함된다(×). 제외된다(○). 토지소유자가 조합 설립인가 신청에 동의하였더라도 이후 조합 설립인가의 신청 전에 그 동의를 철회하면 그 토지소유자는 동의자 수에서 제외된다.

정답 | ③

03 2016 공인중개사

도시개발법령상 도시개발사업 조합에 관한 설명으로 틀린 것은?

① 조합은 도시개발사업의 전부를 환지 방식으로 시행하는 경우 사업시행자가 될 수 있다.
② 조합을 설립하려면 도시개발구역의 토지 소유자 7명 이상이 정관을 작성하여 지정권자에게 조합 설립의 인가를 받아야 한다.
③ 조합이 작성하는 정관에는 도시개발구역의 면적이 포함되어야 한다.
④ 조합 설립의 인가를 신청하려면 국공유지를 제외한 해당 도시개발구역의 토지면적의 3분의 2 이상에 해당하는 토지 소유자와 그 구역의 토지 소유자 총수의 2분의 1 이상의 동의를 받아야 한다.
⑤ 조합의 이사는 그 조합의 조합장을 겸할 수 없다.

해설 | 조합설립의 인가를 신청하는 경우 면적 산정 시 국공유지를 포함하여 산정한다.

정답 | ④

04 2014 공인중개사

도시개발법령상 도시개발사업조합의 조합원에 관한 설명으로 옳은 것은?

① 조합원은 도시개발구역 내의 토지소유자 및 저당권자로 한다.
② 의결권이 없는 조합원도 조합의 임원이 될 수 있다.
③ 조합원으로 된 자가 금고 이상의 형의 선고를 받은 경우에는 그 사유가 발생한 다음 날부터 조합원의 자격을 상실한다.
④ 조합원은 도시개발구역 내에 보유한 토지면적에 비례하여 의결권을 가진다.
⑤ 조합원이 정관에 따라 부과된 부과금을 체납하는 경우 조합은 특별자치도지사·시장·군수 또는 구청장에게 그 징수를 위탁할 수 있다.

해설 | ① 토지소유자 및 저당권자(×), 토지소유자(○), 조합원은 도시개발구역 내의 토지소유자로 한다.
② 의결권이 없는 조합원은 조합의 임원이 될 수 없다.
③ 조합원(×), 조합임원(○), 조합임원으로 선임된 자가 금고 이상의 형의 선고를 받은 경우에는 그 사유가 발생한 다음 날부터 임원의 자격을 상실한다.
④ 면적에 비례하여(×), 면적에 관계없이 평등한(○), 조합원은 도시개발구역 내에 보유한 토지면적에 관계없이 평등한 의결권을 가진다.

정답 | ⑤

05 2020 공인중개사

도시개발법령상 도시개발조합 총회의 의결사항 중 대의원회가 총회의 권한을 대행할 수 있는 사항은?

① 정관의 변경
② 개발계획의 수립
③ 조합장의 선임
④ 환지예정지의 지정
⑤ 조합의 합병에 관한 사항

해설 | 환지예정지의 지정은 대의원회가 총회의 권한을 대행할 수 있다. 대의원회에서 대행할 수 없고 총회의 의결을 거쳐야 하는 사항은 다음과 같다.

- 총회의 의결사항(대위원회에서 대행할 수 없는 사항)

1. 정관의 변경 : ①
2. 개발계획의 수립 및 변경 : ②
3. 조합임원의 선임 : ③
4. 조합의 합병 또는 해산 : ⑤
5. 환지계획의 작성

정답 | ④

06 2020 공인중개사

도시개발법령상 도시개발사업의 실시계획에 관한 설명으로 틀린 것은?

① 시행자가 작성하는 실시계획에는 지구단위계획이 포함되어야 한다.
② 지정권자인 국토교통부장관이 실시계획을 작성하는 경우 시·도지사 또는 대도시 시장의 의견을 미리 들어야 한다.
③ 지정권자가 시행자가 아닌 경우 시행자는 작성된 실시 계획에 관하여 지정권자의 인가를 받아야 한다.
④ 고시된 실시계획의 내용 중 「국토의 계획 및 이용에 관한 법률」에 따라 도시·군관리계획으로 결정하여야 하는 사항이 종전에 도시·군관리계획으로 결정된 사항에 저촉되면 종전에 도시·군관리계획으로 결정된 사항이 우선하여 적용된다.
⑤ 실시계획의 인가에 의해 「주택법」에 따른 사업계획의 승인은 의제될 수 있다.

해설 | 고시된 실시계획의 내용 중 「국토의 계획 및 이용에 관한 법률」에 따라 도시·군관리계획으로 결정하여야 하는 사항은 같은 법에 따른 도시·군관리계획이 결정되어 고시된 것으로 본다. 이 경우 종전에 도시·군관리계획으로 결정된 사항 중 고시 내용에 저촉되는 사항은 고시된 실시계획의 내용으로 변경된 것으로 본다.

정답 | ④

07 2018 공인중개사

도시개발법령상 도시개발사업의 실시계획에 관한 설명으로 옳은 것은?

① 지정권자인 국토교통부장관이 실시계획을 작성하는 경우 시장·군수 또는 구청장의 의견을 미리 들어야 한다.
② 도시개발사업을 환지 방식으로 시행하는 구역에 대하여 지정권자가 실시계획을 작성한 경우에는 사업의 명칭·목적, 도시·군관리계획의 결정내용을 관할 등기소에 통보·제출하여야 한다.
③ 실시계획을 인가할 때 지정권자가 해당 실시계획에 대한 하수도법에 따른 공공하수도 공사시행의 허가에 관하여 관계 행정기관의 장과 협의한 때에는 해당 허가를 받은 것으로 본다.
④ 인가를 받은 실시계획 중 사업시행면적의 100분의 20이 감소된 경우 지정권자의 변경인가를 받을 필요가 없다.
⑤ 지정권자는 시행자가 도시개발구역 지정의 고시일부터 6개월 이내에 실시계획의 인가를 신청하지 아니하는 경우 시행자를 변경할 수 있다.

해설 | ① 지정권자인 국토교통부장관이 실시계획을 작성하는 경우 시·도지사 또는 대도시 시장의 의견을 미리 들어야 한다.
② 도시·군관리계획의 결정내용은 관할 등기소에 통보·제출해야 할 사항에 해당하지 않는다.
[비교] 도시개발사업을 환지 방식으로 시행하는 구역에 대하여 지정권자가 실시계획을 작성한 경우에는 사업의 명칭·목적, 도시개발구역의 위치 및 면적, 시행자, 시행기간, 시행방식을 관할 등기소에 통보·제출하여야 한다.
④ 인가를 받은 실시계획 중 사업시행면적의 100분의 10이 범위에서 감소된 경우 지정권자의 변경인가를 받을 필요가 없다.
⑤ 지정권자는 전부 환지 방식으로 시행하는 시행자가 도시개발구역 지정의 고시일부터 1년 이내에 실시계획의 인가를 신청하지 아니하는 경우 시행자를 변경할 수 있다.

- 실시계획 인가의 경미한 변경
  1. 사업시행면적의 100분의 10의 범위에서의 면적의 감소 : ④
  2. 사업시행면적의 100분의 10의 범위에서의 사업비의 증감

정답 | ③

수용 또는 사용방식의 사업시행

2014년	2015년	2016년	2017년	2018년	2019년	2020년	2021년	2022년
1문	1문	1문	0문	0문	2문	0문	1문	1문

※ 최근 9년간 7문제 출제

01 ■□□
2019 공인중개사

도시개발법령상 도시개발사업의 시행방식에 관한 설명으로 옳은 것은?

① 분할 혼용방식은 수용 또는 사용 방식이 적용되는 지역과 환지 방식이 적용되는 지역을 사업시행지구별로 분할하여 시행하는 방식이다.
② 계획적이고 체계적인 도시개발 등 집단적인 조성과 공급이 필요한 경우에는 환지 방식으로 정하여야 하며, 다른 시행방식에 의할 수 없다.
③ 도시개발구역지정 이후에는 도시개발사업의 시행방식을 변경할 수 없다.
④ 시행자는 도시개발사업의 시행방식을 토지 등을 수용 또는 사용하는 방식, 환지 방식 또는 이를 혼용하는 방식 중에서 정하여 국토교통부장관의 허가를 받아야 한다.
⑤ 지방자치단체가 도시개발사업의 전부를 환지 방식으로 시행하려고 할 때에는 도시개발사업에 관한 규약을 정하여야 한다.

해설 | ② 계획적이고 체계적인 도시개발 등 집단적인 조성과 공급이 필요한 경우에는 수용 또는 사용 방식으로 사업시행방식을 정한다.
③ 도시개발구역지정 이후에도 도시개발사업의 시행방식을 변경할 수 있다. 지정권자는 도시개발구역 지정 이후 지가상승 등 여건의 변화로 도시개발사업 시행방식 지정 당시의 요건을 충족하지 못하거나 다른 사업시행방식의 요건을 충족하는 경우에는 도시개발사업의 시행방식을 변경할 수 있다.

 예를 들면, 도시개발구역지정 당시에는 수용방식으로 계획하였는데 지가의 상승으로 인해 수용방식이 어려울 경우, 수용방식에서 환지방식으로 시행방식을 변경할 수 있습니다.

④ 시행자는 도시개발사업의 시행방식을 토지 등을 수용 또는 사용하는 방식, 환지 방식 또는 이를 혼용하는 방식 중에서 정하며, 국토교통부장관의 허가를 받지는 않는다.
⑤ 규약(×), 시행규정(○), 지방자치단체가 도시개발사업의 전부를 환지 방식으로 시행하려고 할 때에는 도시개발사업에 관한 시행규정을 작성하여야 한다.

 공적주체는 '규정', 토지소유자는 '규약', 조합은 '정관'을 정합니다.

정답 | ①

02 ■■□ 2016 공인중개사

도시개발법령상 수용 또는 사용의 방식에 따른 사업 시행에 관한 설명으로 옳은 것은?

① 시행자가 아닌 지정권자는 도시개발사업에 필요한 토지 등을 수용할 수 있다.
② 도시개발사업을 위한 토지의 수용에 관하여 특별한 규정이 없으면 「도시 및 주거환경 정비법」에 따른다.
③ 수용의 대상이 되는 토지의 세부목록을 고시한 경우에는 「공익사업을 위한 토지 등의 취득 및 보상에 관한 법률」에 따른 사업인정 및 그 고시가 있었던 것으로 본다.
④ 국가에 공급될 수 있는 원형지 면적은 도시개발구역 전체 토지면적의 3분의 2까지로 한다.
⑤ 시행자가 토지상환채권을 발행할 경우, 그 발행규모는 토지상환채권으로 상환할 토지·건축물이 도시개발사업으로 조성되는 분양토지 또는 분양건축물의 3분의 2를 초과하지 않아야 한다.

해설 | ① 시행자가 아닌 지정권자는 도시개발사업에 필요한 토지 등을 수용할 수 없다. 시행자가 수용 또는 사용할 수 있다.
② 도시개발사업을 위한 토지의 수용에 관하여 특별한 규정이 없으면 「공익사업을 위한 토지 등의 취득 및 보상에 관한 법률」을 준용한다.
④ 원형지의 면적은 3분의 1 이내로 한정하여 공급될 수 있다.
⑤ 토지상환채권의 발행규모는 분양토지 또는 분양건축물의 2분의 1을 초과하지 아니하여야 한다.

정답 | ③

03 ■■□ 2019 공인중개사

도시개발법령상 수용 또는 사용의 방식에 따른 사업시행에 관한 설명으로 옳은 것은?

① 「지방공기업법」에 따라 설립된 지방공사가 시행자인 경우 토지소유자 전원의 동의 없이는 도시개발사업에 필요한 토지 등을 수용하거나 사용할 수 없다.
② 지방자치단체가 시행자인 경우 지급보증 없이 토지상환채권을 발행할 수 있다.
③ 지정권자가 아닌 시행자는 조성토지 등을 공급받거나 이용하려는 자로부터 지정권자의 승인 없이 해당 대금의 전부 또는 일부를 미리 받을 수 있다.
④ 원형지의 면적은 도시개발구역 전체 토지 면적의 3분의 1을 초과하여 공급될 수 있다.
⑤ 공공용지가 아닌 조성토지 등의 공급은 수의계약의 방법에 의하여야 한다.

해설 | ① 「지방공기업법」에 따라 설립된 지방공사가 시행자인 경우 토지소유자의 동의 없이도 도시개발사업에 필요한 토지 등을 수용하거나 사용할 수 있다.
③ 승인 없이(×), 승인을 받아(○), 지정권자가 아닌 시행자는 조성토지 등을 공급받거나 이용하려는 자로부터 지정권자의 승인을 받아 해당 대금의 전부 또는 일부를 미리 받을 수 있다.
④ 원형지의 면적은 도시개발구역 전체 토지면적의 3분의 1을 초과하여 공급될 수 없다.
⑤ 공공용지가 아닌 조성토지 등의 공급은 경쟁입찰의 방법에 따른다.

정답 | ②

04 2014 공인중개사

도시개발법령상 원형지의 공급과 개발에 관한 설명으로 틀린 것은?

① 원형지를 공장 부지로 직접 사용하는 자는 원형지개발자가 될 수 있다.
② 원형지는 도시개발구역 전체 토지 면적의 3분의 1 이내의 면적으로만 공급될 수 있다.
③ 원형지 공급 승인신청서에는 원형지 사용조건에 관한 서류가 첨부되어야 한다.
④ 원형지 공급가격은 개발계획이 반영된 원형지의 감정가격으로 한다.
⑤ 지방자치단체가 원형지개발자인 경우 원형지 공사완료 공고일부터 5년이 경과하기 전에도 원형지를 매각할 수 있다.

해설 | 원형지 공급가격은 개발계획이 반영된 원형지의 감정가격에 시행자가 원형지에 설치한 기반시설 등의 공사비를 더한 금액을 기준으로 시행자와 원형지개발자가 협의하여 결정한다.

• 원형지의 매각금지
원형지개발자는 10년의 범위에서 원형지에 대한 공사완료 공고일부터 5년 또는 원형지 공급계약일부터 10년 기간 중 먼저 끝나는 기간 안에는 원형지를 매각할 수 없다. 다만, 국가 및 지방자치단체는 매각제한기간 중에도 매각할 수 있다. : ⑤

정답 | ④

05 2021 공인중개사

도시개발법령상 토지 등의 수용 또는 사용의 방식에 따른 사업 시행에 관한 설명으로 옳은 것은?

① 도시개발사업을 시행하는 지방자치단체는 도시개발구역지정 이후 그 시행방식을 혼용방식에서 수용 또는 사용방식으로 변경할 수 있다.
② 도시개발사업을 시행하는 정부출연기관이 그 사업에 필요한 토지를 수용하려면 사업대상 토지면적의 3분의 2 이상에 해당하는 토지를 소유하고 토지 소유자 총수의 2분의 1 이상에 해당하는 자의 동의를 받아야 한다.
③ 도시개발사업을 시행하는 공공기관은 토지상환채권을 발행할 수 없다.
④ 원형지를 공급받아 개발하는 지방공사는 원형지에 대한 공사완료 공고일부터 5년이 지난 시점이라면 해당 원형지를 매각할 수 있다.
⑤ 원형지가 공공택지 용도인 경우 원형지개발자의 선정은 추첨의 방법으로 할 수 있다.

해설 | ① 도시개발사업을 시행하는 지방자치단체는 도시개발구역지정 이후 그 시행방식을 혼용방식에서 전부 환지방식으로 변경할 수 있다.
② 도시개발사업을 시행하는 정부출연기관이 그 사업에 필요한 토지를 수용하려면 동의를 받지 아니한다. [비교] 민간시행자는 그 사업에 필요한 토지를 수용하려면 사업대상 토지면적의 3분의 2 이상에 해당하는 토지를 소유하고 토지 소유자 총수의 2분의 1 이상에 해당하는 자의 동의를 받아야 한다.
③ 도시개발사업을 시행하는 공공기관 및 민간사업시행자는 토지상환채권을 발행할 수 있다. 다만, 민간사업시행자는 은행·보험회사·공제조합으로부터 지급보증을 받은 경우에만 이를 발행할 수 있다.
⑤ 원형지개발자의 선정은 수의계약의 방법으로 한다. 다만 학교나 공장 등의 부지로 직접 사용하는 자에 해당하는 원형지개발자의 선정은 경쟁입찰의 방식으로 하며, 경쟁입찰이 2회 이상 유찰된 경우에는 수의계약의 방법으로 할 수 있다.

정답 | ④

06 2015 공인중개사 수정

도시개발법령상 조성토지 등의 공급에 관한 설명으로 옳은 것은?

① 지정권자가 아닌 시행자가 조성토지 등을 공급하려고 할 때에는 조성토지 등의 공급계획을 작성하여 지정권자에게 제출하여야 한다.
② 조성토지 등을 공급하려고 할 때 「주택법」에 따른 공공택지의 공급은 추첨의 방법으로 분양할 수 없다.
③ 조성토지 등의 가격평가는 감정가격으로 한다.
④ 공공청사용지를 지방자치단체에게 공급하는 경우에는 수의계약의 방법으로 할 수 없다.
⑤ 토지상환채권에 의하여 토지를 상환하는 경우에는 수의계약의 방법으로 할 수 없다.

해설 | ① 지정권자가 아닌 자가 조성토지 등을 공급하려고 할 때에는 조성토지 등의 공급계획에 대하여 지정권자의 승인을 받아야 한다. ※ 2022년 개정 : 제출 ▷ 승인
② 조성토지 등을 공급하려고 할 때 「주택법」에 따른 공공택지의 공급은 추첨의 방법으로 분양할 수 있다.
④ 공공청사용지를 지방자치단체에 공급하는 경우에는 수의계약의 방법으로 공급할 수 있다.
⑤ 토지상환채권에 의하여 토지를 상환하는 경우에는 수의계약의 방법으로 공급할 수 있다.

• 조성토지를 추첨의 방법으로 공급할 수 있는 경우
㉮ 조성토지 공급의 원칙은 경쟁입찰. 다만, 다음의 경우에는 추첨으로 공급할 수 있다.
  1. 주택법에 따른 국민주택규모 이하의 주택건설용지(공공시행자가 임대주택 건설용지를 공급하는 경우에는 추첨의 방법으로 분양해야 한다)
  2. 주택법에 따른 공공택지 : ②
  3. 330㎡ 이하의 단독주택용지
  4. 공장용지
  5. 수의계약의 방법으로 조성토지를 공급하기로 하였으나 공급 신청량이 지정권자에게 제출한 조성토지 등의 공급 계획에서 계획된 면적을 초과하는 경우에는 추첨의 방법에 따른다.

• 조성토지를 수의계약의 방법으로 공급할 수 있는 경우
㉮ 조성토지 공급의 원칙은 경쟁입찰. 다만, 다음의 경우에는 수의계약으로 공급할 수 있다.
  1. 학교용지·공공청사용지 등 일반에게 분양할 수 없는 공공용지를 국가, 지자체 등 그 시설을 설치할 수 있는 자에게 공급 : ④
  2. 임대주택 건설용지를 국가나 지방자치단체·한국토지주택공사·주택사업을 목적으로 설립된 지방공사가 단독 또는 공동으로 총지분의 100분의 50을 초과하여 출자한 부동산투자회사에 공급하는 경우

3. 존치하는 시설물의 유지관리에 필요한 최소한의 토지를 공급
4. 협의에 응하여 토지 등의 전부를 시행자에게 양도한 자(수용×)에게 공급
5. 토지상환채권에 의하여 토지를 상환하는 경우 : ⑤
6. 이용가치가 현저히 낮아 인접토지소유자에게 공급함이 불가피한 경우
7. 공공시행자가 복합적이고 입체적인 개발이 필요하여 일정한 절차에 따라 선정된 자에게 공급하는 경우
8. 대행개발사업자가 개발을 대행하는 토지를 해당 대행개발사업자에게 공급하는 경우
9. 경쟁입찰 또는 추첨의 결과 2회 이상 유찰된 경우

정답 | ③

07 ■□□
2013 공인중개사

도시개발법령상 다음 시설을 설치하기 위하여 조성토지 등을 공급하는 경우 시행자가 부동산 가격공시 및 감정평가에 관한 법률에 따른 감정평가업자가 감정평가한 가격 이하로 해당 토지의 가격을 정할 수 없는 것은?

① 학교
② 임대주택
③ 공공청사
④ 행정청이 「국토의 계획 및 이용에 관한 법률」에 따라 직접 설치하는 시장
⑤ 「사회복지사업법」에 따른 사회복지법인이 설치하는 유료의 사회복지시설

해설 | 시행자는 사회복지시설의 경우, 관할 지방자치단체의 장의 추천을 받은 경우에 해당 토지의 가격을 감정평가한 가격 이하로 정할 수 있다. 다만, 유료시설은 제외한다.

시행자는 학교(①)·폐기물처리시설·공공청사(③)·사회복지시설(유료시설 제외(⑤))·공장·임대주택(②)·국민주택 규모 이하의 공동주택(공공시행자가 공급시 한정)·호텔업 시설(공공시행자가 200실 이상의 객실을 갖춘 호텔의 부지로 토지를 공급하는 경우로 한정), 행정청이 「국토의 계획 및 이용에 관한 법률」에 따라 직접 설치하는 시장(④) 등을 설치하기 위한 조성토지 등과 이주단지의 조성을 위한 토지를 공급하는 경우에는 해당 토지의 가격을 감정평가한 가격 이하로 정할 수 있다.

정답 | ⑤

 환지방식의 사업시행

2014년	2015년	2016년	2017년	2018년	2019년	2020년	2021년	2022년
1문	1문	2문	2문	1문	1문	1문	1문	1문

※ 최근 9년간 11문제 출제

01 ■□□
2016 공인중개사

도시개발법령상 환지의 방식에 관한 내용이다. (   )에 들어갈 내용을 옳게 연결한 것은?

(ㄱ): 환지 전 토지에 대한 권리를 도시개발사업으로 조성되는 토지에 이전하는 방식
(ㄴ): 환지 전 토지나 건축물(무허가 건축물은 제외)에 대한 권리를 도시개발사업으로 건설되는 구분건축물에 이전하는 방식

① ㄱ: 평면 환지, ㄴ: 입체 환지
② ㄱ: 평가 환지, ㄴ: 입체 환지
③ ㄱ: 입체 환지, ㄴ: 평면 환지
④ ㄱ: 평면 환지, ㄴ: 유동 환지
⑤ ㄱ: 유동 환지, ㄴ: 평면 환지

해설 | ㉠ 평면환지 : 환지 전 토지에 대한 권리를 도시개발사업으로 조성되는 토지에 이전하는 방식
㉡ 입체환지 : 환지 전 토지나 건축물(무허가 건축물은 제외)에 대한 권리를 도시개발사업으로 건설되는 구분건축물에 이전하는 방식

정답 | ①

02 2021 공인중개사

도시개발법령상 환지 방식에 의한 사업 시행에 관한 설명으로 틀린 것은?

① 도시개발사업을 입체 환지 방식으로 시행하는 경우에는 환지 계획에 건축 계획이 포함되어야 한다.
② 시행자는 토지면적의 규모를 조정할 특별한 필요가 있으면 면적이 넓은 토지는 그 면적을 줄여서 환지를 정하거나 환지 대상에서 제외할 수 있다.
③ 도시개발구역 지정권자가 정한 기준일의 다음 날부터 단독주택이 다세대주택으로 전환되는 경우 시행자는 해당 건축물에 대하여 금전으로 청산하거나 환지 지정을 제한할 수 있다.
④ 시행자는 환지 예정지를 지정한 경우에 해당 토지를 사용하거나 수익하는 데에 장애가 될 물건이 그 토지에 있으면 그 토지의 사용 또는 수익을 시작할 날을 따로 정할 수 있다.
⑤ 시행자는 환지를 정하지 아니하기로 결정된 토지 소유자나 임차권자등에게 날짜를 정하여 그날부터 해당 토지 또는 해당 부분의 사용 또는 수익을 정지시킬 수 있다.

해설 | 면적을 줄여서 환지를 정하거나 환지 대상에서 제외할 수 있다(×). 그 면적을 줄여서 환지를 정할 수 있다(○). 시행자는 토지면적의 규모를 조정할 특별한 필요가 있으면 면적이 넓은 토지는 그 면적을 줄여서 환지를 정할 수 있다. [비교] 시행자는 토지 면적의 규모를 조정할 특별한 필요가 있으면 면적이 작은 토지는 과소 토지가 되지 아니하도록 면적을 늘려 환지를 정하거나 환지 대상에서 제외할 수 있다.

정답 | ②

03 2018 공인중개사

도시개발법령상 환지 방식에 의한 사업 시행에 관한 설명으로 틀린 것은?

① 시행자는 환지 방식이 적용되는 도시개발구역에 있는 조성토지 등의 가격을 평가할 때에는 토지평가협의회의 심의를 거쳐 결정하되, 그에 앞서 감정평가업자가 평가하게 하여야 한다.
② 행정청이 아닌 시행자가 환지 계획을 작성한 경우에는 특별자치도지사·시장·군수 또는 구청장의 인가를 받아야 한다.
③ 행정청인 시행자가 환지 계획을 정하려고 하는 경우에 해당 토지의 임차권자는 공람기간에 시행자에게 의견서를 제출할 수 있다.
④ 환지 계획에서 정하여진 환지는 그 환지처분이 공고된 날의 다음 날부터 종전의 토지로 본다.

⑤ 환지설계 시 적용되는 토지·건축물의 평가액은 최초환지계획인가 신청 시를 기준으로 하여 정하되, 환지계획의 변경인가를 받아 변경할 수 있다.

해설 | 환지 설계 시 적용되는 토지·건축물의 평가액은 최초 환지 계획인가 시를 기준으로 하여 정하고 변경할 수 없으며, 환지 후 토지·건축물의 평가액은 실시계획의 변경으로 평가 요인이 변경된 경우에만 환지 계획의 변경인가를 받아 변경할 수 있다.

정답 | ⑤

04 2014 공인중개사

도시개발법령상 환지방식의 사업시행에 관한 설명으로 옳은 것은? (단, 사업시행자는 행정청이 아님)

① 사업시행자가 환지계획을 작성한 경우에는 특별자치도지사, 시·도지사의 인가를 받아야 한다.
② 환지로 지정된 토지나 건축물을 금전으로 청산하는 내용으로 환지계획을 변경하는 경우에는 변경인가를 받아야 한다.
③ 토지 소유자의 환지 제외 신청이 있더라도 해당 토지에 관한 임차권자 등이 동의하지 않는 경우에는 해당 토지를 환지에서 제외할 수 없다.
④ 환지예정지의 지정이 있으면 종전의 토지에 대한 임차권 등은 종전의 토지에 대해서는 물론 환지예정지에 대해서도 소멸한다.
⑤ 환지계획에서 환지를 정하지 아니한 종전의 토지에 있던 권리는 환지처분이 공고된 날의 다음 날이 끝나는 때에 소멸한다.

해설 | ① 사업시행자가 환지계획을 작성한 경우에는 특별자치도지사, 시장·군수 또는 구청장의 인가를 받아야 한다.
② 환지로 지정된 토지나 건축물을 금전으로 청산하는 내용으로 환지계획을 변경하는 경우에는 변경인가를 받지 않아도 된다.
④ 환지예정지의 지정이 있으면 종전의 토지에 대한 임차권 등은 종전의 토지에 대해서 사용하거나 수익할 수 없지만, 환지예정지에 대하여는 사용하거나 수익할 수 있다.
⑤ 환지계획에서 환지를 정하지 아니한 종전의 토지에 있던 권리는 환지처분의 공고일이 끝나는 때에 소멸한다.

정답 | ③

05 ■□□ 2017 공인중개사

다음은 도시개발법령상 공동으로 도시개발사업을 시행하려는 자가 정하는 규약에 포함되어야 할 사항이다. 환지방식으로 시행하는 경우에만 포함되어야 할 사항이 <u>아닌</u> 것은?

① 청산
② 환지계획 및 환지예정지의 지정
③ 보류지 및 체비지의 관리·처분
④ 토지평가협의회의 구성 및 운영
⑤ 주된 사무소의 소재지

해설 | 주된 사무소의 소재지에 관한 사항은 환지 방식으로 시행하는 경우에 규약의 내용에 포함되어야 할 사항에 해당하지 않는다. 환지 방식으로 시행하는 경우에만 규약에 포함되어야 할 사항은 토지평가협의회의 구성 및 운영, 환지계획 및 환지예정지의 지정, 보류지 및 체비지의 관리·처분, 청산에 관한 사항이다.

정답 | ⑤

06 ■■□ 2019 공인중개사

도시개발법령상 환지 방식에 의한 도시개발사업의 시행에 관한 설명으로 옳은 것은?

① 시행자는 준공검사를 받은 후 60일 이내에 지정권자에게 환지처분을 신청하여야 한다.
② 도시개발구역이 2 이상의 환지계획구역으로 구분되는 경우에도 사업비와 보류지는 도시개발구역 전체를 대상으로 책정하여야 하며, 환지계획구역별로는 책정할 수 없다.
③ 도시개발구역에 있는 조성토지 등의 가격은 개별공시지가로 한다.
④ 환지 예정지가 지정되어도 종전 토지의 임차권자는 환지처분 공고일까지 종전 토지를 사용·수익할 수 있다.
⑤ 환지 계획에는 필지별로 된 환지 명세와 필지별과 권리별로 된 청산대상 토지 명세가 포함되어야 한다.

해설 | ① 시행자는 준공검사를 받은 후 60일 이내에 환지처분을 하여야 한다.
② 도시개발구역이 2 이상의 환지계획구역으로 구분되는 경우에는 환지계획구역별로 사업비 및 보류지를 책정하여야 한다.
③ 시행자는 환지 방식이 적용되는 도시개발구역에 있는 조성토지 등의 가격을 평가할 때에는 토지평가협의회 심의를 거쳐 결정하되, 그에 앞서 감정평가법인 등이 평가하게 하여야 한다.
④ 환지 예정지가 지정되면 종전 토지의 임차권자는 환지처분 공고일까지 종전 토지를 사용·

수익할 수 없다.

정답 | ⑤

07 2020 공인중개사

도시개발법령상 환지 방식에 의한 사업 시행에 관한 설명으로 틀린 것은?

① 지정권자는 도시개발사업을 환지 방식으로 시행하려고 개발계획을 수립할 때에 시행자가 지방자치단체이면 토지 소유자의 동의를 받을 필요가 없다.
② 시행자는 체비지의 용도로 환지 예정지가 지정된 경우에는 도시개발사업에 드는 비용을 충당하기 위하여 이를 처분할 수 있다.
③ 도시개발구역의 토지에 대한 지역권은 도시개발사업의 시행으로 행사할 이익이 없어지면 환지처분이 공고된 날이 끝나는 때에 소멸한다.
④ 지방자치단체가 도시개발사업의 전부를 환지 방식으로 시행하려고 할 때에는 도시개발사업의 시행규정을 작성하여야 한다.
⑤ 행정청이 아닌 시행자가 인가를 받은 환지 계획의 내용 중 종전 토지의 합필 또는 분필로 환지명세가 변경되는 경우에는 변경인가를 받아야 한다.

해설 | 행정청이 아닌 시행자가 인가받은 환지 계획의 내용 중 종전 토지의 합필 또는 분필로 환지명세가 변경되는 경우에는 변경인가를 받지 않아도 된다.

- 인가를 받지 않아도 되는 경미한 사항
    1. 종전 토지의 합필 또는 분필로 환지명세가 변경되는 경우
    2. 토지 또는 건축물 소유자의 동의에 따라 환지계획을 변경하는 경우. 다만, 다른 토지 또는 건축물 소유자에 대한 환지계획의 변경이 없는 경우로 한정한다.
    3. 공간정보의 구축 및 관리 등에 관한 법률에 따른 지적측량의 결과를 반영하기 위하여 환지계획을 변경하는 경우
    4. 환지로 지정된 토지나 건축물을 금전으로 청산하는 경우
    5. 그 밖에 국토교통부령으로 정하는 경우

정답 | ⑤

08 2015 공인중개사

도시개발법령상 환지처분의 효과에 관한 설명으로 틀린 것은?

① 환지 계획에서 정하여진 환지는 그 환지처분이 공고된 날의 다음 날부터 종전의 토지로 본다.
② 환지처분은 행정상 처분으로서 종전의 토지에 전속(專屬)하는 것에 관하여 영향을 미친다.
③ 도시개발구역의 토지에 대한 지역권은 도시개발사업의 시행으로 행사할 이익이 없어진 경우 환지처분이 공고된 날이 끝나는 때에 소멸한다.
④ 보류지는 환지 계획에서 정한 자가 환지처분이 공고된 날의 다음 날에 해당 소유권을 취득한다.
⑤ 청산금은 환지처분이 공고된 날의 다음 날에 확정된다.

해설 | 환지처분은 행정상 처분이나 재판상 처분으로서 종전의 토지에 전속하는 것에 관하여는 영향을 미치지 아니한다.

정답 | ②

09 2017 공인중개사

도시개발법령상 환지 방식으로 도시개발사업을 시행하는 경우, 환지처분에 관한 설명으로 틀린 것은?

① 시행자는 도시개발사업에 관한 공사를 끝낸 경우에는 지체 없이 관보 또는 공보에 이를 공고하여야 한다.
② 지정권자가 시행자인 경우 법 제51조에 따른 공사 완료공고가 있는 때에는 60일 이내에 환지처분을 하여야 한다.
③ 환지 계획에 따라 입체환지처분을 받은 자는 환지처분이 공고된 날의 다음날에 환지 계획으로 정하는 바에 따라 건축물의 일부와 해당 건축물이 있는 토지의 공유지분을 취득한다.
④ 체비지로 정해지지 않은 보류지는 환지 계획에서 정한 자가 환지처분이 공고된 날의 다음날에 해당 소유권을 취득한다.
⑤ 도시개발사업의 시행으로 행사할 이익이 없어진 지역권은 환지처분이 공고된 날의 다음날이 끝나는 때에 소멸한다.

해설 | 도시개발사업의 시행으로 행사할 이익이 없어진 지역권은 환지처분이 공고된 날이 끝나는 때에 소멸한다.

정답 | ⑤

10 2016 공인중개사

도시개발법령상 조합인 시행자가 면적식으로 환지계획을 수립하여 환지방식에 의한 사업시행을 하는 경우, 환지계획구역의 평균 토지부담률(%)은 얼마인가? (단, 다른 조건은 고려하지 않음)

○ 환지계획구역 면적: 200,000㎡
○ 공공시설의 설치로 시행자에게 무상귀속되는 토지면적: 20,000㎡
○ 시행자가 소유하는 토지면적: 10,000㎡
○ 보류지 면적: 106,500㎡

① 40 ② 45 ③ 50 ④ 55 ⑤ 60

해설 | 조합인 시행자의 평균 토지부담률 = [보류지 면적 - (무상귀속되는 토지면적 + 시행자가 소유한 토지면적)] ÷ [환지계획구역 면적 - (무상귀속되는 토지면적 + 시행자가 소유한 토지면적)] × 100

따라서 [106,500㎡ - (20,000㎡ + 10,000㎡)] ÷ [200,000㎡ - (20,000㎡ + 10,000㎡)] × 100 = 45%

정답 | ②

도시개발사업의 비용부담 등

2014년	2015년	2016년	2017년	2018년	2019년	2020년	2021년	2022년
0문	0문	2문	1문	1문	0문	1문	2문	0문

※ 최근 9년간 7문제 출제

01 ■■□
2016 공인중개사

도시개발법령상 준공검사 등에 관한 설명으로 틀린 것은?

① 도시개발사업의 준공검사 전에는 체비지를 사용할 수 없다.
② 지정권자는 효율적인 준공검사를 위하여 필요하면 관계 행정기관 등에 의뢰하여 준공검사를 할 수 있다.
③ 지정권자가 아닌 시행자는 도시개발사업에 관한 공사가 전부 끝나기 전이라도 공사가 끝난 부분에 관하여 준공검사를 받을 수 있다.
④ 지정권자가 아닌 시행자가 도시개발사업의 공사를 끝낸 때에는 공사완료 보고서를 작성하여 지정권자의 준공검사를 받아야 한다.
⑤ 지정권자가 시행자인 경우 그 시행자는 도시개발사업의 공사를 완료한 때에는 공사완료 공고를 하여야 한다.

해설 | 체비지는 도시개발사업의 준공검사 전에도 사용할 수 있다.

정답 | ①

02 2016 공인중개사

도시개발법령상 도시개발사업의 비용 부담에 관한 설명으로 틀린 것은?

① 도시개발사업에 필요한 비용은 「도시개발법」이나 다른 법률에 특별한 규정이 있는 경우를 제외하고는 시행자가 부담한다.
② 지방자치단체의 장이 발행하는 도시개발채권의 소멸시효는 상환일로부터 기산하여 원금은 5년, 이자는 2년으로 한다.
③ 시행자가 지방자치단체인 경우에는 공원·녹지의 조성비 전부를 국고에서 보조하거나 융자할 수 있다.
④ 시행자는 공동구를 설치하는 경우에는 다른 법률에 따라 그 공동구에 수용될 시설을 설치할 의무가 있는 자에게 공동구의 설치에 드는 비용을 부담시킬 수 있다.
⑤ 도시개발사업에 관한 비용 부담에 대해 대도시 시장과 시·도지사 간의 협의가 성립되지 아니하는 경우에는 기획재정부장관의 결정에 따른다.

해설 | 도시개발사업에 드는 비용부담에 대하여 협의가 성립되지 않으면 행정안전부장관의 결정에 따른다.

정답 | ⑤

03 2020 공인중개사

도시개발법령상 도시개발사업의 비용 부담 등에 관한 설명으로 옳은 것을 모두 고른 것은?

> ㄱ. 지정권자가 시행자가 아닌 경우 도시개발구역의 통신시설의 설치는 특별한 사유가 없으면 준공검사 신청일까지 끝내야 한다.
> ㄴ. 전부 환지 방식으로 사업을 시행하는 경우 전기시설의 지중선로설치를 요청한 사업시행자와 전기공급자는 각각 2분의 1의 비율로 그 설치비용을 부담한다.
> ㄷ. 지정권자인 시행자는 그가 시행한 사업으로 이익을 얻는 시·도에 비용의 전부 또는 일부를 부담시킬 수 있다.

① ㄱ   ② ㄴ   ③ ㄱ, ㄷ
④ ㄴ, ㄷ   ⑤ ㄱ, ㄴ, ㄷ

해설 | ㉠ 지정권자가 시행자가 아닌 경우 도시개발구역의 통신시설의 설치는 특별한 사유가 없으면 준공검사 신청일까지 끝내야 한다. 옳은 내용이다.

ⓒ 전부 환지 방식으로 사업을 시행하면서 전기시설의 지중선로설치를 요청하는 경우, 전기시설을 공급하는 자가 3분의 2, 지중에 설치할 것을 요청하는 자가 3분의 1의 비율로 부담한다.
ⓒ 전체 또는 일부를(×), 일부를(○), 지정권자가 시행자인 경우 그 시행자는 그가 시행한 도시개발사업으로 이익을 얻는 시·도가 있으면 그 도시개발사업에 소요된 비용의 일부를 그 이익을 얻는 시·도에 부담시킬 수 있다.

정답 | ①

04 2017 공인중개사

도시개발법령상 도시개발채권에 관한 설명으로 틀린 것은?

① 도시개발채권의 상환은 2년부터 10년까지의 범위에서 지방자치단체의 조례로 정한다.
② 도시개발채권의 소멸시효는 상환일부터 기산하여 원금은 5년, 이자는 2년으로 한다.
③ 수용 또는 사용방식으로 시행하는 도시개발사업의 경우 한국토지주택공사와 공사도급 계약을 체결하는 자는 도시개발채권을 매입하여야 한다.
④ 도시개발채권은 무기명으로 발행할 수 있다.
⑤ 도시개발채권의 매입의무자가 매입하여야 할 금액을 초과하여 도시개발채권을 매입한 경우 중도상환을 신청할 수 있다.

해설 | 도시개발채권의 상환은 5년부터 10년까지의 범위에서 지방차지단체의 조례로 정한다.

정답 | ①

05 2018 공인중개사

도시개발법령상 도시개발채권에 관한 설명으로 옳은 것은?

① 도시개발채권의 매입의무자가 아닌 자가 착오로 도시개발채권을 매입한 경우에는 도시개발채권을 중도에 상환할 수 있다.
② 시·도지사는 도시개발채권을 발행하려는 경우 채권의 발행총액에 대하여 국토교통부장관의 승인을 받아야 한다.
③ 도시개발채권의 상환은 3년부터 10년까지의 범위에서 지방자치단체의 조례로 정한다.
④ 도시개발채권의 소멸시효는 상환일부터 기산하여 원금은 3년, 이자는 2년으로 한다.
⑤ 도시개발채권 매입필증을 제출받은 자는 매입필증을 3년간 보관하여야 한다.

해설 | ② 시·도지사는 도시개발채권을 발행하려는 경우 채권의 발행총액에 대하여 행정안전부장관의 승인을 받아야 한다.
③ 도시개발채권의 상환은 5년부터 10년까지의 범위에서 지방자치단체의 조례로 정한다.
④ 도시개발채권의 소멸시효는 상환일부터 기산하여 원금은 5년, 이자는 2년으로 한다.
⑤ 도시개발채권 매입필증을 제출받은 자는 매입필증을 5년간 보관하여야 한다.

정답 | ①

06 2021 공인중개사

도시개발법령상 도시개발채권에 관한 설명으로 옳은 것은?

① 「국토의 계획 및 이용에 관한 법률」에 따른 공작물의 설치허가를 받은 자는 도시개발채권을 매입하여야 한다.
② 도시개발채권의 이율은 기획재정부장관이 국채·공채 등의 금리와 특별회계의 상황 등을 고려하여 정한다.
③ 도시개발채권을 발행하려는 시·도지사는 기획재정부장관의 승인을 받은 후 채권의 발행총액 등을 공고하여야 한다.
④ 도시개발채권의 상환기간은 5년보다 짧게 정할 수는 없다.
⑤ 도시개발사업을 공공기관이 시행하는 경우 해당 공공기관의 장은 시·도지사의 승인을 받아 도시개발채권을 발행할 수 있다.

해설 | 도시개발채권의 상환기간은 5년부터 10년의 범위에서 지방자치단체의 조례로 정한다. 따라서 도시개발채권의 상환기간은 5년보다 짧게 정할 수는 없다.

① 「국토의 계획 및 이용에 관한 법률」에 따른 토지의 형질변경허가를 받은 자는 도시개발채권을 매입하여야 한다.
② 도시개발채권의 이율은 채권의 발행 당시의 국채·공채 등의 금리와 특별회계의 상황 등을 고려하여 해당 시·도 조례로 정한다.
③ 도시개발채권을 발행하려는 시·도지사는 행정안전부장관의 승인을 받은 후 채권의 발행총액 등을 공고하여야 한다.
⑤ 지방자치단체의 장(시·도지사)은 도시개발사업 또는 도시·군계획시설사업에 필요한 자금을 조달하기 위하여 도시개발채권을 발행할 수 있다.

• 도시개발채권을 매입하여야 하는 경우
1. 수용 또는 사용방식에 의한 도시개발사업의 경우 국가 또는 지방자치단체, 공공기관, 정

부출연기관, 지방공사 등과 도시개발사업의 시행을 위한 공사의 도급계약을 체결하는 자
2. 국가, 지방자치단체, 정부투자기관, 지방공사 외의 도시개발사업을 시행하는 자
3. 국토의 계획 및 이용에 관한 법률에 의한 개발행위허가를 받는 자 중 토지형질변경 허가를 받은 자 : ①

정답 | ④

07 2021 공인중개사

도시개발법령상 도시개발구역 지정권자가 속한 기관에 종사하는 자로부터 제공받은 미공개정보를 지정목적 외로 사용하여 1억 5천만 원 상당의 재산상 이익을 얻은 자에게 벌금을 부과하는 경우 그 상한액은?

① 1억 5천만 원
② 4억 5천만 원
③ 5억 원
④ 7억 5천만 원
⑤ 10억 원

해설 | 1억 5천만 원 상당의 재산상 이익을 얻은 자이므로 1억 5천만 원의 최대 5배(7억 5천만 원) 이하에 상당하는 벌금에 처하게 된다. 다만, 위반행위로 얻은 재산상 이익의 5배에 해당하는 금액이 10억 원 이하인 경우에는 벌금의 상한액을 10억 원으로 한다. 따라서 상한액은 10억 원이다.

• 미공개정보를 지정목적 외로 사용하는 경우의 처벌

도시개발구역 지정권자가 속한 기관에 종사하는 자로부터 제공받은 미공개정보를 목적 외로 사용하거나 타인에게 제공 또는 누설한 자는 5년 이하의 징역 또는 그 위반행위로 얻은 재산상 이익 또는 회피한 손실액의 3배 이상 5배 이하에 상당하는 벌금에 처한다. 다만, 얻은 이익 또는 회피한 손실액이 없거나 산정하기 곤란한 경우 또는 그 위반행위로 얻은 재산상 이익의 5배에 해당하는 금액이 10억 원 이하인 경우에는 벌금의 상한액을 10억 원으로 한다.

깨알 2021년 한국토지주택공사 직원이 미공개정보를 이용하여 부동산투기를 한 사건이 있었지요? 이전에는 출제되지 않던 문제였지만 2021년도에는 해당 이슈가 있어서 처음 출제되었습니다.

정답 | ⑤

6 문제

2022년, [도시개발법]에서는 6문제 출제되었습니다.

13 ■□□
2022 공인중개사

도시개발법령상 「지방공기업법」에 따라 설립된 지방공사가 단독으로 토지상환채권을 발행하는 경우에 관한 설명으로 옳은 것은?

① 「은행법」에 따른 은행으로부터 지급보증을 받은 경우에만 토지상환채권을 발행할 수 있다.
② 토지상환채권의 발행규모는 그 토지상환채권으로 상환할 토지·건축물이 해당 도시개발사업으로 조성되는 분양토지 또는 분양건축물 면적의 2분의 1을 초과하지 아니하도록 하여야 한다.
③ 토지상환채권은 이전할 수 없다.
④ 토지가격의 추산방법은 토지상환채권의 발행계획에 포함되지 않는다.
⑤ 토지 등의 매수 대금 일부의 지급을 위하여 토지상환채권을 발행할 수 없다.

해설 | ① 지방공사는 지급보증 없이 토지상환채권을 발행할 수 있다. [비교] 민간사업시행자는 은행·보험회사·공제조합으로부터 지급보증을 받은 경우에만 이를 발행할 수 있다.
③ 토지상환채권은 이전할 수 있다. 토지상환채권을 이전하는 경우 취득자는 그 성명과 주소를 토지상환채권부에 기재하여 줄 것을 요청하여야 한다.
④ 토지가격의 추산방법은 토지상환채권의 발행계획에 포함되어야 한다.
⑤ 토지 등의 매수 대금 일부의 지급을 위하여 토지상환채권을 발행할 수 있다.

정답 | ②

14 2022 공인중개사

도시개발법령상 환지처분에 관한 설명으로 틀린 것은?

① 도시개발구역의 토지 소유자나 이해관계인은 환지 방식에 의한 도시개발사업 공사 관계 서류의 공람 기간에 시행자에게 의견서를 제출할 수 있다.
② 환지를 정하거나 그 대상에서 제외한 경우 그 과부족분(過不足分)은 금전으로 청산하여야 한다.
③ 시행자는 지정권자에 의한 준공검사를 받은 경우에는 90일 이내에 환지처분을 하여야 한다.
④ 시행자가 환지처분을 하려는 경우에는 환지 계획에서 정한 사항을 토지 소유자에게 알리고 관보 또는 공보에 의해 이를 공고하여야 한다.
⑤ 환지 계획에서 정하여진 환지는 그 환지처분이 공고된 날의 다음 날부터 종전의 토지로 본다.

해설 | 시행자는 준공검사를 받은 후 60일 이내에 환지처분을 하여야 한다.

정답 | ③

15 2022 공인중개사

도시개발법령상 국토교통부장관이 도시개발구역을 지정할 수 있는 경우에 해당하지 않는 것은?

① 국가가 도시개발사업을 실시할 필요가 있는 경우
② 관계 중앙행정기관의 장이 요청하는 경우
③ 한국토지주택공사 사장이 20만 제곱미터의 규모로 국가계획과 밀접한 관련이 있는 도시개발구역의 지정을 제안하는 경우
④ 천재지변, 그 밖의 사유로 인하여 도시개발사업을 긴급하게 할 필요가 있는 경우
⑤ 도시개발사업이 필요하다고 인정되는 지역이 둘 이상의 도의 행정구역에 걸치는 경우에 도시개발구역을 지정할 자에 관하여 관계 도지사 간에 협의가 성립되지 아니하는 경우

해설 | 20만㎡의 규모(×), 30만㎡ 이상으로(○), 한국토지주택공사 사장이 30만㎡ 이상으로서 국가계획과 밀접한 관련이 있는 도시개발구역의 지정을 제안하는 경우 국토교통부장관이 도시개발구역을 지정할 수 있다.

- 국토교통부장관이 도시개발구역의 지정권자인 경우

① 국가가 도시개발사업을 실시할 필요가 있는 경우 : ①

② 관계 중앙행정기관의 장이 요청하는 경우 : ②

③ 공공기관의 장 또는 정부출연기관의 장이 30만㎡ 이상으로서 국가계획과 밀접한 관련이 있는 도시개발구역의 지정을 제안하는 경우

④ 둘 이상의 시·도 또는 대도시의 행정구역에 걸치는 경우로서 시·도지사 또는 대도시 시장의 협의가 성립되지 아니하는 경우 : ⑤

⑤ 천재지변, 그 밖의 사유로 인하여 도시개발사업을 긴급하게 할 필요가 있는 경우 : ④

정답 | ③

16 2022 공인중개사

도시개발법령상 도시개발사업 조합에 관한 설명으로 틀린 것은?

① 조합은 그 주된 사무소의 소재지에서 등기를 하면 성립한다.

② 주된 사무소의 소재지를 변경하려면 지정권자로부터 변경인가를 받아야 한다.

③ 조합 설립의 인가를 신청하려면 해당 도시개발구역의 토지면적의 3분의 2 이상에 해당하는 토지 소유자와 그 구역의 토지 소유자 총수의 2분의 1 이상의 동의를 받아야 한다.

④ 조합의 조합원은 도시개발구역의 토지 소유자로 한다.

⑤ 조합의 설립인가를 받은 조합의 대표자는 설립인가를 받은 날부터 30일 이내에 주된 사무소의 소재지에서 설립등기를 하여야 한다.

해설 | 변경인가(×), 신고(○), 조합이 인가받은 사항 중 주된 사무소의 소재지를 변경하려는 경우 신고를 하여야 한다.

정답 | ②

17 ■□□
2022 공인중개사

도시개발법령상 도시개발사업 시행자로 지정될 수 있는 자에 해당하지 않는 것은?

① 국가
②「한국부동산원법」에 따른 한국부동산원
③「한국수자원공사법」에 따른 한국수자원공사
④「한국관광공사법」에 따른 한국관광공사
⑤「지방공기업법」에 따라 설립된 지방공사

해설 | 한국부동산원은 도시개발사업의 시행자가 될 수 없다. [보충] 도시개발사업의 시행자는 다음의 자 중에서 지정권자가 지정한다.

1. 국가나 지방자치단체 : ①
2. 대통령령으로 정하는 공공기관
    ㉠ 한국토지주택공사
    ㉡ 한국수자원공사 : ③
    ㉢ 한국농어촌공사
    ㉣ 한국관광공사 : ④
    ㉤ 한국철도공사
    ㉥ 혁신도시 조성 및 발전에 관한 특별법에 따른 매입공공기관
3. 대통령령으로 정하는 정부출연기관
    ㉠ 국가철도공단(「역세권의 개발 및 이용에 관한 법률」에 따른 역세권개발사업을 시행하는 경우에만 해당한다)
    ㉡ 제주특별자치도 설치 및 국제자유도시 조성을 위한 특별법에 따른 제주국제자유도시개발센터
4. 지방공사 : ⑤

정답 | ②

18 2022 공인중개사

도시개발법령상 환지방식으로 시행하는 도시개발사업 개발계획의 경미한 변경에 관한 규정의 일부이다. ( )에 들어갈 숫자를 바르게 나열한 것은?

> 제7조(개발계획의 경미한 변경) ① 법 제4조 제4항 후단에서 "대통령령으로 정하는 경미한 사항의 변경"이란 개발계획을 변경하는 경우로서 다음 각호에 해당하는 경우를 제외한 경우를 말한다.
> 1. 환지방식을 적용하는 지역의 면적 변경이 다음 각 목의 어느 하나에 해당하는 경우
> 가. < 생략 >
> 나. 제외되는 토지의 면적이 종전 환지방식이 적용되는 면적의 100분의 (ㄱ)이상인 경우
> 다. 편입 또는 제외되는 면적이 각각 (ㄴ)만 제곱미터 이상인 경우
> 라. 토지의 편입이나 제외로 인하여 환지방식이 적용되는 면적이 종전보다 100분의 (ㄷ)이상 증감하는 경우   < 이하 생략 >

① ㄱ: 5, ㄴ: 1, ㄷ: 5
② ㄱ: 5, ㄴ: 1, ㄷ: 10
③ ㄱ: 5, ㄴ: 3, ㄷ: 5
④ ㄱ: 10, ㄴ: 3, ㄷ: 10
⑤ ㄱ: 10, ㄴ: 5, ㄷ: 10

해설 | 제7조(개발계획의 경미한 변경) ① 법 제4조 제4항 후단에서 "대통령령으로 정하는 경미한 사항의 변경"이란 개발계획을 변경하는 경우로서 다음 각호에 해당하는 경우를 제외한 경우를 말한다.

1. 환지방식을 적용하는 지역의 면적 변경이 다음 각 목의 어느 하나에 해당하는 경우

가. < 생략 >

나. 제외되는 토지의 면적이 종전 환지방식이 적용되는 면적의 100분의 (10)이상인 경우

다. 편입 또는 제외되는 면적이 각각 (3)만 제곱미터 이상인 경우

라. 토지의 편입이나 제외로 인하여 환지방식이 적용되는 면적이 종전보다 100분의 (10)이상 증감하는 경우

깨알 만점방지용 문제입니다.

정답 | ④

모두공인공인중개사 깨알단원별기출문제집

PART 03
도시 및 주거환경정비법

깨알연구소

도시 및 주거환경정비법

2014년	2015년	2016년	2017년	2018년	2019년	2020년	2021년	2022년
6문	5문	4문	5문	6문	6문	6문	6문	6문

핵심테마 18 | 도시 및 주거환경정비법 용어의 정의
핵심테마 19 | 기본계획 수립 및 정비구역의 지정
핵심테마 20 | 정비사업의 시행
핵심테마 21 | 정비조합
핵심테마 22 | 사업시행계획
핵심테마 23 | 관리처분계획
핵심테마 24 | 공사완료와 청산금 및 비용부담

도시 및 주거환경정비법 용어의 정의

2014년	2015년	2016년	2017년	2018년	2019년	2020년	2021년	2022년
0문	0문	0문	1문	1문	0문	0문	1문	0문

※ 최근 9년간 3문제 출제

01 ■□□
2021 공인중개사

도시 및 주거환경정비법령상 다음의 정의에 해당하는 정비사업은?

> 도시저소득 주민이 집단거주하는 지역으로서 정비기반시설이 극히 열악하고 노후·불량건축물이 과도하게 밀집한 지역의 주거환경을 개선하거나 단독주택 및 다세대주택이 밀집한 지역에서 정비기반시설과 공동이용시설 확충을 통하여 주거환경을 보전·정비·개량하기 위한 사업

① 주거환경개선사업
② 재건축사업
③ 공공재건축사업
④ 재개발사업
⑤ 공공재개발사업

해설 | • 정비사업 용어의 정의

1. 주거환경개선사업 : 도시저소득 주민이 집단 거주하는 지역으로서 정비기반시설이 극히 열악하고 노후·불량건축물이 과도하게 밀집한 지역의 주거환경을 개선하거나 단독주택 및 다세대주택이 밀집한 지역에서 정비기반시설과 공동이용시설 확충을 통하여 주거환경을 보전·정비·개량하기 위한 사업 : ①

2. 재개발 사업 : 정비기반시설이 열악하고 노후·불량건축물이 밀집한 지역에서 주거환경을 개선하거나 상업지역·공업지역 등에서 도시기능의 회복 및 상권 활성화 등을 위하여 도시환경을 개선하기 위한 사업

3. 재건축 사업 : 정비기반시설은 양호하나 노후·불량건축물에 해당하는 공동주택이 밀집한 지역에서 주거환경을 개선하기 위한 사업

정답 | ①

02 ■□□ 2017 공인중개사

도시 및 주거환경정비법령상 정비기반시설에 해당하지 않은 것은? (단, 주거환경개선사업을 위하여 지정·고시된 정비구역이 아님)

① 공동작업장
② 하천
③ 공공공지
④ 공용주차장
⑤ 공원

해설 | 공동작업장은 정비기반시설이 아니라 공동이용시설에 해당한다. [보충] 정비기반시설은 도로·상하수도·하천·구거·공원·공용주차장·공공공지·광장·공동구 그 밖에 주민의 생활에 필요한 열·가스 등의 공급시설로서 대통령령이 정하는 시설을 말한다.

정답 | ①

03 ■□□ 2018 공인중개사

도시 및 주거환경정비법령상 주민이 공동으로 사용하는 시설로서 공동이용시설에 해당하지 않는 것은? (단, 조례는 고려하지 않으며, 각 시설은 단독주택, 공동주택 및 제1종 근린생활시설에 해당하지 않음)

① 유치원
② 경로당
③ 탁아소
④ 놀이터
⑤ 어린이집

해설 | 유치원은 공동이용시설에 해당하지 않는다.

- 공동이용시설
  ① 주민이 공동으로 사용하는 놀이터·마을회관·공동작업장
  ② 공동으로 사용하는 구판장·세탁장·화장실 및 수도
  ③ 탁아소·어린이집·경로당 등 노유자시설

정답 | ①

04 2013 공인중개사 수정

도시 및 주거환경정비법령상 토지등소유자에 해당하지 않는 자는?

① 주거환경개선사업의 정비구역 안에 소재한 건축물의 소유자
② 주거환경관리사업의 정비구역 안에 소재한 토지의 지상권자
③ 주택재개발사업의 정비구역 안에 소재한 건축물의 부속토지의 지상권자
④ 재건축사업의 정비구역 안에 있는 토지의 지상권자
⑤ 주택재개발사업의 정비구역 안에 소재한 토지의 소유자

해설 | 재건축사업에 있어 '토지등소유자'는 정비구역에 위치한 건축물 및 부속토지의 소유자를 말한다. 지상권자는 해당하지 않는다.

정답 | ④

핵심테마 19 기본계획 수립 및 정비구역의 지정

2014년	2015년	2016년	2017년	2018년	2019년	2020년	2021년	2022년
1문	1문	1문	1문	1문	2문	1문	0문	0문

※ 최근 9년간 8문제 출제

01 ■■□
2015 공인중개사 수정

도시 및 주거환경정비법령상 도시·주거환경정비기본계획(이하 '기본계획'이라 함)의 수립에 관한 설명으로 틀린 것은?

① 대도시가 아닌 시의 경우 도지사가 기본계획의 수립이 필요가 없다고 인정하는 시는 기본계획을 수립하지 아니할 수 있다.
② 기본계획을 수립하고자 하는 때에는 14일 이상 주민에게 공람하고 지방의회의 의견을 들어야 한다.
③ 대도시의 시장이 아닌 시장이 기본계획을 수립한 때에는 도지사의 승인을 받아야 한다.
④ 기본계획을 수립한 때에는 지체 없이 해당 지방자치단체의 공보에 고시하여야 한다.
⑤ 기본계획에 대하여는 3년마다 그 타당성을 검토하여 그 결과를 기본계획에 반영하여야 한다.

해설 | 기본계획에 대하여는 5년마다 그 타당성을 검토하여 그 결과를 기본계획에 반영하여야 한다.

정답 | ⑤

02 2016 공인중개사 ■■■

도시 및 주거환경정비법령상 도시·주거환경정비기본계획(이하 '기본계획')의 수립에 관한 설명으로 틀린 것은?

① 기본계획의 작성방법은 국토교통부장관이 정한다.
② 대도시의 시장이 아닌 시장은 기본계획의 내용 중 단계별 정비사업추진계획을 변경하는 때에는 도지사의 승인을 얻지 않아도 된다.
③ 기본계획에 생활권별 기반시설 설치계획이 포함된 경우에는 기본계획에 포함되어야 할 사항 중 주거지 관리계획이 생략될 수 있다.
④ 대도시의 시장은 지방도시계획위원회의 심의를 거치기 전에 관계 행정기관의 장과 협의하여야 한다.
⑤ 도지사가 기본계획을 수립할 필요가 없다고 인정하는 대도시가 아닌 시는 기본계획을 수립하지 아니할 수 있다.

해설 | 주거지 관리계획(×), 정비예정구역의 개략적 범위와 단계별 정비사업 추진계획(○), 수립자는 기본계획에 다음의 사항을 포함하는 경우에는 정비예정구역의 개략적 범위와 단계별 정비사업 추진계획을 생략할 수 있다.
1. 생활권의 설정, 생활권별 기반시설 설치계획 및 주택수급계획
2. 생활권별 주거지의 정비·보전·관리의 방향

정답 | ③

03 2018 공인중개사 ■□□

도시 및 주거환경정비법령상 도시·주거환경정비기본계획(이하 '기본계획'이라 함)의 수립에 관한 설명으로 틀린 것은?

① 도지사가 대도시가 아닌 시로서 기본계획을 수립할 필요가 없다고 인정하는 시에 대하여는 기본계획을 수립하지 아니할 수 있다.
② 국토교통부장관은 기본계획에 대하여 5년마다 타당성 여부를 검토하여 그 결과를 기본계획에 반영하여야 한다.
③ 기본계획의 수립권자는 기본계획을 수립하려는 경우 14일 이상 주민에게 공람하여 의견을 들어야 한다.
④ 기본계획에는 사회복지시설 및 주민문화시설 등의 설치계획이 포함되어야 한다.
⑤ 대도시의 시장이 아닌 시장은 기본계획의 내용 중 정비사업의 계획기간을 단축하는 경우 도지사의 변경승인을 받지 아니할 수 있다.

해설 | 특별시장·광역시장·특별자치시장·특별자치도지사 또는 시장이 기본계획의 수립권자이다. 기본계획의 수립권자는 기본계획에 대하여 5년마다 타당성을 검토하여 그 결과를 기본계획에 반영하여야 한다.

정답 | ②

04 2019 공인중개사

도시 및 주거환경정비법령상 도시·주거환경정비기본계획을 변경할 때 지방의회의 의견청취를 생략할 수 있는 경우가 아닌 것은?

① 공동이용시설에 대한 설치계획을 변경하는 경우
② 정비사업의 계획기간을 단축하는 경우
③ 사회복지시설 및 주민문화시설 등에 대한 설치계획을 변경하는 경우
④ 구체적으로 명시된 정비예정구역 면적의 25퍼센트를 변경하는 경우
⑤ 정비사업의 시행을 위하여 필요한 재원조달에 관한 사항을 변경하는 경우

해설 | 25%를(×), 20% 미만의 범위에서(○), 구체적으로 명시된 정비예정구역 면적의 20% 미만의 범위에서 변경하는 경우에는 지방의회의 의견청취를 생략할 수 있다.

- 주민 및 지방의회 의견청취를 생략할 수 있는 사유
  대통령령으로 정하는 경미한 사항을 변경하는 경우에는 주민공람과 지방의회의 의견청취 절차를 거치지 아니할 수 있다.

1. 정비기반시설의 규모를 확대하거나 그 면적의 10% 미만의 범위에서 축소하는 경우
2. 정비사업의 계획기간을 단축하는 경우 : ②
3. 공동이용시설에 대한 설치계획을 변경하는 경우 : ①
4. 사회복지시설 및 주민문화시설 등에 대한 설치계획을 변경하는 경우 : ③
5. 정비구역으로 지정할 예정인 구역의 면적을 구체적으로 명시한 경우 해당 구역 면적의 20% 미만의 범위에서 변경하는 경우
6. 단계별 정비사업 추진계획을 변경하는 경우
7. 건폐율 및 용적률을 각 20% 미만의 범위에서 변경하는 경우
8. 정비사업의 시행을 위하여 필요한 재원조달에 관한 사항을 변경하는 경우 : ⑤
9. 「국토의 계획 및 이용에 관한 법률」에 따른 도시·군기본계획의 변경에 따라 기본계획을 변경하는 경우

정답 | ④

05 2017 공인중개사 수정

도시 및 주거환경정비법령상 주택재건축사업의 안전진단에 관한 설명으로 틀린 것은?

① 정비계획의 입안권자는 단계별 정비사업추진계획에 따른 재건축사업의 정비예정구역별 정비계획의 수립시기가 도래한 때에는 안전진단을 실시하여야 한다.
② 진입도로 등 기반시설 설치를 위하여 불가피하게 정비구역에 포함된 것으로 시장·군수가 인정하는 주택단지 내의 건축물은 안전진단 대상에서 제외할 수 있다.
③ 정비계획의 입안권자는 현지조사 등을 통하여 해당 건축물의 구조안전성, 건축마감, 설비노후도 및 주거환경 적합성 등을 심사하여 안전진단 실시 여부를 결정하여야 한다.
④ 시·도지사는 필요한 경우 한국건설기술연구원에 안전진단결과의 적정성 여부에 대한 검토를 의뢰할 수 있다.
⑤ 정비계획의 입안권자는 정비계획의 입안 여부를 결정한 경우에는 지체 없이 국토교통부장관에게 안전진단결과보고서를 제출하여야 한다.

해설 | 정비계획의 입안권자(특별자치시장 및 특별자치도지사는 제외)는 정비계획의 입안 여부를 결정한 경우에는 지체 없이 특별시장·광역시장·도지사에게 결정내용과 안전진단결과보고서를 제출하여야 한다.

정답 | ⑤

06 2020 공인중개사

도시 및 주거환경정비법령상 시장·군수가 정비구역지정을 위하여 직접 정비계획을 입안하는 경우 조사·확인하여야 하는 사항으로 명시되어 있지 않은 것은? (단, 조례는 고려하지 않음)

① 주민 또는 산업의 현황
② 관계 중앙행정기관의 장의 의견
③ 건축물의 소유현황
④ 토지 및 건축물의 가격
⑤ 정비구역 및 주변지역의 교통상황

해설 | 관계 중앙행정기관의 장의 의견은 조사·확인하여야 하는 사항에 해당하지 않는다. 특별시장·광역시장·특별자치시장·특별자치도지사·시장·군수 또는 자치구의 구청장은 정비계획을 입안하는 경우에는 다음의 사항을 조사·확인하여야 한다.

1. 주민 또는 산업의 현황 : ①

2. 토지 및 건축물의 이용과 소유현황 : ③

3. 도시·군계획시설 및 정비기반시설의 설치현황

4. 정비구역 및 주변지역의 교통상황 : ⑤

5. 토지 및 건축물의 가격과 임대차 현황 : ④

6. 정비사업의 시행계획 및 시행방법 등에 대한 주민의 의견

정답 | ②

07
2014 공인중개사

도시 및 주거환경정비법령상 정비구역에서의 행위 중 시장·군수 등의 허가를 받아야 하는 것을 모두 고른 것은? (단, 재해복구 또는 재난수습과 관련 없는 행위임)

> ㄱ. 가설건축물의 건축
> ㄴ. 죽목의 벌채
> ㄷ. 공유수면의 매립
> ㄹ. 이동이 쉽지 아니한 물건을 1개월 이상 쌓아놓는 행위

① ㄱ, ㄴ
② ㄷ, ㄹ
③ ㄱ, ㄴ, ㄷ
④ ㄴ, ㄷ, ㄹ
⑤ ㄱ, ㄴ, ㄷ, ㄹ

해설 | • 허가대상 개발행위

1. 건축물의 건축 등 : 「건축법」에 따른 건축물(가설건축물을 포함)의 건축 또는 용도변경 : ㉠

2. 공작물의 설치 : 인공을 가하여 제작한 시설물(건축법에 따른 건축물은 제외)의 설치

3. 토지의 형질변경 : 절토·성토·정지·포장 등의 방법으로 토지의 형상을 변경하는 행위, 토지의 굴착 또는 공유수면의 매립 : ㉢

4. 토석의 채취 : 흙·모래·자갈·바위 등의 토석을 채취하는 행위(다만, 토지의 형질변경을 목적으로 하는 것은 위 3.에 따름)

5. 토지분할

6. 물건을 쌓아놓는 행위 : 이동이 쉽지 아니한 물건을 1개월 이상 쌓아놓는 행위 : ㉣

7. 죽목의 벌채 및 식재 : ㉡

따라서 ㄱ, ㄴ, ㄷ, ㄹ 모두 시장·군수 등의 허가를 받아야 한다.

정답 | ⑤

08 2019 공인중개사

도시 및 주거환경정비법령상 도시·주거환경정비기본계획의 수립 및 정비구역의 지정에 관한 설명으로 틀린 것은?

① 기본계획의 수립권자는 기본계획을 수립하려는 경우에는 14일 이상 주민에게 공람하여 의견을 들어야 한다.
② 기본계획의 수립권자는 기본계획을 수립한 때에는 지체 없이 이를 해당 지방자치단체의 공보에 고시하고 일반인이 열람할 수 있도록 하여야 한다.
③ 정비구역의 지정권자는 정비구역의 진입로 설치를 위하여 필요한 경우에는 진입로 지역과 그 인접지역을 포함하여 정비구역을 지정할 수 있다.
④ 정비구역에서는 「주택법」에 따른 지역주택조합의 조합원을 모집해서는 아니 된다.
⑤ 정비구역에서 이동이 쉽지 아니한 물건을 14일 동안 쌓아두기 위해서는 시장·군수 등의 허가를 받아야 한다.

해설 | 14일 동안(×), 1개월(○), 정비구역에서 이동이 쉽지 아니한 물건을 1개월 이상 쌓아두기 위해서는 시장·군수 등의 허가를 받아야 한다.

정답 | ⑤

정비사업의 시행

2014년	2015년	2016년	2017년	2018년	2019년	2020년	2021년	2022년
0문	2문	0문	0문	1문	0문	0문	1문	1문

※ 최근 9년간 5문제 출제

01
2018 공인중개사

도시 및 주거환경정비법령상 정비사업의 시행방법으로 옳은 것만을 모두 고른 것은?

> ㄱ. 주거환경개선사업: 사업시행자가 환지로 공급하는 방법
> ㄴ. 주거환경개선사업: 사업시행자가 정비구역에서 인가받은 관리처분계획에 따라 주택, 부대시설·복리시설 및 오피스텔을 건설하여 공급하는 방법
> ㄷ. 재개발사업: 정비구역에서 인가받은 관리처분계획에 따라 건축물을 건설하여 공급하는 방법

① ㄱ
② ㄴ
③ ㄱ, ㄷ
④ ㄴ, ㄷ
⑤ ㄱ, ㄴ, ㄷ

해설 | ㉠ 주거환경개선사업: 사업시행자가 환지로 공급하는 방법. 옳은 내용이다.

㉡ 사업시행자가 정비구역에서 인가받은 관리처분계획에 따라 주택, 부대시설·복리시설 및 오피스텔을 건설하여 공급하는 방법을 시행할 수 있는 사업은 재건축사업에 해당한다.

㉢ 재개발사업: 정비구역에서 인가받은 관리처분계획에 따라 건축물을 건설하여 공급하는 방법. 옳은 내용이다.

• 주거환경개선사업은 다음에 해당하는 방법 또는 이를 혼용하는 방법으로 한다.
1. 사업시행자가 정비구역에서 정비기반시설 및 공동이용시설을 새로 설치하거나 확대하고 토지등소유자가 스스로 주택을 보전·정비하거나 개량하는 방법
2. 사업시행자가 정비구역의 전부 또는 일부를 수용하여 주택을 건설한 후 토지등소유자에게 우선 공급하거나 대지를 토지등소유자 또는 토지등소유자외의 자에게 공급하는 방법

3. 사업시행자가 환지로 공급하는 방법
4. 사업시행자가 정비구역에서 인가받은 관리처분계획에 따라 주택 및 부대시설·복리시설을 건설하여 공급하는 방법

정답 | ③

02 2021 공인중개사

도시 및 주거환경정비법령상 정비사업의 시행에 관한 설명으로 옳은 것은?

① 세입자의 세대수가 토지등소유자의 3분의 1에 해당하는 경우 시장·군수 등은 토지주택공사 등을 주거환경개선사업 시행자로 지정하기 위해서는 세입자의 동의를 받아야 한다.
② 재개발사업은 토지등소유자가 30인인 경우에는 토지등소유자가 직접 시행할 수 있다.
③ 재건축사업 조합설립추진위원회가 구성승인을 받은 날부터 2년이 되었음에도 조합설립인가를 신청하지 아니한 경우 시장·군수 등이 직접 시행할 수 있다.
④ 조합설립추진위원회는 토지등소유자의 수가 200인인 경우 5명 이상의 이사를 두어야 한다.
⑤ 주민대표회의는 토지등소유자의 과반수의 동의를 받아 구성하며, 위원장과 부위원장 각 1명과 1명 이상 3명 이하의 감사를 둔다.

해설 | ① 세입자의 세대수가 토지등소유자의 3분의 1에 해당하는 경우 시장·군수 등은 토지주택공사 등을 주거환경개선사업 시행자로 지정하기 위해서는 세입자의 동의절차를 거치지 않을 수 있다.
② 재개발사업은 토지등소유자가 20인 미만인 경우에는 토지등소유자가 직접 시행할 수 있다.
③ 재건축사업 조합설립추진위원회가 구성승인을 받은 날부터 3년 이내에 조합설립인가를 신청하지 아니한 경우 시장·군수 등이 직접 시행할 수 있다.
④ 이사(×), 추진위원회는 추진위원회를 대표하는 추진위원장 1명과 감사를 두어야 한다. 또는 토지등소유자가 100명 이하인 조합에는 3명 이상의 이사를 둔다. 토지등소유자의 수가 100인을 초과하는 경우에는 이사의 수를 5명 이상으로 한다.

정답 | ⑤

03 2015 공인중개사

도시 및 주거환경정비법령상 군수가 직접 주택재개발사업을 시행할 수 있는 사유에 해당하지 않는 것은?

① 해당 정비구역의 토지면적 2분의 1 이상의 토지소유자와 토지등소유자의 3분의 2 이상에 해당하는 자가 군수의 직접시행을 요청하는 때
② 해당 정비구역의 국·공유지 면적이 전체 토지면적의 3분의 1 이상으로서 토지등소유자의 과반수가 군수의 직접 시행에 동의하는 때
③ 순환정비방식으로 정비사업을 시행할 필요가 있다고 인정되는 때
④ 천재지변으로 인하여 긴급하게 정비사업을 시행할 필요가 있다고 인정되는 때
⑤ 고시된 정비계획에서 정한 정비사업시행 예정일부터 2년 이내에 사업시행인가를 신청하지 아니한 때

해설 | 해당 정비구역의 국·공유지 면적 또는 국·공유지와 토지주택공사 등이 소유한 토지를 합한 면적이 전체 토지면적의 2분의 1 이상으로서 토지등소유자의 과반수가 동의하는 때 시장·군수가 직접 재개발사업을 시행할 수 있다.

- 시장·군수 등이 재개발사업·재건축사업 직접 시행하는 경우

1. 천재지변, 「재난 및 안전관리 기본법」 또는 「시설물의 안전 및 유지관리에 관한 특별법」에 따른 사용제한·사용금지, 그 밖의 불가피한 사유로 인하여 긴급히 정비사업을 시행할 필요가 있다고 인정하는 때 : ④
2. 정비사업시행 예정일부터 2년 이내에 사업시행인가를 신청하지 아니하거나 신청한 내용이 위법 또는 부당하다고 인정하는 때(재건축사업의 경우는 제외) : ⑤
3. 추진위원회가 시장·군수 등의 구성승인을 받은 날부터 3년 이내에 조합설립인가를 신청하지 아니하거나 조합이 조합설립인가를 받은 날부터 3년 이내에 사업시행계획인가를 신청하지 아니한 때
4. 지방자치단체의 장이 시행하는 도시·군계획사업과 병행하여 사업을 시행할 필요가 있다고 인정하는 때
5. 순환정비방식에 의하여 정비사업을 시행할 필요가 있다고 인정하는 때 : ③
6. 사업시행인가가 취소된 때
7. 정비구역의 국·공유지면적 또는 국·공유지와 토지주택공사 등이 소유한 토지를 합한 면적이 전체 토지면적의 2분의 1 이상으로서 토지등소유자의 과반수가 동의하는 때 : ②
8. 해당 정비구역의 토지면적 2분의 1 이상의 토지소유자와 토지등소유자의 3분의 2 이상에 해당하는 자가 시장·군수 등 또는 토지주택공사 등을 사업시행자로 지정할 것을 요청하는 때 : ①

정답 | ②

04 2015 공인중개사 수정

도시 및 주거환경정비법령상 도시환경정비사업의 시공자 선정에 관한 설명으로 틀린 것은?

① 토지등소유자가 사업을 시행하는 경우에는 경쟁입찰의 방법으로 시공자를 선정해야 한다.
② 군수가 직접 정비사업을 시행하는 경우 군수는 사업시행자 지정·고시 후 경쟁입찰 또는 수의계약(2회 이상 경쟁입찰이 유찰된 경우로 한정)의 방법에 따라 건설사업자 또는 등록사업자를 시공자로 선정하여야 한다.
③ 주민대표회의가 시공자를 추천하기 위한 입찰방식에는 일반경쟁입찰·제한경쟁입찰 또는 지명경쟁입찰이 있다.
④ 조합원 100명 이하인 정비사업의 경우 조합총회에서 정관으로 정하는 바에 따라 시공자를 선정할 수 있다.
⑤ 사업시행자는 선정된 시공자와 공사에 관한 계약을 체결할 때에는 기존 건축물의 철거공사에 관한 사항을 포함하여야 한다.

해설 | 토지등소유자가 재개발사업을 시행하는 경우에는 규약으로 정하는 방법에 따라 건설업자 또는 등록사업자를 시공자로 선정하여야 한다.

정답 | ①

핵심테마 21 정비조합

2014년	2015년	2016년	2017년	2018년	2019년	2020년	2021년	2022년
3문	1문	1문	1문	1문	2문	2문	1문	2문

※ 최근 9년간 14문제 출제

01 ■■■
2014 공인중개사

도시 및 주거환경정비법령상 재건축사업에 관한 설명으로 옳은 것은?

① 재건축사업에 있어 '토지등소유자'는 정비구역에 위치한 토지 또는 건축물의 소유자와 지상권자를 말한다.
② 재건축사업은 토지등소유자가 시행하거나 토지등소유자가 토지등소유자의 과반수의 동의를 받아 시장·군수 등, 토지주택공사 등, 건설업자 또는 등록사업자와 공동으로 시행할 수 있다.
③ 재건축사업의 추진위원회가 조합을 설립하고자 하는 때에는 법령상 요구되는 토지등소유자의 동의를 얻어 시장·군수 등에게 신고하여야 한다.
④ 건축물의 매매로 인하여 조합원의 권리가 이전되어 조합원을 신규가입시키는 경우 총회의 의결 없이 시장·군수 등에게 신고하고 변경할 수 있다.
⑤ 재건축사업의 안전진단에 드는 비용은 시·도지사가 부담한다.

해설 | ① 재건축사업에 있어 '토지등소유자'는 정비구역에 위치한 건축물 및 부속토지의 소유자를 말한다. 지상권자는 해당하지 않는다.
② 토지등소유자(×), 조합(○), 재건축사업은 조합이 시행하거나 조합이 조합원의 과반수의 동의를 받아 시장·군수 등, 토지주택공사 등, 건설업자 또는 등록사업자와 공동으로 시행할 수 있다.
③ 신고(×), 인가(○), 재건축사업의 추진위원회가 조합을 설립하고자 하는 때에는 법령상 요구되는 토지등소유자의 동의를 얻어 시장·군수 등에게 인가를 받아야 한다.
⑤ 정비계획의 입안권자는 재건축사업의 안전진단에 드는 비용을 해당 안전진단의 실시를 요청하는 자에게 부담하게 할 수 있다.

정답 | ④

02 ■□□
2014 공인중개사

도시 및 주거환경정비법령상 재개발사업조합에 관한 설명으로 옳은 것은?

① 재개발사업 추진위원회가 조합을 설립하려면 시·도지사의 인가를 받아야 한다.
② 조합원의 수가 50명 이상인 조합은 대의원회를 두어야 한다.
③ 조합원의 자격에 관한 사항에 대하여 정관을 변경하고자 하는 경우 총회에서 조합원 3분의 2 이상의 동의를 얻어야 한다.
④ 조합의 이사는 대의원회에서 해임될 수 있다.
⑤ 조합의 이사는 조합의 대의원을 겸할 수 있다.

해설 | ① 시·도지사(×), 시장·군수 등(○), 재개발사업 추진위원회가 조합을 설립하려면 시장·군수 등의 인가를 받아야 한다.
② 조합원의 수가 100명 이상인 조합은 대의원회를 두어야 한다.
④ 조합의 이사는 대의원회에서 해임될 수 없고, 총회의 의결을 거쳐야 한다.
⑤ 조합의 이사는 조합의 대의원을 겸할 수 없다.

정답 | ③

03 ■□□
2020 공인중개사

도시 및 주거환경정비법령상 조합설립인가를 받기 위한 동의에 관하여 (   )에 들어갈 내용을 바르게 나열한 것은?

> ○ 재개발사업의 추진위원회가 조합을 설립하려면 토지등소유자의 (ㄱ) 이상 및 토지면적의 (ㄴ) 이상의 토지소유자의 동의를 받아야 한다.
> ○ 재건축사업의 추진위원회가 조합을 설립하려는 경우 주택단지가 아닌 지역이 정비구역에 포함된 때에는 주택단지가 아닌 지역의 토지 또는 건축물 소유자의 (ㄷ) 이상 및 토지면적의 (ㄹ) 이상의 토지소유자의 동의를 받아야 한다.

① ㄱ: 4분의 3, ㄴ: 2분의 1, ㄷ: 4분의 3, ㄹ: 3분의 2
② ㄱ: 4분의 3, ㄴ: 3분의 1, ㄷ: 4분의 3, ㄹ: 2분의 1
③ ㄱ: 4분의 3, ㄴ: 2분의 1, ㄷ: 3분의 2, ㄹ: 2분의 1
④ ㄱ: 2분의 1, ㄴ: 3분의 1, ㄷ: 2분의 1, ㄹ: 3분의 2
⑤ ㄱ: 2분의 1, ㄴ: 3분의 1, ㄷ: 4분의 3, ㄹ: 2분의 1

해설 | ○ 재개발사업의 추진위원회가 조합을 설립하려면 토지등소유자의 ㉠ 4분의 3 이상 및 토지면적의 ㉡ 2분의 1이상의 토지소유자의 동의를 받아야 한다.

○ 재건축사업의 추진위원회가 조합을 설립하려는 경우 주택단지가 아닌 지역이 정비구역에 포함된 때에는 주택단지가 아닌 지역의 토지 또는 건축물 소유자의 ㉢ 4분의 3 이상 및 토지면적의 ㉣ 3분의 2 이상의 토지소유자의 동의를 받아야 한다.

정답 | ①

04 2018 공인중개사

도시 및 주거환경정비법령상 조합설립 등에 관하여 (   )에 들어갈 내용을 바르게 나열한 것은?

> ○ 재개발사업의 추진위원회가 조합을 설립하려면 토지등소유자의 (ㄱ) 이상 및 토지면적의 (ㄴ) 이상의 토지 소유자의 동의를 받아 시장·군수 등의 인가를 받아야 한다.
>
> ○ 조합이 정관의 기재사항 중 조합원의 자격에 관한 사항을 변경하려는 경우에는 총회를 개최하여 조합원 (ㄷ) (이상)의 찬성으로 시장·군수 등의 인가를 받아야 한다.

① ㄱ: 3분의 2, ㄴ: 3분의 1, ㄷ: 3분의 2
② ㄱ: 3분의 2, ㄴ: 2분의 1, ㄷ: 과반수
③ ㄱ: 4분의 3, ㄴ: 3분의 1, ㄷ: 과반수
④ ㄱ: 4분의 3, ㄴ: 2분의 1, ㄷ: 3분의 2
⑤ ㄱ: 4분의 3, ㄴ: 3분의 2, ㄷ: 과반수

해설 | ○ 재개발사업의 추진위원회가 조합을 설립하려면 토지등소유자의 ㉠ 4분의 3 이상 및 토지면적의 ㉡ 2분의 1 이상의 토지소유자의 동의를 받아 시장·군수 등의 인가를 받아야 한다.

○ 조합이 정관의 기재사항 중 조합원의 자격에 관한 사항을 변경하려는 경우에는 총회를 개최하여 조합원 ㉢ 3분의 2(이상)의 찬성으로 시장·군수 등의 인가를 받아야 한다.

정답 | ④

05 2014 공인중개사

도시 및 주거환경정비법령상 재개발사업 조합의 설립을 위한 동의자수 산정 시, 다음에서 산정되는 토지등소유자의 수는? (단, 권리관계는 제시된 것만 고려하며, 토지는 정비구역 안에 소재함)

> ○ A, B, C 3인이 공유한 1필지 토지에 하나의 주택을 단독 소유한 D
> ○ 3필지의 나대지를 단독 소유한 E
> ○ 1필지의 나대지를 단독 소유한 F와 그 나대지에 대한 지상권자 G

① 3명 ② 4명 ③ 5명 ④ 7명 ⑤ 9명

해설 | ○ A, B, C 3인이 공유한 1필지 토지에 하나의 주택을 단독 소유한 D : 토지등소유자 2명(A, B, C 3인이 공유한 1필지 토지 = 1명, 하나의 주택을 단독 소유한 D = 1명)
○ 3필지의 나대지를 단독 소유한 E : 토지소유자 1명
○ 1필지의 나대지를 단독 소유한 F와 그 나대지에 대한 지상권자 G : 토지등소유자 1명
따라서 토지등소유자는 총 4명이다.

• 토지등소유자 1인으로 산정해야 하는 경우
1. 1필지의 토지나 하나의 건축물을 여럿이서 공유할 때에는 그 여럿을 대표하는 1인
2. 토지에 지상권이 설정되어 있는 경우 소유자와 지상권자를 대표하는 1인
3. 1인이 다수의 토지나 건축물을 소유하고 있는 경우 필지나 건축물의 수에 관계없이 1인
4. 둘 이상의 토지 또는 건축물을 소유한 공유자가 동일한 경우에는 그 공유자 여럿을 대표하는 1인

정답 | ②

06 2017 공인중개사

도시 및 주거환경정비법령상 조합의 정관으로 정할 수 없는 것은?

① 대의원 수
② 대의원 선임방법
③ 대의원회 법정 의결정족수의 완화
④ 청산금 분할징수 여부의 결정
⑤ 조합 상근임원 보수에 관한 사항

해설 | 대의원의 수, 대의원 선임방법, 청산금 분할징구 여부의 결정, 조합 상근임원 보수에 관한 사항으로 조합의 정관으로 정하는 사항이지만, 대의원회 법정결정족수의 완화는 정관으로 정하는 사항에 해당하지 않는다.

정답 | ③

07 2015 공인중개사

도시 및 주거환경정비법령상 조합의 정관을 변경하기 위하여 조합원 3분의 2 이상의 동의가 필요한 사항이 아닌 것은?

① 대의원의 수 및 선임절차
② 조합원의 자격에 관한 사항
③ 정비사업 예정구역의 위치 및 면적
④ 조합의 비용부담 및 조합의 회계
⑤ 시공자·설계자의 선정 및 계약서에 포함될 내용

해설 | 조합이 정관을 변경하려는 경우에는 총회를 개최하여 조합원 과반수의 찬성으로 시장·군수 등의 인가를 받아야 한다. 다만, 다음의 경우에는 조합원 3분의 2 이상의 찬성으로 한다.

• 조합원 3분의 2 이상의 찬성이 필요한 정관의 변경

1. 조합원의 자격 : ②
2. 조합원의 제명·탈퇴 및 교체
3. 정비구역의 위치 및 면적 : ③
4. 조합의 비용부담 및 조합의 회계 : ④
5. 정비사업의 부담 시기 및 절차
6. 시공자·설계자의 선정 및 계약서에 포함될 내용 : ⑤

정답 | ①

08
2019 공인중개사

도시 및 주거환경정비법령상 정비사업의 시행에 관한 설명으로 옳은 것은?

① 조합의 정관에는 정비구역의 위치 및 면적이 포함되어야 한다.
② 조합설립인가 후 시장·군수 등이 토지주택공사 등을 사업시행자로 지정·고시한 때에는 그 고시일에 조합설립인가가 취소된 것으로 본다.
③ 조합은 명칭에 "정비사업조합"이라는 문자를 사용하지 않아도 된다.
④ 조합장이 자기를 위하여 조합과 소송을 할 때에는 이사가 조합을 대표한다.
⑤ 재건축사업을 하는 정비구역에서 오피스텔을 건설하여 공급하는 경우에는 「국토의 계획 및 이용에 관한 법률」에 따른 준주거지역 및 상업지역 이외의 지역에서 오피스텔을 건설할 수 있다.

해설 | ② 조합설립인가 후 시장·군수 등이 토지주택공사 등을 사업시행자로 지정·고시한 때에는 그 고시일 다음 날에 조합설립인가가 취소된 것으로 본다.
③ 조합은 명칭에 '정비사업조합'이라는 문자를 사용하여야 한다.
④ 조합장이 자기를 위하여 조합과 소송을 할 때에는 감사가 조합을 대표한다.
⑤ 재건축사업을 하는 정비구역에서 오피스텔을 건설하여 공급하는 경우에는 「국토의 계획 및 이용에 관한 법률」에 따른 준주거지역 및 상업지역에서 오피스텔을 건설할 수 있다.

정답 | ①

09
2021 공인중개사

도시 및 주거환경정비법령상 조합총회의 의결사항 중 대의원회가 대행할 수 없는 사항을 모두 고른 것은?

```
ㄱ. 조합임원의 해임
ㄴ. 사업완료로 인한 조합의 해산
ㄷ. 정비사업비의 변경
ㄹ. 정비사업전문관리업자의 선정 및 변경
```

① ㄱ, ㄴ, ㄷ
② ㄱ, ㄴ, ㄹ
③ ㄱ, ㄷ, ㄹ
④ ㄴ, ㄷ, ㄹ
⑤ ㄱ, ㄴ, ㄷ, ㄹ

해설 | • 대의원회가 대행할 수 없는 사항

1. 정관의 변경에 관한 사항
2. 조합임원과 대의원의 선임 및 해임에 관한 사항, 조합장의 보궐 선임 : ㉠
3. 정비사업전문관리업자의 선정 및 변경, 시공자·설계자·감정평가법인 등의 선임 : ㉣
4. 조합의 합병 또는 해산(사업완료로 인한 조합의 해산의 경우에는 제외한다)
5. 사업시행계획서, 관리처분계획의 수립 및 변경에 관한 사항
6. 정비사업비의 변경에 관한 사항 : ㉢
7. 조합의 합병 또는 해산에 관한 사항. 다만, 사업완료로 인한 해산의 경우는 제외 : ㉡

따라서 ㉠, ㉢, ㉣은 대의원회가 대행할 수 없는 사항이다. ㉡ 사업완료로 인한 조합의 해산의 경우는 대행할 수 있다.

정답 | ③

10 2016 공인중개사

도시 및 주거환경정비법령상 조합에 관한 설명으로 옳은 것은?

① 토지등소유자가 재개발사업을 시행하고자 하는 경우에는 토지등소유자로 구성된 조합을 설립하여야만 한다.
② 토지등소유자가 100명 이하인 조합에는 2명 이하의 이사를 둔다.
③ 재건축사업의 추진위원회가 주택단지가 아닌 지역이 포함된 정비구역에서 조합을 설립하고자 하는 때에는 주택단지가 아닌 지역안의 토지면적의 4분의 3 이상의 토지소유자의 동의를 얻어야 한다.
④ 분양신청을 하지 아니한 자에 대한 현금청산 금액을 포함한 정비사업비가 100분의 10 이상 늘어나는 경우에는 조합원 3분의 2 이상의 동의를 받아야 한다.
⑤ 대의원회는 임기 중 궐위된 조합장을 보궐선임할 수 없다.

해설 | ① 재개발사업은 토지등소유자가 20명 미만인 경우에는 조합을 설립하지 아니하고 토지등소유자가 사업을 시행할 수 있다.
② 토지등소유자가 100명 이하인 조합에는 3명 이상의 이사를 둔다.
③ 재건축사업의 추진위원회가 주택단지가 아닌 지역이 포함된 정비구역에서 조합을 설립하고자 하는 때에는 주택단지가 아닌 지역안의 토지 또는 건축물 소유자의 4분의 3 이상 및 토지면적의 3분의 2 이상의 토지소유자의 동의를 얻어야 한다.
④ 분양신청을 하지 아니한 자에 대한 손실보상 금액을 제외한 정비사업비가 100분의 10 이상 늘어나는 경우에는 조합원의 3분의 2 이상의 동의를 받아야 한다.

정답 | ⑤

11 2019 공인중개사

도시 및 주거환경정비법령상 조합총회의 소집에 관한 규정내용이다. ( )에 들어갈 숫자를 바르게 나열한 것은?

> ○ 정관의 기재사항 중 조합임원의 권리·의무·보수·선임방법·변경 및 해임에 관한 사항을 변경하기 위한 총회의 경우는 조합원(ㄱ)분의 1 이상의 요구로 조합장이 소집한다.
> ○ 총회를 소집하려는 자는 총회가 개최되기 (ㄴ)일 전까지 회의 목적·안건·일시 및 장소를 정하여 조합원에게 통지하여야 한다.

① ㄱ: 3, ㄴ: 7
② ㄱ: 5, ㄴ: 7
③ ㄱ: 5, ㄴ: 10
④ ㄱ: 10, ㄴ: 7
⑤ ㄱ: 10, ㄴ: 10

해설 | 조합총회의 소집에 관한 규정 내용은 다음과 같다.
> ○ 정관의 기재사항 중 조합임원의 권리·의무·보수·선임방법·변경 및 해임에 관한 사항을 변경하기 위한 총회의 경우는 조합원 ㉠ 10분의 1 이상의 요구로 조합장이 소집한다.
> ○ 총회를 소집하려는 자는 총회가 개최되기 ㉡ 7일 전까지 회의 목적·안건·일시 및 장소를 정하여 조합원에게 통지하여야 한다.

정답 | ④

12 2020 공인중개사

도시 및 주거환경정비법령상 주민대표회의 등에 관한 설명으로 틀린 것은?

① 토지등소유자가 시장·군수 등 또는 토지주택공사 등의 사업시행을 원하는 경우에는 정비구역 지정·고시 후 주민대표회의를 구성하여야 한다.
② 주민대표회의는 위원장을 포함하여 5명 이상 25명 이하로 구성한다.
③ 주민대표회의는 토지등소유자의 과반수의 동의를 받아 구성한다.
④ 주민대표회의에는 위원장과 부위원장 각 1명과 1명 이상 3명 이하의 감사를 둔다.
⑤ 상가세입자는 사업시행자가 건축물의 철거의 사항에 관하여 시행규정을 정하는 때에 의견을 제시할 수 없다.

해설 | 주민대표회의 또는 상가세입자는 사업시행자가 건축물의 철거의 사항에 관하여 시행규정을 정하는 때에 의견을 제시할 수 있다.

정답 | ⑤

사업시행계획

2014년	2015년	2016년	2017년	2018년	2019년	2020년	2021년	2022년
2문	0문	0문	1문	0문	0문	1문	0문	1문

※ 최근 9년간 5문제 출제

01 ■■□
2020 공인중개사

도시 및 주거환경법령상 재건축사업의 사업시행자가 작성하여야 하는 사업시행계획서에 포함되어야하는 사항이 <u>아닌</u> 것은? (단, 조례는 고려하지 않음)

① 토지이용계획(건축물배치계획을 포함한다)
② 정비기반시설 및 공동이용시설의 설치계획
③ 「도시 및 주거환경정비법」 제10조(임대주택 및 주택규모별 건설비율)에 따른 임대주택의 건설계획
④ 세입자의 주거 및 이주 대책
⑤ 임시거주시설을 포함한 주민이주대책

해설 | 임대주택의 건설계획은 재건축사업의 경우에는 사업시행계획서의 내용에서 제외된다. [보충] 사업시행자는 정비계획에 따라 다음의 사항을 포함하는 사업시행계획서를 작성하여야 한다.

1. 토지이용계획(건축물배치계획 포함) : ①
2. 정비기반시설 및 공동이용시설의 설치계획 : ②
3. 임시거주시설을 포함한 주민이주대책 : ⑤
4. 세입자의 주거 및 이주 대책 : ④
5. 사업시행기간 동안의 정비구역 내 가로등 설치, 폐쇄회로 텔레비전 설치 등 범죄예방대책
6. 임대주택의 건설계획(재건축사업의 경우는 제외)
7. 소형주택의 건설계획(주거환경개선사업의 경우는 제외)
8. 공공지원민간임대주택 또는 임대관리 위탁주택의 건설계획(필요한 경우로 한정)
9. 건축물의 높이 및 용적률 등에 관한 건축계획
10. 정비사업의 시행과정에서 발생하는 폐기물의 처리계획
11. 교육시설의 교육환경 보호에 관한 계획(정비구역부터 200m 이내에 교육시설이 설치되어 있는 경우로 한정)
12. 정비사업비

정답 | ③

02 2014 공인중개사

도시 및 주거환경정비법령상 사업시행계획 등에 관한 설명으로 틀린 것은?

① 시장·군수 등은 재개발사업의 사업시행계획인가를 하는 경우 해당 정비사업의 사업시행자가 지정개발자(지정개발자가 토지등소유자인 경우로 한정한다)인 때에는 정비사업비의 100분의 30의 금액을 예치하게 할 수 있다.
② 사업시행계획서에는 사업시행기간 동안의 정비구역 내 가로등 설치, 폐쇄회로 텔레비전 설치 등 범죄예방대책이 포함되어야 한다.
③ 시장·군수 등은 사업시행계획인가를 하려는 경우 정비구역으로부터 200미터 이내에 교육시설이 설치되어 있는 때에는 해당 지방자치단체의 교육감 또는 교육장과 협의하여야 한다.
④ 지정개발자가 정비사업을 시행하려는 경우에는 사업시행계획인가를 신청하기 전에 토지등소유자의 과반수의 동의 및 토지면적의 2분의 1 이상의 토지소유자의 동의를 받아야 한다.
⑤ 사업시행자가 사업시행인가를 받은 후 대지면적을 10퍼센트의 범위 안에서 변경하는 경우 시장·군수 등에게 신고하여야 한다.

해설 | 시장·군수 등은 재개발사업의 사업시행계획인가를 하는 경우 해당 정비사업의 사업시행자가 지정개발자(지정개발자가 토지등소유자인 경우로 한정한다)인 때에는 정비사업비의 100분의 20의 범위에서 시·도 조례로 정하는 금액을 예치하게 할 수 있다.

정답 | ①

03 2014 공인중개사

도시 및 주거환경정비법령상 조합에 의한 재개발사업의 시행에 관한 설명으로 틀린 것은?

① 사업을 시행하려는 경우 시장·군수 등에게 사업시행인가를 받아야 한다.
② 사업시행계획서에는 일부 건축물의 존치 또는 리모델링에 관한 내용이 포함될 수 있다.
③ 인가받은 사업시행계획 중 건축물이 아닌 부대·복리시설의 위치를 변경하고자 하는 경우에는 변경인가를 받아야 한다.
④ 사업시행으로 철거되는 주택의 소유자 또는 세입자를 위하여 사업시행자가 지방자치단체의 건축물을 임시거주시설로 사용하는 경우 사용료 또는 대부료는 면제된다.
⑤ 조합이 시·도지사 또는 토지주택공사 등에게 재개발사업의 시행으로 건설된 임대주택의 인수를 요청하는 경우 토지주택공사 등이 우선하여 인수하여야 한다.

해설 | 조합이 재개발사업의 시행으로 건설된 임대주택의 인수를 요청하는 경우, 시·도지사 또는 시장·군수, 구청장이 우선하여 인수하여야 한다.

정답 | ⑤

04 2017 공인중개사

도시 및 주거환경정비법령상 주거환경개선사업에 관한 설명으로 옳은 것만을 고른 것은?

> ㄱ. 시장·군수 등은 세입자의 세대수가 토지등소유자의 2분의 1인 경우에는 세입자의 동의 절차 없이 토지주택공사 등을 사업시행자로 지정할 수 있다.
> ㄴ. 사업시행자는 '정비구역 안에서 정비기반시설을 새로이 설치하거나 확대하고 토지등소유자가 스스로 주택을 개량하는 방법' 및 '환지로 공급하는 방법'을 혼용할 수 있다.
> ㄷ. 사업시행자는 사업의 시행으로 철거되는 주택의 소유자 또는 세입자에 대하여 당해 정비구역 내·외에 소재한 임대주택 등의 시설에 임시로 거주하게 하거나 주택자금의 융자알선 등 임시수용에 상응하는 조치를 하여야 한다.

① ㄱ
② ㄱ, ㄴ
③ ㄱ, ㄷ
④ ㄴ, ㄷ
⑤ ㄱ, ㄴ, ㄷ

해설 | ㉠ 시장·군수 등은 세입자의 세대수가 토지등소유자의 2분의 1인 경우에는 세입자의 동의 절차 없이 토지주택공사 등을 사업시행자로 지정할 수 있다. [핵심테마20. 정비사업의 시행]의 내용으로 옳은 내용이다.
㉡ 사업시행자는 '정비구역 안에서 정비기반시설을 새로이 설치하거나 확대하고 토지등소유자가 스스로 주택을 개량하는 방법' 및 '환지로 공급하는 방법'을 혼용할 수 있다. [핵심테마 20. 정비사업의 시행]의 내용으로 옳은 내용이다.
㉢ 사업시행자는 사업의 시행으로 철거되는 주택의 소유자 또는 세입자에 대하여 당해 정비구역 내·외에 소재한 임대주택 등의 시설에 임시로 거주하게 하거나 주택자금의 융자알선 등 임시수용에 상응하는 조치를 하여야 한다. 옳은 내용이다.

정답 | ⑤

관리처분계획

2014년	2015년	2016년	2017년	2018년	2019년	2020년	2021년	2022년
0문	0문	1문	1문	1문	1문	1문	1문	1문

※ 최근 9년간 7문제 출제

01 | 2019 공인중개사

도시 및 주거환경정비법령상 분양공고에 포함되어야 할 사항으로 명시되지 않은 것은? (단, 토지등소유자 1인이 시행하는 재개발사업은 제외하고, 조례는 고려하지 않음)

① 분양신청자격
② 분양신청방법
③ 분양신청기간 및 장소
④ 분양대상자별 분담금의 추산액
⑤ 분양대상 대지 또는 건축물의 내역

해설 | 분양대상자별 분담금의 추산액은 분양공고에 포함되어야 할 사항이 아니다.

- 분양공고에 포함되어야 하는 사항
1. 사업시행인가의 내용
2. 정비사업의 종류·명칭 및 정비구역의 위치·면적
3. 분양신청기간 및 장소 : ③
4. 분양대상 대지 또는 건축물의 내역 : ⑤
5. 분양신청자격 : ①
6. 분양신청방법 : ②
7. 토지소유자 외의 권리자의 권리신고방법
8. 분양을 신청하지 아니한 자에 대한 조치

정답 | ④

02 2018 공인중개사

도시 및 주거환경정비법령상 사업시행자가 인가받은 관리처분계획을 변경하고자 할 때 시장·군수 등에게 신고하여야 하는 경우가 <u>아닌</u> 것은?

① 사업시행자의 변동에 따른 권리·의무의 변동이 있는 경우로서 분양설계의 변경을 수반하지 아니하는 경우
② 재건축사업에서의 매도청구에 대한 판결에 따라 관리처분계획을 변경하는 경우
③ 주택분양에 관한 권리를 포기하는 토지등소유자에 대한 임대주택의 공급에 따라 관리처분계획을 변경하는 경우
④ 계산착오·오기·누락 등에 따른 조서의 단순정정인 경우로서 불이익을 받는 자가 있는 경우
⑤ 정관 및 사업시행계획인가의 변경에 따라 관리처분계획을 변경하는 경우

해설 | 있는 경우에(×), 없는 경우에(○), 계산착오·오기·누락 등에 따른 조서의 단순정정인 경우로서 불이익을 받는 자가 없는 경우에는 시장·군수 등에게 신고하여야 한다.

- 관리처분계획의 경미한 변경으로 시장·군수 등에게 신고하여야 하는 사항

㉮ 원칙은 시장·군수 등의 인가를 받아야 한다. 다만 다음의 경미한 변경은 신고하여야 한다.

1. 계산착오·오기·누락 등에 따른 조서의 단순정정인 경우로서 불이익을 받는 자가 없는 경우 : ④
2. 정관 및 사업시행계획인가의 변경에 따라 관리처분계획을 변경하는 경우 : ⑤
3. 매도청구에 대한 판결에 따라 관리처분계획을 변경하는 경우 : ②
4. 법 제129조에 따른 권리·의무의 변동이 있는 경우로서 분양설계의 변경을 수반하지 아니하는 경우 : ①
5. 주택분양에 관한 권리를 포기하는 토지등소유자에 대한 임대주택의 공급에 따라 관리처분계획을 변경하는 경우 : ③
6. 민간임대사업자의 주소(법인인 경우에는 법인의 소재지와 대표자의 성명 및 주소)를 변경하는 경우

정답 | ④

03 2016 공인중개사

도시 및 주거환경정비법령상 관리처분계획 등에 관한 설명으로 옳은 것은?

① 재개발사업의 관리처분은 정비구역의 지상권자에 대한 분양을 포함하여야 한다.
② 재건축사업의 관리처분의 기준은 조합원 전원의 동의를 받더라도 법령상 정하여진 관리처분의 기준과 달리 정할 수 없다.
③ 사업시행자는 폐공가의 밀집으로 범죄 발생의 우려가 있는 경우 기존 건축물의 소유자의 동의 및 시장·군수의 허가를 얻어 해당 건축물을 철거할 수 있다.
④ 관리처분계획의 인가·고시가 있는 때에는 종전의 토지의 임차권자는 사업시행자의 동의를 받더라도 소유권의 이전고시가 있는 날까지 종전의 토지를 사용할 수 없다.
⑤ 주거환경관리사업의 사업시행자는 관리처분계획에 따라 공동이용시설을 새로 설치하여야 한다.

해설 │ ① 포함하여야 한다(×). 제외한다(○). 재개발사업의 관리처분은 정비구역의 지상권자에 대한 분양을 제외한다.
② 재건축사업의 관리처분의 기준은 조합원 전원의 동의를 받아 법령상 정하여진 관리처분기준을 다르게 정할 수 있다.
④ 관리처분계획의 인가·고시가 있는 때에는 종전 토지의 임차권자는 종전 토지를 사용할 수 없지만, 사업시행자의 동의를 받은 경우에는 종전 토지를 사용할 수 있다.
⑤ 공동이용시설은 관리처분계획이 아니라 사업시행계획으로 설치하여야 한다.

정답 │ ③

04 2020 공인중개사

도시 및 주거환경정비법령상 관리처분계획에 따른 처분 등에 관한 설명으로 틀린 것은?

① 정비사업의 시행으로 조성된 대지 및 건축물은 관리처분계획에 따라 처분 또는 관리하여야 한다.
② 사업시행자는 정비사업의 시행으로 건설된 건축물을 관리처분계획에 따라 토지등소유자에게 공급하여야 한다.
③ 환지를 공급하는 방법으로 시행하는 주거환경개선사업의 사업시행자가 정비구역에 주택을 건설하는 경우 주택의 공급 방법에 관하여 「주택법」에도 불구하고 시장·군수 등의 승인을 받아 따로 정할 수 있다.
④ 사업시행자는 분양신청을 받은 후 잔여분이 있는 경우에는 사업시행계획으로 정하는 목적을 위하여 그 잔여분을 조합원 또는 토지등소유자 이외의 자에게 분양할 수 있다.

⑤ 조합이 재개발임대주택의 인수를 요청하는 경우 국토교통부장관이 우선하여 인수하여야 한다.

해설 | 조합이 재개발임대주택의 인수를 요청하는 경우 시·도시자, 시장, 군수, 구청장이 우선하여 인수하여야 한다. 시·도지사 또는 시장, 군수, 구청장이 예산·관리인력의 부족 등 부득이한 사정으로 인수하기 어려운 경우에는 국토교통부장관에게 토지주택공사 등을 인수자로 지정할 것을 요청할 수 있다.

정답 | ⑤

05 2017 공인중개사

도시 및 주거환경정비법령상 주택의 공급 등에 관한 설명으로 옳은 것은?

① 주거환경개선사업의 사업시행자는 정비사업의 시행으로 건설된 건축물을 인가된 사업시행계획에 따라 토지등소유자에게 공급하여야 한다.
② 국토교통부장관은 조합이 요청하는 경우 주택재건축사업의 시행으로 건설된 임대주택을 인수하여야 한다.
③ 시·도지사의 요청이 있는 경우 국토교통부장관은 인수한 임대주택의 일부를 「주택법」에 따른 토지임대부 분양주택으로 전환하여 공급하여야 한다.
④ 사업시행자는 정비사업의 시행으로 임대주택을 건설하는 경우 공급대상자에게 주택을 공급하고 남은 주택에 대하여 공급대상자외의 자에게 공급할 수 있다.
⑤ 관리처분계획상 분양대상자별 종전의 토지 또는 건축물의 명세에서 종전 주택의 주거전용면적이 60㎡를 넘지 않는 경우 2주택을 공급할 수 없다.

해설 | ① 주거환경개선사업의 사업시행자는 정비사업의 시행으로 건설된 건축물을 인가된 관리처분계획에 따라 토지등소유자에게 공급하여야 한다.
② 국토교통부장관은 조합이 요청하는 경우 재개발사업의 시행으로 건설된 임대주택을 인수하여야 한다.
③ 정비구역의 세입자와 대통령령으로 정하는 면적 이하의 토지 또는 주택을 소유한 자의 요청이 있는 경우 국토교통부장관은 인수한 임대주택의 일부를 「주택법」에 따른 토지임대부 분양주택으로 전환하여 공급하여야 한다.
⑤ 관리처분계획상 분양대상자별 종전의 토지 또는 건축물의 명세에서 종전 주택의 주거전용면적이 60㎡를 넘지 않는 경우 2주택을 공급할 수 있다.

정답 | ④

06 2021 공인중개사

도시 및 주거환경정비법령상 관리처분계획 등에 관한 설명으로 옳은 것은? (단, 조례는 고려하지 않음)

① 지분형주택의 규모는 주거전용면적 60제곱미터 이하인 주택으로 한정한다.
② 분양신청기간의 연장은 30일의 범위에서 한 차례만 할 수 있다.
③ 같은 세대에 속하지 아니하는 3명이 1토지를 공유한 경우에는 3주택을 공급하여야 한다.
④ 조합원 10분의 1 이상이 관리처분계획인가 신청이 있은 날부터 30일 이내에 관리처분계획의 타당성 검증을 요청한 경우 시장·군수는 이에 따라야 한다.
⑤ 시장·군수는 정비구역에서 면적이 100제곱미터의 토지를 소유한 자로서 건축물을 소유하지 아니한 자의 요청이 있는 경우에는 인수한 임대주택의 일부를 「주택법」에 따른 토지임대부 분양주택으로 전환하여 공급하여야 한다.

해설 | ② 분양신청기간의 연장은 20일의 범위에서 한 차례만 할 수 있다.
③ 같은 세대에 속하지 아니하는 3명이 1토지를 공유한 경우에는 1주택을 공급하여야 한다.
④ 10분의 1(×), 5분의 1(○), 30일(×), 15일(○), 시장·군수 등은 조합원 5분의 1 이상이 관리처분계획인가 신청이 있은 날부터 15일 이내에 관리처분계획의 타당성 검증을 요청한 경우, 대통령령으로 정하는 공공기관에 관리처분계획의 타당성 검증을 요청하여야 한다.
⑤ 100제곱미터(×), 90제곱미터(○), 시장·군수는 정비구역에서 면적이 90제곱미터 미만의 토지를 소유한 자로서 건축물을 소유하지 아니한 자의 요청이 있는 경우에는 인수한 임대주택의 일부를 「주택법」에 따른 토지임대부 분양주택으로 전환하여 공급하여야 한다.

정답 | ①

공사완료와 청산금 및 비용부담

2014년	2015년	2016년	2017년	2018년	2019년	2020년	2021년	2022년
0문	1문	1문	0문	1문	1문	1문	2문	1문

※ 최근 9년간 8문제 출제

2018 공인중개사

도시 및 주거환경정비법령상 공사완료에 따른 조치 등에 관한 설명으로 틀린 것은?

① 사업시행자인 지방공사가 정비사업 공사를 완료한 때에는 시장·군수 등의 준공인가를 받아야 한다.
② 시장·군수 등은 준공인가 전 사용허가를 하는 때에는 동별·세대별 또는 구획별로 사용허가를 할 수 있다.
③ 관리처분계획을 수립하는 경우 정비구역의 지정은 이전고시가 있은 날의 다음 날에 해제된 것으로 본다.
④ 준공인가에 따른 정비구역의 해제가 있으면 조합은 해산된 것으로 본다.
⑤ 관리처분계획에 따라 소유권을 이전하는 경우 건축물을 분양받을 자는 이전고시가 있은 날의 다음 날에 그 건축물의 소유권을 취득한다.

해설 | 준공인가에 따른 정비구역의 해제는 조합의 존속에 영향을 주지 아니한다.
정답 | ④

02 2020 공인중개사

도시 및 주거환경정비법령상 공사완료에 따른 조치 등에 관한 설명으로 틀린 것을 모두 고른 것은?

> ㄱ. 정비사업의 효율적인 추진을 위하여 필요한 경우에는 해당 정비사업에 관한 공사가 전부 완료되기 전이라도 완공된 부분은 준공인가를 받아 대지 또는 건축물별로 분양받을 자에게 소유권을 이전할 수 있다.
> ㄴ. 준공인가에 따라 정비구역의 지정이 해제되면 조합도 해산된 것으로 본다.
> ㄷ. 정비사업에 관하여 소유권의 이전고시가 있은 날부터는 대지 및 건축물에 관한 등기가 없더라도 저당권 등의 다른 등기를 할 수 있다.

① ㄱ
② ㄴ
③ ㄱ, ㄴ
④ ㄱ, ㄷ
⑤ ㄴ, ㄷ

해설 | ㉠ 정비사업의 효율적인 추진을 위하여 필요한 경우에는 해당 정비사업에 관한 공사가 전부 완료되기 전이라도 완공된 부분은 준공인가를 받아 대지 또는 건축물별로 분양받을 자에게 소유권을 이전할 수 있다. 옳은 내용이다.
㉡ 준공인가에 따른 정비구역의 해제는 조합의 존속에 영향을 주지 아니한다.
㉢ 정비사업에 관하여 소유권이전고시가 있은 날부터 소유권이전등기가 있을 때까지는 저당권 등의 다른 등기를 하지 못한다.

정답 | ⑤

03　2016 공인중개사

도시 및 주거환경정비법령상 사업시행인가를 받은 정비사업의 공사완료에 따른 조치 등에 관한 다음 절차를 진행순서에 따라 옳게 나열한 것은? (단, 관리처분계획 인가를 받은 사업이고, 공사의 전부 완료를 전제로 함)

> ㄱ. 준공인가
> ㄴ. 관리처분계획에 정한사항을 분양 받을 자에게 통지
> ㄷ. 토지의 분할절차
> ㄹ. 대지 또는 건축물의 소유권 이전고시

① ㄱ - ㄷ - ㄴ - ㄹ
② ㄱ - ㄹ - ㄷ - ㄴ
③ ㄴ - ㄱ - ㄷ - ㄹ
④ ㄴ - ㄷ - ㄹ - ㄱ
⑤ ㄷ - ㄹ - ㄱ - ㄴ

해설 | 사업시행자는 준공인가(㉠) 및 공사완료 고시가 있은 때에는 지체 없이 대지확정측량을 하고 토지의 분할절차(㉢)를 거쳐 관리처분계획에서 정한 사항을 분양을 받을 자에게 통지(㉡)하고 대지 또는 건축물의 소유권을 이전(㉣)하여야 한다.

정답 | ①

04　2015 공인중개사

도시 및 주거환경정비법령상 청산금에 관한 설명으로 틀린 것은?

① 조합 총회의 의결을 거쳐 정한 경우에는 관리처분계획인가 후부터 소유권 이전의 고시일까지 청산금을 분할징수할 수 있다.
② 종전에 소유하고 있던 토지의 가격과 분양받은 대지의 가격은 그 토지의 규모·위치·용도·이용상황·정비사업비 등을 참작하여 평가하여야 한다.
③ 청산금을 납부할 자가 이를 납부하지 아니하는 경우에 시장·군수가 아닌 사업시행자는 시장·군수에게 청산금의 징수를 위탁할 수 있다.
④ 청산금을 징수할 권리는 소유권 이전의 고시일로부터 5년간 이를 행사하지 아니하면 소멸한다.
⑤ 정비사업의 시행지역 안에 있는 건축물에 저당권을 설정한 권리자는 그 건축물의 소유자가 지급받을 청산금에 대하여 청산금을 지급하기 전에 압류절차를 거쳐 저당권을 행사할 수 있다.

해설 | 소유권 이전의 고시일로부터(×), 소유권 이전고시일 다음 날부터(○), 청산금을 징수할 권리는 소유권 이전고시일 다음 날부터 5년간 행사하지 아니하면 소멸한다.

정답 | ④

05 2019 공인중개사

도시 및 주거환경정비법령상 비용의 부담 등에 관한 설명으로 틀린 것은?

① 정비사업비는 「도시 및 주거환경정비법」 또는 다른 법령에 특별한 규정이 있는 경우를 제외하고는 사업시행자가 부담한다.
② 지방자치단체는 시장·군수 등이 아닌 사업시행자가 시행하는 정비사업에 드는 비용에 대해 융자를 알선할 수 있으나 직접적으로 보조할 수는 없다.
③ 정비구역의 국유·공유재산은 사업시행자 또는 점유자 및 사용자에게 다른 사람에 우선하여 수의계약으로 매각될 수 있다.
④ 시장·군수 등이 아닌 사업시행자는 부과금 또는 연체료를 체납하는 자가 있는 때에는 시장·군수 등에게 그 부과·징수를 위탁할 수 있다.
⑤ 사업시행자는 정비사업을 시행하는 지역에 전기·가스 등의 공급시설을 설치하기 이하여 공동구를 설치하는 경우에는 다른 법령에 따라 그 공동구에 수용될 시설을 설치할 의무가 있는 자에게 공동구의 설치에 드는 비용을 부담시킬 수 있다.

해설 | 지방자치단체는 시장·군수 등이 아닌 사업시행자가 시행하는 정비사업에 드는 비용에 대해 융자를 알선하거나 보조할 수 있다.

정답 | ②

06 2021 공인중개사

도시 및 주거환경정비법령상 청산금 및 비용부담 등에 관한 설명으로 옳은 것은?

① 청산금을 징수할 권리는 소유권 이전고시일부터 3년간 행사하지 아니하면 소멸한다.
② 정비구역의 국유·공유재산은 정비사업 외의 목적으로 매각되거나 양도될 수 없다.
③ 청산금을 지급받을 자가 받기를 거부하더라도 사업시행자는 그 청산금을 공탁할 수는 없다.
④ 시장·군수 등이 아닌 사업시행자는 부과금을 체납하는 자가 있는 때에는 지방세 체납처분의 예에 따라 부과·징수할 수 있다.
⑤ 국가 또는 지방자치단체는 토지임대부 분양주택을 공급받는 자에게 해당 공급비용의 전부를 융자할 수는 없다.

해설 | ① 소유권 이전의 고시일로부터(×), 소유권 이전고시일 다음 날부터(○), 3년간(×), 5년간(○), 청산금을 징수할 권리는 소유권 이전고시일 다음 날부터 5년간 행사하지 아니하면 소멸한다.
③ 청산금을 지급받을 자가 받기를 거부하면 사업시행자는 그 청산금을 공탁할 수 있다.
④ 시장·군수 등인 사업시행자는 부과금을 체납하는 자가 있는 때에는 지방세 체납처분의 예에 따라 부과·징수할 수 있으며, 시장·군수 등이 아닌 사업시행자는 시장·군수 등에게 청산금의 징수를 위탁할 수 있다.
⑤ 국가 또는 지방자치단체는 토지임대부 분양주택을 공급받는 자에게 해당 공급비용의 전부 또는 일부를 보조 또는 융자할 수 있다.

정답 | ②

07 2021 공인중개사

도시 및 주거환경정비법령상 공공재개발사업에 관한 설명이다. (   )에 들어갈 내용과 숫자를 바르게 나열한 것은?

> 정비계획의 입안권자가 정비구역의 지정권자에게 공공재개발사업 예정구역 지정을 신청한 경우 지방도시계획위원회는 (ㄱ)부터 (ㄴ)일 이내에 심의를 완료해야 한다. 다만, (ㄴ)일 이내에 심의를 완료할 수 없는 정당한 사유가 있다고 판단되는 경우에는 심의기간을 (ㄷ)일의 범위에서 한 차례 연장할 수 있다.

① ㄱ: 신청일, ㄴ: 20, ㄷ: 20
② ㄱ: 신청일, ㄴ: 30, ㄷ: 20
③ ㄱ: 신청일, ㄴ: 30, ㄷ: 30
④ ㄱ: 신청일 다음 날, ㄴ: 20, ㄷ: 20
⑤ ㄱ: 신청일 다음 날, ㄴ: 30, ㄷ: 30

해설 | 정비계획의 입안권자가 정비구역의 지정권자에게 공공재개발사업 예정구역 지정을 신청한 경우 지방도시계획위원회는 ㉠ 신청일 부터 ㉡ 30일 이내에 심의를 완료해야 한다. 다만, ㉡ 30일 이내에 심의를 완료할 수 없는 정당한 사유가 있다고 판단되는 경우에는 심의기간을 ㉢ 30일의 범위에서 한 차례 연장할 수 있다.

정답 | ③

6 문제

2022년, [도시 및 주거환경정비법]에서는 6문제 출제되었습니다.

19 ■■■
2022 공인중개사

도시 및 주거환경정비법령상 사업시행자가 국민주택규모 주택을 건설하여야 하는 경우 그 주택의 공급 및 인수에 관한 설명으로 틀린 것은?

① 사업시행자는 건설한 국민주택규모 주택을 국토교통부장관, 시·도지사, 시장, 군수, 구청장 또는 토지주택공사 등에 공급하여야 한다.
② 사업시행자는 인수자에게 공급해야 하는 국민주택규모 주택을 공개추첨의 방법으로 선정해야 한다.
③ 선정된 국민주택규모 주택을 공급하는 경우에는 시·도지사, 시장·군수·구청장 순으로 우선하여 인수할 수 있다.
④ 인수자에게 공급하는 국민주택규모 주택의 부속 토지는 인수자에게 기부채납한 것으로 본다.
⑤ 시·도지사 및 시장·군수·구청장이 국민주택규모 주택을 인수할 수 없는 경우 한국토지주택공사가 인수하여야 한다.

해설 | 시·도지사 및 시장·군수·구청장이 국민주택규모 주택을 인수할 수 없는 경우 시·도지사는 국토교통부장관에게 인수자를 지정해 줄 것을 요청하여야 한다.

깨알 만점방지용 문제입니다.

정답 | ⑤

20 ■□□ 2022 공인중개사

도시 및 주거환경정비법령상 조합의 임원에 관한 설명으로 틀린 것은?

① 토지등소유자의 수가 100인을 초과하는 경우 조합에 두는 이사의 수는 5명 이상으로 한다.
② 조합임원의 임기는 3년 이하의 범위에서 정관으로 정하되, 연임할 수 있다.
③ 조합장이 아닌 조합임원은 대의원이 될 수 있다.
④ 조합임원은 같은 목적의 정비사업을 하는 다른 조합의 임원 또는 직원을 겸할 수 없다.
⑤ 시장·군수 등이 전문조합관리인을 선정한 경우 전문조합관리인이 업무를 대행할 임원은 당연 퇴임한다.

해설 | 조합장이 아닌 조합임원은 대의원이 될 수 없다.

정답 | ③

21 ■■□ 2022 공인중개사

도시 및 주거환경정비법령상 분양신청을 하지 아니한 자 등에 대한 조치에 관한 설명이다. (　　)에 들어갈 내용을 바르게 나열한 것은?

> ○ 분양신청을 하지 아니한 토지등소유자가 있는 경우 사업시행자는 관리처분계획이 인가·고시된 다음 날부터 (ㄱ)일 이내에 그 자와 토지, 건축물 또는 그 밖의 권리의 손실보상에 관한 협의를 하여야 한다.
> ○ 위 협의가 성립되지 아니하면 사업시행자는 그 기간의 만료일 다음 날부터 (ㄴ)일 이내에 수용재결을 신청하거나 매도청구소송을 제기하여야 한다.

① ㄱ: 60, ㄴ: 30
② ㄱ: 60, ㄴ: 60
③ ㄱ: 60, ㄴ: 90
④ ㄱ: 90, ㄴ: 60
⑤ ㄱ: 90, ㄴ: 90

해설 | ○ 분양신청을 하지 아니한 토지등소유자가 있는 경우 사업시행자는 관리처분계획이 인가·고시된 다음 날부터 (90)일 이내에 그 자와 토지, 건축물 또는 그 밖의 권리의 손실보상에 관한 협의를 하여야 한다.
○ 위 협의가 성립되지 아니하면 사업시행자는 그 기간의 만료일 다음 날부터 (60)일 이내에 수용재결을 신청하거나 매도청구소송을 제기하여야 한다.

정답 | ④

22 2022 공인중개사

도시 및 주거환경정비법령상 조합설립추진위원회가 운영에 필요한 사항 중 추진위원회 구성에 동의한 토지등소유자에게 등기우편으로 통지하여야 하는 사항에 해당하는 것은?

① 재건축사업 정비계획 입안을 위한 안전진단의 결과
② 조합설립 동의서에 포함되는 사항으로서 정비사업비의 분담기준
③ 토지등소유자의 부담액 범위를 포함한 개략적인 사업시행계획서
④ 정비사업전문관리업자의 선정에 관한 사항
⑤ 추진위원회 위원의 선정에 관한 사항

해설 | 조합설립추진위원회는 운영에 필요한 사항 중 추진위원회 구성에 동의한 토지등소유자에게 조합설립 동의서에 포함하는 사항으로서 정비사업비의 분담기준을 등기우편으로 통지하여야 한다.

깨알 만점방지용 문제입니다.

정답 | ②

23 2022 공인중개사

도시 및 주거환경정비법령상 한국토지주택공사가 단독으로 정비사업을 시행하는 경우에 작성하는 시행규정에 포함하여야 하는 사항이 아닌 것은? (단, 조례는 고려하지 않음)

① 토지등소유자 전체회의
② 토지등소유자의 권리·의무
③ 토지 및 건축물에 관한 권리의 평가방법
④ 정비사업의 시행연도 및 시행방법
⑤ 공고·공람 및 통지의 방법

해설 | 토지등소유자 전체회의는 한국토지주택공사가 단독으로 정비사업을 시행하는 경우에 작성하는 시행규정에 포함하여야 하는 사항에 해당하지 않는다. [참고] 토지등소유자 전체회의는 사업시행자로 신탁업자가 지정된 경우에 대한 내용에 해당한다. 사업시행자로 지정된 신탁업자는 시행규정의 확정 및 변경 등에 관하여 해당 정비사업의 토지등소유자 전원으로 구성되는 회의(토지등소유자 전체회의)의 의결을 거쳐야 한다.

깨알 만점방지용 문제입니다.

정답 | ①

24 2022 공인중개사

도시 및 주거환경정비법령상 시장·군수 등이 아닌 사업시행자가 시행하는 정비사업의 정비계획에 따라 설치되는 도시·군계획시설 중 그 건설에 드는 비용을 시장·군수 등이 부담할 수 있는 시설을 모두 고른 것은?

| ㄱ. 공원 | ㄴ. 공공공지 |
| ㄷ. 공동구 | ㄹ. 공용주차장 |

① ㄱ   ② ㄴ, ㄷ   ③ ㄷ, ㄴ
④ ㄱ, ㄴ, ㄷ   ⑤ ㄱ, ㄴ, ㄷ, ㄹ

해설 | 공원, 공공공지, 공동구, 공용주차장 모두 시장·군수 등이 그 건설에 부담할 수 있는 시설이다.

깨알 지엽적인 내용의 문제로 만점방지용 문제라 할 수 있습니다. 다만 느낌으로 풀 수 있는 문제이기도 합니다.

정답 | ⑤

모두공인공인중개사깨알단원별기출문제집

PART 04
건축법

깨알연구소

건축법

2014년	2015년	2016년	2017년	2018년	2019년	2020년	2021년	2022년
7문	5문	6문	7문	7문	7문	7문	7문	7문

핵심테마 25 | 건축법 용어의 정의
핵심테마 26 | 건축법의 적용과 용도변경
핵심테마 27 | 건축허가 및 신고
핵심테마 28 | 대지와 도로
핵심테마 29 | 면적과 높이
핵심테마 30 | 건축물의 구조 안전 및 재료
핵심테마 31 | 특별건축구역 및 건축협정
핵심테마 32 | 건축위원회 및 이행강제금

건축법 용어의 정의

2014년	2015년	2016년	2017년	2018년	2019년	2020년	2021년	2022년
1문	1문	2문	1문	1문	1문	1문	1문	0문

※ 최근 9년간 9문제 출제

01 ■□□ 2016 공인중개사

건축법령상 '주요구조부'에 해당하지 않는 것만을 모두 고른 것은?

| ㄱ. 지붕틀 | ㄴ. 주계단 |
| ㄷ. 사이 기둥 | ㄹ. 최하층 바닥 |

① ㄴ
② ㄱ, ㄷ
③ ㄷ, ㄹ
④ ㄱ, ㄴ, ㄹ
⑤ ㄱ, ㄴ, ㄷ, ㄹ

해설 | 주요구조부란 내력벽, 기둥, 바닥, 보, 지붕틀 및 주계단을 말한다. [비교] 사이 기둥(ㄷ)과 최하층 바닥(ㄹ)은 주요구조부에 해당하지 않는다.

정답 | ③

02 ■■□ 2018 공인중개사

건축법령상 다중이용 건축물에 해당하는 용도가 <u>아닌</u> 것은? (단, 16층 이상의 건축물은 제외하고, 해당 용도로 쓰는 바닥면적의 합계는 5천 제곱미터 이상임)

① 관광 휴게시설
② 판매시설
③ 운수시설 중 여객용 시설
④ 종교시설
⑤ 의료시설 중 종합병원

해설 | 숙박시설 중 관광휴게시설은 다중이용 건축물에 해당하지 않는다. [비교] 숙박시설 중 관광숙박시설이 다중이용 건축물에 해당한다.

- 다중이용 건축물
1. 다음에 해당하는 용도로 바닥면적의 합계가 5천㎡ 이상인 건축물
    ㉠ 문화 및 집회시설(동물원 및 식물원은 제외)
    ㉡ 종교시설 : ④
    ㉢ 판매시설 : ②
    ㉣ 운수시설 중 여객용 시설 : ③
    ㉤ 의료시설 중 종합병원 : ⑤
    ㉥ 숙박시설 중 관광숙박시설
2. 16층 이상인 건축물

정답 | ①

03
2015 공인중개사 수정

건축법령상 다중이용 건축물에 해당하는 것은? (단, 불특정한 다수의 사람들이 이용하는 건축물을 전제로 함)

① 종교시설로 사용하는 바닥면적의 합계가 4천 제곱미터인 5층의 성당
② 문화 및 집회시설로 사용하는 바닥면적의 합계가 4천 제곱미터인 2층의 식물원
③ 숙박시설로 사용하는 바닥면적의 합계가 5천 제곱미터인 5층의 관광호텔
④ 교육연구시설로 사용하는 바닥면적의 합계가 5천 제곱미터인 15층의 연구소
⑤ 문화 및 집회시설로 사용하는 바닥면적의 합계가 5천 제곱미터인 2층의 동물원

해설 | 관광호텔은 숙박시설 중 관광숙박시설이고 바닥면적의 합계가 5천㎡ 이상이므로 다중이용 건축물에 해당한다.

① 종교시설인 성당은 용도상으로는 다중이용 건축물에 해당하나 바닥면적의 합계가 5천㎡ 이하이고 16층 이상의 건축물이 아니므로 다중이용 건축물에 해당하지 않는다.

②, ⑤ 문화 및 집회시설은 용도상 다중이용 건축물에 해당한다. 다만, 동물원·식물원은 제외된다.

④ 교육연구시설은 용도상 다중이용 건축물에 해당하지 않으며, 16층 이상의 건축물이 아니므로 다중이용 건축물에 해당하지 않는다.

정답 | ③

04 2016 공인중개사 수정

건축법령상 특별자치시장·특별자치도지사 또는 시장·군수·구청장에게 신고하고 축조하여야 하는 공작물에 해당하는 것은? (단, 건축물과 분리하여 축조하는 경우이며, 공용건축물에 대한 특례는 고려하지 않음)

① 높이 3m의 기념탑
② 높이 7m의 고가수조(高架水槽)
③ 높이 3m의 광고탑
④ 높이 3m의 담장
⑤ 바닥면적 25㎡의 지하대피호

해설 | 담장은 높이가 2m를 넘으면 신고하고 축조하여야 한다. 따라서 높이 3m의 담장은 신고하고 축조하여야 하는 공작물에 해당한다.

① 기념탑은 높이가 4m를 넘으면 신고하고 축조하여야 한다.
② 고가수조는 높이가 8m를 넘으면 신고하고 축조하여야 한다.
③ 광고탑은 높이가 4m를 넘으면 신고하고 축조하여야 한다.
⑤ 지하대피호는 바닥면적이 30㎡를 넘으면 신고하고 축조하여야 한다.

• 신고대상 공작물

1. 높이 2m를 넘는 옹벽 또는 담장 : ④
2. 높이 4m를 넘는 장식장, 기념탑, 첨탑, 광고탑, 광고판, 그 밖에 이와 비슷한 것 : ①, ③
3. 높이 6m를 넘는 굴뚝, 골프연습장 등의 운동시설을 위한 철탑과 주거지역·상업지역에 설치하는 통신용 철탑, 그 밖에 이와 비슷한 것
4. 높이 8m를 넘는 고가수조, 그 밖에 이와 비슷한 것 : ②
5. 높이 8m(위험방지를 위한 난간의 높이는 제외) 이하의 기계식 주차장 및 철골조립식 주차장(바닥면적이 조립식이 아닌 것을 포함)으로서 외벽이 없는 것
6. 높이 5m를 넘는 태양에너지를 이용하는 발전설비와 그 밖에 이와 비슷한 것
7. 바닥면적 30㎡를 넘는 지하대피호 : ⑤
8. 건축조례로 정하는 제조시설, 저장시설(시멘트사일로를 포함), 유희시설, 그 밖에 이와 비슷한 것
9. 건축물의 구조에 심대한 영향을 줄 수 있는 중량물로서 건축조례로 정하는 것

정답 | ④

05 2019 공인중개사 수정 ■■□

건축법령상 대지를 조성하기 위하여 건축물과 분리하여 공작물을 축조하려는 경우, 특별자치시장·특별자치도지사 또는 시장·군수·구청장에게 신고하여야 하는 공작물에 해당하지 않는 것은? (단, 공용건축물에 대한 특례는 고려하지 않음)

① 상업지역에 설치하는 높이 8미터의 통신용 철탑
② 높이 4미터의 옹벽
③ 높이 8미터의 굴뚝
④ 바닥면적 40제곱미터의 지하대피호
⑤ 높이 3미터의 장식탑

해설 | 높이 4m를 넘는 장식탑은 신고하고 축조하여야 한다. 따라서 높이 3m의 장식탑은 신고대상 공작물에 해당하지 않는다.

정답 | ⑤

06 2020 공인중개사 ■□□

건축법령상 용어에 관한 설명으로 옳은 것은?

① 건축물을 이전하는 것은 "건축"에 해당한다.
② "고층건축물"에 해당하려면 건축물의 층수가 30층 이상이고 높이가 120미터 이상이어야 한다.
③ 건축물이 천재지변으로 멸실된 경우 그 대지에 종전 규모보다 연면적의 합계를 늘려 건축물을 다시 축조하는 것은 "재축"에 해당한다.
④ 건축물의 내력벽을 해체하여 같은 대지의 다른 위치로 옮기는 것은 "이전"에 해당한다.
⑤ 기존 건축물이 있는 대지에서 건축물의 내력벽을 증설하여 건축면적을 늘리는 것은 "대수선"에 해당한다.

해설 | ② 이상이고(×), 이상이거나(○), '고층건축물'에 해당하려면 건축물의 층수가 30층 이상이거나 높이가 120m 이상이어야 한다.
③ 재축(×), 증축 또는 신축(○), 건축물이 천재지변으로 멸실된 경우 그 대지에 종전 규모보다 연면적의 합계를 늘려 건축물을 다시 축조하는 것은 증축 또는 신축에 해당한다.
④ 해체하여(×), 해체하지 않고(○), 건축물의 주요구조부를 해체하지 않고, 같은 대지의 다른 위치로 옮기는 것은 '이전'에 해당한다.
⑤ 대수선(×), 증축(○), 기존 건축물이 있는 대지에서 건축물의 내력벽을 증설하여 건축면적을 늘리는 것은 '증축'에 해당한다.

- 재축

  건축물이 천재지변이나 그 밖의 재해(災害)로 멸실된 경우 그 대지에 다음의 요건을 모두 갖추어 다시 축조하는 것을 말한다.

1. 연면적 합계는 종전 규모 이하로 할 것
2. 동(棟)수, 층수 및 높이는 다음의 어느 하나에 해당할 것

    ㉠ 동수, 층수 및 높이가 모두 종전 규모 이하일 것

    ㉡ 동수, 층수 또는 높이의 어느 하나가 종전 규모를 초과하는 경우에는 해당 동수, 층수 및 높이가 건축법령 등에 모두 적합할 것

- 대수선

  "대수선"이란 건축물의 기둥, 보, 내력벽, 주계단 등의 구조나 외부 형태를 아래와 같이 수선·변경하거나 증설하는 것으로서 증축·개축 또는 재축에 해당하지 아니하는 것을 말한다.

1. 내력벽을 증설 또는 해체하거나 그 벽면적을 30m² 이상 수선 또는 변경하는 것
2. 기둥을 증설 또는 해체하거나 세 개 이상 수선 또는 변경하는 것
3. 보를 증설 또는 해체하거나 세 개 이상 수선 또는 변경하는 것
4. 지붕틀을 증설 또는 해체하거나 세 개 이상 수선 또는 변경하는 것
5. 방화벽 또는 방화구획을 위한 바닥 또는 벽을 증설 또는 해체하거나 수선 또는 변경하는 것
6. 주계단·피난계단 또는 특별피난계단을 증설 또는 해체하거나 수선 또는 변경하는 것
7. 다가구주택의 가구 간 경계벽 또는 다세대주택의 세대 간 경계벽을 증설 또는 해체하거나 수선 또는 변경하는 것
8. 건축물의 외벽에 사용하는 마감재료를 증설 또는 해체하거나 벽면적 30m² 이상 수선 또는 변경하는 것

정답 | ①

07
2014 공인중개사 수정

건축법령상 '건축'에 해당하는 것을 모두 고른 것은?

> ㄱ. 건축물이 없던 나대지에 새로 건축물을 축조하는 것
> ㄴ. 기존 5층의 건축물이 있는 대지에서 건축물의 층수를 7층으로 늘리는 것
> ㄷ. 태풍으로 멸실된 건축물을 그 대지에 연면적 합계, 동수, 층수, 높이가 모두 종전 규모이하로 다시 축조하는 것
> ㄹ. 건축물의 주요구조부를 해체하지 아니하고 같은 대지에서 옆으로 5미터 옮기는 것

① ㄱ, ㄴ
② ㄷ, ㄹ
③ ㄱ, ㄴ, ㄷ
④ ㄴ, ㄷ, ㄹ
⑤ ㄱ, ㄴ, ㄷ, ㄹ

해설 | ㉠ 건축물이 없던 나대지에 새로 건축물을 축조하는 것은 신축이다. ▷ 건축에 해당한다.
㉡ 기존 5층의 건축물이 있는 대지에서 건축물의 층수를 7층으로 늘리는 것은 증축이다. ▷ 건축에 해당한다.
㉢ 태풍으로 멸실된 건축물을 그 대지에 연면적 합계, 동수, 층수, 높이가 모두 종전 규모 이하로 다시 축조하는 것은 재축이다. ▷ 건축에 해당한다.
㉣ 건축물의 주요구조부를 해체하지 아니하고 같은 대지에서 옆으로 5m 옮기는 것은 이전이다. ▷ 건축에 해당한다.

정답 | ⑤

08
2017 공인중개사

건축법령상 용어에 관한 설명으로 틀린 것은?

① 내력벽을 수선하더라도 수선되는 벽면적의 합계가 30㎡ 미만인 경우는 "대수선"에 포함되지 않는다.
② 지하의 공작물에 설치하는 점포는 "건축물"에 해당하지 않는다.
③ 구조 계산서와 시방서는 "설계도서"에 해당한다.
④ '막다른 도로'의 구조와 너비는 '막다른 도로'가 "도로"에 해당하는지 여부를 판단하는 기준이 된다.
⑤ "고층건축물"이란 층수가 30층 이상이거나 높이가 120m 이상인 건축물을 말한다.

해설 | 지하의 공작물에 설치하는 점포는 건축물에 해당한다. 건축물이란 토지에 정착하는 공작물 중 지붕과 기둥 또는 벽이 있는 것과 이에 딸린 시설물, 지하나 고가의 공작물에 설치하는 사무소·공연장·점포·차고·창고, 그 밖에 대통령령으로 정하는 것을 말한다.

정답 | ②

09 2021 공인중개사

건축법령상 특수구조 건축물의 특례에 관한 설명으로 옳은 것은? (단, 건축법령상 다른 특례 및 조례는 고려하지 않음)

① 건축 공사현장 안전관리 예치금에 관한 규정을 강화하여 적용할 수 있다.
② 대지의 조경에 관한 규정을 변경하여 적용할 수 있다.
③ 한쪽 끝은 고정되고 다른 끝은 지지되지 아니한 구조로 된 차양이 외벽(외벽이 없는 경우에는 외곽 기둥을 말함)의 중심선으로부터 3m 이상 돌출된 건축물은 특수구조 건축물에 해당한다.
④ 기둥과 기둥 사이의 거리(기둥의 중심선 사이의 거리를 말함)가 15m인 건축물은 특수구조 건축물로서 건축물 내진등급의 설정에 관한 규정을 강화하여 적용할 수 있다.
⑤ 특수구조 건축물을 건축하려는 건축주는 건축허가 신청 전에 허가권자에게 해당 건축물의 구조 안전에 관하여 지방건축위원회의 심의를 신청하여야 한다.

해설 | ① 건축 공사현장 안전관리 예치금에 관한 규정을 강화하여 적용할 수 없다.
② 대지의 조경에 관한 규정을 변경하여 적용할 수 없다.
④ 15m(×), 20m 이상인(○), 기둥과 기둥 사이의 거리가 20m 이상인 건축물은 특수구조 건축물로서 건축물 내진등급의 설정에 관한 규정을 강화하여 적용할 수 있다.
⑤ 건축허가 신청 전에(×), 착공신고를 하기 전에(○), 특수구조 건축물을 건축하려는 건축주는 착공신고를 하기 전에 허가권자에게 해당 건축물의 구조 안전에 관하여 지방건축위원회의 심의를 신청하여야 한다.

깨알 세모지문이 많이 나오는 어려운 문제입니다. '특수구조 건축물'은 '용어의 정의' 한쪽 구석에 있는 내용인데요, 이렇게 구석구석에서 출제되면 맞히기 어렵겠지요? 만점방지용 문제라 할 수 있습니다.

정답 | ③

건축법의 적용과 용도변경

2014년	2015년	2016년	2017년	2018년	2019년	2020년	2021년	2022년
1문	1문	0문	1문	1문	1문	1문	1문	1문

※ 최근 9년간 8문제 출제

01 ■□□
2019 공인중개사

건축법령상 철도의 선로 부지(敷地)에 있는 시설로서 「건축법」의 적용을 받지 않는 건축물만을 모두 고른 것은? (단, 건축법령 이외의 특례는 고려하지 않음)

> ㄱ. 플랫폼
> ㄴ. 운전보안시설
> ㄷ. 철도 선로의 아래를 가로지르는 보행시설
> ㄹ. 해당 철도사업용 급수(給水)·급탄(給炭) 및 급유(給油)시설

① ㄱ, ㄴ, ㄷ
② ㄱ, ㄴ, ㄹ
③ ㄱ, ㄷ, ㄹ
④ ㄴ, ㄷ, ㄹ
⑤ ㄱ, ㄴ, ㄷ, ㄹ

해설 | 「건축법」의 적용을 받지 않는 건축물은 다음과 같다.

- 건축법의 적용을 받지 않는 건축물
1. 「문화재보호법」에 따른 지정문화재나 임시지정문화재
2. 철도나 궤도의 선로 부지(敷地)에 있는 다음의 시설
    ㉮ 운전보안시설 : ㉡
    ㉯ 철도 선로의 위나 아래를 가로지르는 보행시설 : ㉢
    ㉰ 플랫폼 : ㉠
    ㉱ 해당 철도 또는 궤도사업용 급수(給水)·급탄(給炭) 및 급유(給油) 시설 : ㉣
3. 고속도로 통행료 징수시설

4. 컨테이너를 이용한 간이창고(산업집적활성화 및 공장설립에 관한 법률에 따른 공장의 용도로만 사용되는 건축물의 대지에 설치하는 것으로서 이동이 쉬운 것만 해당됨)
5. 「하천법」에 따른 하천구역 내의 수문조작실

정답 | ⑤

02 2017 공인중개사

다음 건축물 중 「건축법」의 적용을 받는 것은?

① 대지에 정착된 컨테이너를 이용한 주택
② 철도의 선로 부지에 있는 운전보안시설
③ 「문화재보호법」에 따른 임시지정문화재
④ 고속도로 통행료 징수시설
⑤ 「하천법」에 따른 하천구역 내의 수문조작실

해설 | 대지에 정착된 컨테이너를 이용한 주택은 「건축법」의 규정이 적용되는 건축물에 해당한다.
정답 | ①

03 2015 공인중개사

건축법령상 건축법이 모두 적용되지 않는 건축물이 아닌 것은?

① 「문화재보호법」에 따른 지정문화재인 건축물
② 철도의 선로 부지에 있는 철도 선로의 위나 아래를 가로지르는 보행시설
③ 고속도로 통행료 징수시설
④ 지역자치센터
⑤ 궤도의 선로 부지에 있는 플랫폼

해설 | 지역자치센터는 「건축법」의 규정이 적용되는 건축물에 해당한다.
정답 | ④

04 2021 공인중개사

건축주 甲은 수면 위에 건축물을 건축하고자 한다. 건축법령상 그 건축물의 대지의 범위를 설정하기 곤란한 경우 甲이 허가권자에게 완화 적용을 요청할 수 <u>없는</u> 기준은? (단, 다른 조건과 조례는 고려하지 않음)

① 대지의 조경
② 공개 공지 등의 확보
③ 건축물의 높이 제한
④ 대지의 안전
⑤ 건축물 내진등급의 설정

해설 | 건물의 내진등급의 설정은 수면 위에 건축물을 건축하고자 하는 경우에 완화 적용을 요청할 수 없다.

- 수면 위에 건축하는 건축물의 건축법 적용의 완화
㉮ 부유식 건축물의 설계, 시공 및 유지관리 등에 대하여 이 법을 적용하기 어려운 경우에는 대통령령으로 정하는 바에 따라 변경하여 적용할 수 있다.

1. 대지의 안전 : ④
2. 토지 굴착 부분에 대한 조치 등
3. 대지의 조경 : ①
4. 공개 공지 등의 확보 : ②
5. 대지와 도로의 관계, 도로의 지정·폐지 또는 변경
6. 건축선의 지정, 건축선에 따른 건축제한
7. 건축물의 건폐율, 건축물의 용적률
8. 대지의 분할 제한
9. 건축물의 높이 제한, 일조 등의 확보를 위한 건축물의 높이 제한 : ③

깨알 만점방지용 문제입니다.

정답 | ⑤

05 2014 공인중개사

건축법령상 사용승인을 받은 건축물의 용도변경이 신고대상인 경우만을 모두 고른 것은?

	용도변경 전	용도변경 후
ㄱ.	판매시설	창고시설
ㄴ.	숙박시설	위락시설
ㄷ.	장례식장	종교시설
ㄹ.	의료시설	교육연구시설
ㅁ.	제1종 근린생활시설	업무시설

① ㄱ, ㄴ ② ㄱ, ㄷ ③ ㄴ, ㄹ
④ ㄷ, ㅁ ⑤ ㄹ, ㅁ

해설 | ㉠ 판매시설을 창고시설로 용도변경 : 하위 시설군에서 상위 시설군으로 용도변경 ▷ 허가
㉡ 숙박시설을 위락시설로 용도변경 : 하위 시설군에서 상위 시설군으로 용도변경 ▷ 허가
㉢ 장례시설을 종교시설로 용도변경 : 상위 시설군에서 하위 시설군으로 용도변경 ▷ 신고
㉣ 의료시설을 교육연구시설로 용도변경 : 같은 시설군 내에서 용도변경 ▷ 기재사항 변경신청
㉤ 제1종 근린생활시설을 업무시설로 용도변경 : 상위 시설군에서 하위 시설군으로 용도변경 ▷ 신고

• 건축물의 시설군(9)과 용도군(29)
① 상위 시설군에서 하위 시설군으로 변경하는 경우 신고를 하여야 한다.
② 하위 시설군에서 상위 시설군으로 변경하는 경우 허가를 받아야 한다.
③ 같은 시설군 안에서 용도를 변경하려는 자는 건축물대장 기재사항의 변경을 신청하여야 한다.

시설군	용도군
자동차 관련 시설군	자동차 관련 시설
산업 등의 시설군	운수시설, 공장, ①창고시설, 위험물저장 및 처리시설, 자원순환 관련 시설, 묘지 관련 시설, ③장례시설
전기통신시설군	발전시설, 방송통신시설
문화 및 집회시설군	문화 및 집회시설, ③종교시설, ②위락시설, 관광휴게시설

영업시설군	①판매시설, 운동시설, ②숙박시설, 제2종 근린생활시설 중 다중생활시설
교육 및 복지시설군	④의료시설, ④교육연구시설, 노유자시설, 수련시설, 야영장시설
근린생활시설군	⑤제1종 근린생활시설, 제2종 근린생활시설(다중생활시설은 제외)
주거업무시설군	단독주택, 공동주택, ⑤업무시설, 교정 및 군사시설
그 밖의 시설군	동물 및 식물 관련시설

정답 | ④

06 2018 공인중개사

건축주인 甲은 4층 건축물을 병원으로 사용하던 중 이를 서점으로 용도변경 하고자 한다. 건축법령상 이에 관한 설명으로 옳은 것은? (단, 다른 조건은 고려하지 않음)

① 甲이 용도변경을 위하여 건축물을 대수선할 경우 그 설계는 건축사가 아니어도 할 수 있다.
② 甲은 건축물의 용도를 서점으로 변경하려면 용도변경을 신고하여야 한다.
③ 甲은 서점에 다른 용도를 추가하여 복수용도로 용도변경 신청을 할 수 없다.
④ 甲의 병원이 준주거지역에 위치하고 있다면 서점으로 용도변경을 할 수 없다.
⑤ 甲은 서점으로 용도변경을 할 경우 피난 용도로 쓸 수 있는 광장을 옥상에 설치하여야 한다.

해설 | 병원(의료시설)을 서점(제1종 근린생활시설)으로 용도변경(상위 시설군에서 하위 시설군으로 용도변경)하기위해서는 용도변경을 신고하여야 한다.

① 연면적이 200제곱미터 미만이고 3층 미만인 건축물의 대수선은 건축사가 아니어도 설계할 수 있다. 甲이 용도변경을 위하여 건축물을 대수선할 경우 4층인 건축물이므로 그 설계는 건축사가 하여야 한다.
③ 甲은 서점에 다른 용도를 추가하여 복수용도로 용도변경 신청을 할 수 있다.
④ 甲의 병원이 준주거지역에 위치하고 있다면 서점으로 용도변경을 할 수 있다.
⑤ 甲은 서점으로 용도변경을 할 경우 피난 용도로 쓸 수 있는 광장을 옥상에 설치하지 않아도 된다.

깨알 세모 지문이 많이 나오는 어려운 문제이지만, 시설군과 용도군을 암기한다면 정답 지문이 옳은 내용 임을 알 수 있습니다.

정답 | ②

07 2020 공인중개사

甲은 A도 B군에서 숙박시설로 사용승인을 받은 바닥면적의 합계가 3천 제곱미터인 건축물의 용도를 변경하려고 한다. 건축법령상 이에 관한 설명으로 틀린 것은?

① 의료시설로 용도를 변경하려는 경우에는 용도변경 신고를 하여야 한다.
② 종교시설로 용도를 변경하려는 경우에는 용도변경 허가를 받아야 한다.
③ 甲이 바닥면적의 합계 1천 제곱미터의 부분에 대해서만 업무시설로 용도를 변경하는 경우에는 사용승인을 받지 않아도 된다.
④ A도지사는 도시·군계획에 특히 필요하다고 인정하면 B군수의 용도변경허가를 제한할 수 있다.
⑤ B군수는 甲이 판매시설과 위락시설의 복수 용도로 용도변경 신청을 한 경우 지방건축위원회의 심의를 거쳐 이를 허용할 수 있다.

해설 | 허가나 신고대상인 경우로서 용도변경하려는 부분의 바닥면적의 합계가 100제곱미터 이상인 경우에는 사용승인 규정을 준용한다. 따라서 甲이 바닥면적 합계 1천 제곱미터의 부분에 대해서 업무시설로 용도변경하기 위해서는 사용승인을 받아야 한다.

① 숙박시설을 의료시설로 용도변경 : 상위 시설군에서 하위 시설군으로 용도변경 ▷ 신고
② 숙박시설을 종교시설로 용도변경 : 하위 시설군에서 상위 시설군으로 용도변경 ▷ 허가
④ 특별시장·광역시장·도지사는 지역계획이나 도시·군계획에 특히 필요하다고 인정하면 시장·군수·구청장의 건축허가나 허가를 받은 건축물의 착공을 제한할 수 있다.
⑤ 허가권자는 신청한 복수의 용도가 이 법 및 관계 법령에서 정한 건축기준과 입지기준 등에 모두 적합한 경우에 한정하여 지방건축위원회의 심의를 거쳐 다른 시설군의 용도간의 복수 용도를 허용할 수 있다.

정답 | ③

건축허가 및 신고

2014년	2015년	2016년	2017년	2018년	2019년	2020년	2021년	2022년
1문	1문	0문	3문	1문	3문	2문	2문	2문

※ 최근 9년간 15문제 출제

01 ■■□
2017 공인중개사

건축법령상 건축허가의 사전결정에 관한 설명으로 틀린 것은?

① 사전결정을 할 수 있는 자는 건축허가권자이다.
② 사전결정 신청사항에는 건축허가를 받기 위하여 신청자가 고려하여야 할 사항이 포함될 수 있다.
③ 사전결정의 통지로써 「국토의 계획 및 이용에 관한 법률」에 따른 개발행위허가가 의제되는 경우 허가권자는 사전결정을 하기에 앞서 관계 행정기관의 장과 협의하여야 한다.
④ 사전결정신청자는 건축위원회 심의와 「도시교통정비 촉진법」에 따른 교통영향평가서의 검토를 동시에 신청할 수 있다.
⑤ 사전결정신청자는 사전결정을 통지받은 날부터 2년 이내에 착공신고를 하여야 하며, 이 기간에 착공신고를 하지 아니하면 사전결정의 효력이 상실된다.

해설 | 사전결정신청자는 사전결정을 통지받은 날부터 2년 이내에 건축허가를 신청하여야 하며, 이 기간에 건축허가를 신청하지 아니하면 사전결정의 효력이 상실된다.

정답 | ⑤

02 2019 공인중개사

건축법령상 건축허가 대상 건축물을 건축하려는 자가 허가권자의 사전결정통지를 받은 경우 그 허가를 받은 것으로 볼 수 있는 것만을 모두 고른 것은?

> ㄱ. 「국토의 계획 및 이용에 관한 법률」 제56조에 따른 개발행위의 허가
> ㄴ. 「산지관리법」 제15조2에 따른 도시지역 안의 보전산지에 대한 산지일시사용허가
> ㄷ. 「산지관리법」 제14조에 따른 농림지역 안의 보전산지에 대한 산지전용허가
> ㄹ. 「농지법」 제34조에 따른 농지전용허가

① ㄱ, ㄴ
② ㄱ, ㄴ, ㄹ
③ ㄱ, ㄷ, ㄹ
④ ㄴ, ㄷ, ㄹ
⑤ ㄱ, ㄴ, ㄷ, ㄹ

해설 | 농림지역(×), 도시지역(○), 「산지관리법」에 따른 도시지역 안의 보전산지에 대한 산지전용허가의 사전결정을 통지받은 경우에는 허가를 받거나 신고를 한 것으로 본다.

- 사전결정통지 간주규정

  사전결정을 통지받은 경우에는 다음의 허가를 받거나 신고 또는 협의를 한 것으로 본다.
  1. 「국토의 계획 및 이용에 관한 법률」에 의한 개발행위허가 : ㉠
  2. 「산지관리법」에 의한 산지전용허가 및 산지전용신고, 산지일시사용허가·신고. 다만, 보전산지인 경우에는 도시지역에 한한다. : ㉡, ㉢
  3. 「농지법」에 의한 농지전용허가·신고 및 협의 : ㉣
  4. 「하천법」에 의한 하천점용허가

정답 | ②

03 2017 공인중개사

건축법령상 건축허가를 받으려는 자가 해당 대지의 소유권을 확보하지 않아도 되는 경우만을 모두 고른 것은?

> ㄱ. 분양을 목적으로 하는 공동주택의 건축주가 그 대지를 사용할 수 있는 권원을 확보한 경우
> ㄴ. 건축주가 집합건물의 공용부분을 변경하기 위하여 「집합건물의 소유 및 관리에 관한 법률」 제15조 제1항에 따른 결의가 있었음을 증명한 경우
> ㄷ. 건축하려는 대지에 포함된 국유지에 대하여 허가권자가 해당 토지의 관리청이 해당 토지를 건축주에게 매각할 것을 확인한 경우

① ㄱ
② ㄴ
③ ㄱ, ㄷ
④ ㄴ, ㄷ
⑤ ㄱ, ㄴ, ㄷ

해설 | 분양을 목적으로 하는 공동주택의 건축주는 그 대지를 사용할 수 있는 권원을 확보하여야 한다.

- 건축허가를 받으려는 자가 해당 대지의 소유권을 확보하지 않아도 되는 경우

1. 건축주가 대지의 소유권을 확보하지 못하였으나 그 대지를 사용할 수 있는 권원을 확보한 경우. 다만, 분양을 목적으로 하는 공동주택은 제외한다. : ㉠
2. 건축주가 다음의 어느 하나에 해당하는 사유로 건축물을 신축·개축·재축 및 리모델링을 하기 위하여 건축물 및 해당 대지의 공유자 수의 100분의 80 이상의 동의를 얻고 동의한 공유자의 지분 합계가 전체 지분의 100분의 80 이상인 경우
3. 건축주가 건축허가를 받아 주택과 주택 외의 시설을 동일 건축물로 건축하기 위하여 「주택법」 제21조를 준용한 대지 소유 등의 권리 관계를 증명한 경우. 다만, 「주택법」 제15조 제1항 각 호 외의 부분 본문에 따른 대통령령으로 정하는 호수 이상으로 건설·공급하는 경우에 한정한다.
4. 건축하려는 대지에 포함된 국유지 또는 공유지에 대하여 허가권자가 해당 토지의 관리청이 해당 토지를 건축주에게 매각하거나 양여할 것을 확인한 경우 : ㉢
5. 건축주가 집합건물의 공용부분을 변경하기 위하여 「집합건물의 소유 및 관리에 관한 법률」 제15조 제1항에 따른 결의가 있었음을 증명한 경우 : ㉡

정답 | ④

04 2015 공인중개사

건축법령상 건축허가의 제한에 관한 설명으로 틀린 것은?

① 국방부장관이 국방을 위하여 특히 필요하다고 인정하여 요청하면 국토교통부장관은 허가권자의 건축허가를 제한할 수 있다.
② 교육감이 교육환경의 개선을 위하여 특히 필요하다고 인정하여 요청하면 국토교통부장관은 허가를 받은 건축물의 착공을 제한할 수 있다.
③ 특별시장은 지역계획에 특히 필요하다고 인정하면 관할구청장의 건축허가를 제한할 수 있다.
④ 건축물의 착공을 제한하는 경우 제한기간은 2년 이내로 하되, 1회에 한하여 1년 이내의 범위에서 제한기간을 연장할 수 있다.
⑤ 도지사가 관할 군수의 건축허가를 제한한 경우, 국토교통부장관은 제한 내용이 지나치다고 인정하면 해제를 명할 수 있다.

해설 | 교육감(×), 교육부장관(○), 교육부장관이 교육환경의 개선을 위하여 특히 필요하다고 인정하여 요청하는 경우는 국토교통부장관이 허가권자의 건축허가나 착공을 제한할 수 있다.

정답 | ②

05 2021 공인중개사

건축법령상 건축허가 제한에 관한 설명으로 옳은 것은?

① 국방, 문화재보존 또는 국민경제를 위하여 특히 필요한 경우 주무부장관은 허가권자의 건축허가를 제한할 수 있다.
② 지역계획을 위하여 특히 필요한 경우 도지사는 특별자치시장의 건축허가를 제한할 수 있다.
③ 건축허가를 제한하는 경우 건축허가 제한기간은 2년 이내로 하며, 1회에 한하여 1년 이내의 범위에서 제한기간을 연장할 수 있다.
④ 시·도지사가 건축허가를 제한하는 경우에는 「토지이용규제 기본법」에 따라 주민의견을 청취하거나 건축위원회의 심의를 거쳐야 한다.
⑤ 국토교통부장관은 건축허가를 제한하는 경우 제한 목적·기간, 대상 건축물의 용도와 대상 구역의 위치·면적·경계를 지체 없이 공고하여야 한다.

해설 | ① 국토교통부장관은 국방, 문화재보존 또는 국민경제를 위하여 특히 필요한 경우 주무부장관이 요청하면 허가권자의 건축허가를 제한할 수 있다.

② 지역계획을 위하여 특히 필요한 경우 도지사는 시장 또는 군수의 건축허가를 제한할 수 있다.
④ 시·도지사가 건축허가를 제한하는 경우에는 「토지이용규제 기본법」에 따라 주민의견을 청취한 후 건축위원회의 심의를 거쳐야 한다.
⑤ 국토교통부장관은 건축허가를 제한하는 경우 제한 목적·기간, 대상 건축물의 용도와 대상 구역의 위치·면적·경계 등을 상세하게 정하여 허가권자에게 통보하여야 하며, 통보를 받은 허가권자는 지체 없이 이를 공고하여야 한다.

정답 | ③

06 2018 공인중개사

건축법령상 건축신고를 하면 건축허가를 받은 것으로 볼 수 있는 경우에 해당하지 않는 것은?

① 연면적 150제곱미터인 3층 건축물의 피난계단 증설
② 연면적 180제곱미터인 2층 건축물의 대수선
③ 연면적 270제곱미터인 3층 건축물의 방화벽 수선
④ 1층의 바닥면적 50제곱미터, 2층의 바닥면적 30제곱미터인 2층의 건축물의 신축
⑤ 바닥면적 100제곱미터인 단층 건축물의 신축

해설 | 연면적 150제곱미터인 3층 건축물의 피난계단 증설(대수선)은 (3층 미만이 아니므로) 건축신고를 하면 건축허가를 받은 것으로 볼 수 없다. [비교] 연면적이 200제곱미터 미만이고 3층 미만인 건축물의 대수선은 신고를 하면 건축허가를 받은 것으로 본다.

② 연면적 180㎡인 2층 건축물의 대수선 : 연면적 200㎡ 미만이고 3층 미만인 건축물의 대수선은 건축신고를 하면 건축허가를 받은 것으로 본다.
③ 연면적 270㎡인 3층 건축물의 방화벽 수선 : 연면적과 3층 건축물과 상관없이 주요구조부의 해체가 없는 다음에 해당하는 대수선에 해당하여 건축신고를 하면 건축허가를 받은 것으로 본다.
④ 1층의 바닥면적 50㎡, 2층의 바닥면적 30㎡인 2층의 건축물의 신축 : 바닥면적의 합계가 85㎡이내의 증축·개축 또는 재축 또는 연면적의 합계가 100㎡ 이하인 소규모 건축물에 해당하여 건축신고를 하면 건축허가를 받은 것으로 본다.
⑤ 바닥면적 100㎡인 단층 건축물의 신축 : 연면적의 합계가 100㎡ 이하인 소규모 건축물에 해당하여 건축신고를 하면 건축허가를 받은 것으로 본다.

• 건축신고 - 신고로서 허가에 갈음되는 사항
㉮ 허가대상 건축물이라 하더라도 다음에 해당하는 경우에는 신고를 하면 건축허가를 받은 것으로 본다.

1. 바닥면적의 합계가 85㎡이내의 증축·개축 또는 재축. 다만, 3층 이상 건축물의 경우에는 그 부분의 합계가 연면적의 10분의 1 이내인 경우로 한정한다.

2. 관리지역·농림지역 또는 자연환경보전지역 안에서 연면적 200㎡ 미만이고 3층 미만인 건축물의 건축. 다만, 지구단위계획구역 또는 방재지구·붕괴위험지역 안에서의 건축을 제외한다.

3. 대수선(연면적 200㎡ 미만이고 3층 미만인 건축물의 대수선에 한한다) : ②

4. 주요구조부의 해체가 없는 등 다음에 해당하는 대수선

   ㉠ 내력벽의 면적을 30㎡ 이상 수선하는 것

   ㉡ 기둥을 세 개 이상 수선하는 것

   ㉢ 보를 세 개 이상 수선하는 것

   ㉣ 지붕틀을 세 개 이상 수선하는 것

   ㉤ 방화벽 또는 방화구획을 위한 바닥 또는 벽을 수선하는 것 : ④

   ㉥ 주계단·피난계단 또는 특별피난계단을 수선하는 것

5. 기타 소규모 건축물로서 다음에 해당하는 것

   ㉠ 연면적의 합계가 100㎡ 이하인 건축물 : ④, ⑤

   ㉡ 높이 3m 이하의 범위 안에서 증축하는 건축물

   ㉢ 표준설계도서에 의하여 건축하는 건축물로서 건축조례로 정하는 건축물

   ㉣ 공업지역·도시지역 외의 지역에 지정된 지구단위계획구역 및 산업단지 안에서 건축하는 2층 이하인 건축물로서 연면적의 합계가 500㎡ 이하인 공장

   ㉤ 농업 또는 수산업을 경영하기 위하여 읍·면 지역에서 건축하는 것으로서 연면적이 200㎡ 이하인 창고 및 연면적이 400㎡ 이하인 축사, 작물재배사, 종묘배양시설, 화초 및 분재 등의 온실

정답 | ①

07 | 2014 공인중개사

건축법령상 건축허가 및 건축신고 등에 관한 설명으로 틀린 것은? (단, 조례는 고려하지 않음)

① 바닥면적이 각 80제곱미터인 3층의 건축물을 신축하고자 하는 자는 건축허가의 신청 전에 허가권자에게 그 건축의 허용성에 대한 사전결정을 신청할 수 있다.

② 연면적의 10분의 3을 증축하여 연면적의 합계가 10만 제곱미터가 되는 창고를 광역시에 건축하고자 하는 자는 광역시장의 허가를 받아야 한다.

③ 건축물의 건축허가를 받으면 「국토의 계획 및 이용에 관한 법률」에 따른 개발행위허가를 받은 것으로 본다.

④ 연면적의 합계가 200제곱미터인 건축물의 높이를 2미터 증축할 경우 건축신고를 하면 건축허가를 받은 것으로 본다.

⑤ 건축신고를 한 자가 신고일부터 1년 이내에 공사에 착수하지 아니하면 그 신고의 효력은 없어진다.

해설 | 연면적의 10분의 3을 증축하여 연면적의 합계가 10만㎡가 되는 경우는 허가를 받아야 한다. 다만 창고는 허가대상에서 제외된다.

- 건축허가권자의 원칙과 예외

㉮ 원칙 : 건축물을 건축하거나 대수선하려는 자는 특별자치시장·특별자치도지사 또는 시장·군수·구청장의 허가를 받아야 한다.

㉯ 예외 : 다만, 다음의 건축물은 특별시나 광역시에 건축하려면 특별시장이나 광역시장의 허가를 받아야 한다.

1. 층수가 21층 이상이거나 연면적의 합계가 10만㎡ 이상인 건축물의 건축

2. 연면적의 10분의 3 이상을 증축하여 층수가 21층 이상으로 되거나 연면적의 합계가 10만㎡ 이상으로 되는 경우 , 다만 공장, 창고, 지방건축위원회의 심의를 거친 건축물은 제외한다. : ②

④ 높이 3m 이하의 범위 안에서 증축하는 건축물은 기타 소규모 건축물로서 다음에 해당하는 건축물로 건축신고를 하면 건축허가를 받은 것으로 본다.

㉠ 연면적의 합계가 100㎡ 이하인 건축물

㉡ 높이 3m 이하의 범위 안에서 증축하는 건축물 : ④

㉢ 표준설계도서에 의하여 건축하는 건축물로서 건축조례로 정하는 건축물

㉣ 공업지역·도시지역 외의 지역에 지정된 지구단위계획구역 및 산업단지 안에서 건축하는 2층 이하인 건축물로서 연면적의 합계가 500㎡ 이하인 공장

㉤ 농업 또는 수산업을 경영하기 위하여 읍·면 지역에서 건축하는 것으로서 연면적이 200

㎡ 이하인 창고 및 연면적이 400㎡ 이하인 축사, 작물재배사, 종묘배양시설, 화초 및 분재 등의 온실

정답 | ②

08 2020 공인중개사

甲은 A광역시 B구에서 20층의 연면적 합계가 5만 제곱미터인 허가대상 건축물을 신축하려고 한다. 건축법령상 이에 관한 설명으로 틀린 것은? (단, 건축법령상 특례규정은 고려하지 않음)

① 甲은 B구청장에게 건축허가를 받아야 한다.
② 甲이 건축허가를 받은 경우에도 해당 대지를 조성하기 위해 높이 5미터의 옹벽을 축조하려면 따로 공작물 축조신고를 하여야 한다.
③ 甲이 건축허가를 받은 이후에 공사시공자를 변경하는 경우에는 B구청장에게 신고하여야 한다.
④ 甲이 건축허가를 받은 경우에도 A광역시장은 지역계획에 특히 필요하다고 인정하면 甲의 건축물의 착공을 제한할 수 있다.
⑤ 공사감리자는 필요하다고 인정하면 공사시공자에게 상세시공도면을 작성하도록 요청할 수 있다.

해설 | 甲이 건축허가를 받은 경우에는 해당 대지를 조성하기 위해 높이 5m의 옹벽을 축조하기 위해 따로 공작물 축조신고를 하지 않아도 된다. 건축허가를 받으면 공작물의 축조신고를 한 것으로 본다.

① 건축물을 건축하거나 대수선하려는 자는 특별자치시장·특별자치도지사 또는 시장·군수·구청장의 허가를 받아야 한다.
③ 건축주·설계자·공사시공자 또는 공사감리자를 변경하는 경우에는 신고하여야 한다.
④ 특별시장·광역시장·도지사는 지역계획이나 도시·군계획에 특히 필요하다고 인정하면 시장·군수·구청장의 건축허가나 허가를 받은 건축물의 착공을 제한할 수 있다.
⑤ 연면적의 합계가 5천㎡ 이상인 건축공사의 공사감리자는 필요하다고 인정하면 공사시공자에게 상세시공도면을 작성하도록 요청할 수 있다.

정답 | ②

09 ■□□
2019 공인중개사

건축법령상 건축공사현장 안전관리 예치금에 관한 조문의 내용이다. (   ) 안에 들어갈 내용을 바르게 나열한 것은? (단, 적용 제외는 고려하지 않음)

> 허가권자는 연면적이 (ㄱ)제곱미터 이상인 건축물로서 해당 지방자치단체의 조례로 정하는 건축물에 대하여는 착공신고를 하는 건축주에게 장기간 건축물의 공사현장이 방치되는 것에 대비하여 미리 미관 개선과 안전관리에 필요한 비용을 건축공사비의 (ㄴ)퍼센트의 범위에서 예치하게 할 수 있다.

① ㄱ: 1천, ㄴ: 1
② ㄱ: 1천, ㄴ: 3
③ ㄱ: 1천, ㄴ: 5
④ ㄱ: 3천 ㄴ: 3
⑤ ㄱ: 3천 ㄴ: 5

해설 | 허가권자는 연면적이 ㉠ 1천㎡ 이상인 건축물로서 해당 지방자치단체의 조례로 정하는 건축물에 대하여는 착공신고를 하는 건축주에게 장기간 건축물의 공사현장이 방치되는 것에 대비하여 미리 미관 개선과 안전관리에 필요한 비용을 건축공사비의 ㉡ 1%의 범위에서 예치하게 할 수 있다.

정답 | ①

10 ■■■
2019 공인중개사

건축법령상 국가가 소유한 대지의 지상 여유공간에 구분지상권을 설정하여 시설을 설치하려는 경우, 허가권자가 구분지상권자를 건축주로 보고 구분지상권이 설정된 부분을 대지로 보아 건축허가를 할 수 있는 시설에 해당하는 것은?

① 수련시설 중 「청소년활동진흥법」에 따른 유스호스텔
② 제2종 근린생활시설 중 다중생활시설
③ 제2종 근린생활시설 중 노래연습장
④ 문화 및 집회시설 중 공연장
⑤ 업무시설 중 오피스텔

해설 | 공용건축물에 대한 특례로 국가나 지방자치단체가 소유한 대지의 지상 또는 지하 여유공간에 구분지상권을 설정하여 주민편의시설 등 대통령령으로 정하는 다음의 시설을 설치하고자 하

는 경우, 허가권자는 구분지상권자를 건축주로 보고 구분지상권이 설정된 부분을 대지로 보아 건축허가를 할 수 있다.

1. 제1종 근린생활시설
2. 제2종 근린생활시설(총포판매소, 장의사, 다중생활시설, 제조업소, 단란주점, 안마시술소 및 노래연습장은 제외)
3. 문화 및 집회시설(공연장 및 전시장으로 한정) : ④
4. 의료시설
5. 교육연구시설
6. 노유자시설
7. 운동시설
8. 업무시설(오피스텔은 제외)

정답 | ④

11 2020 공인중개사

건축법령상 신고대상 가설건축물인 전시를 위한 견본주택을 축조하는 경우에 관한 설명으로 옳은 것을 모두 고른 것은? (단, 건축법령상 특례규정은 고려하지 않음)

ㄱ. 「건축법」 제44조(대지와 도로의 관계)는 적용된다.
ㄴ. 견본주택의 존치기간은 해당 주택의 분양완료일까지이다.
ㄷ. 견본주택이 2층 이상인 경우 공사감리자를 지정하여야 한다.

① ㄱ   ② ㄷ   ③ ㄱ, ㄴ
④ ㄴ, ㄷ   ⑤ ㄱ, ㄴ, ㄷ

해설 | ㉠ 견본주택도 대지와 도로의 관계는 적용된다. 옳은 내용이다. [보충] 건축물의 대지는 2m 이상 도로에 접해야 한다.
㉡ 견본주택의 존치기간은 3년 이내이다.
㉢ 견본주택은 공사감리자 규정을 적용하지 않는다.

정답 | ①

12 2017 공인중개사

건축법령상 가설건축물 축조신고의 대상이 <u>아닌</u> 것은? (단, 조례와 '공용건축물에 대한 특례'는 고려하지 않음)

① 전시를 위한 견본주택
② 도시지역 중 주거지역에 설치하는 농업용 비닐하우스로서 연면적이 100㎡인 것
③ 조립식 구조로 된 주거용으로 쓰는 가설건축물로서 연면적이 20㎡인 것
④ 야외흡연실 용도로 쓰는 가설건축물로서 연면적인 50㎡인 것
⑤ 2017년 10월 28일 현재 공장의 옥상에 축조하는 컨테이너로 된 가설건축물로서 임시 사무실로 사용되는 것

해설 | 주거용으로 쓰는 가설건축물은 축조신고의 대상에 해당하지 않는다. [비교] 공사에 필요한 규모의 공사용 가설건축물 및 공작물은 신고대상 가설건축물이다.

> **깨알** '주거용'이라는 키워드 덕분에 쉽게 풀 수 있습니다. 그런데 이렇게 눈에 띄는 키워드가 없다면 외울 내용이 많은 문제입니다.

- 신고대상 가설건축물

㉮ 허가대상 가설건축물 외에 재해복구, 흥행, 전람회, 공사용 가설건축물 등 다음에 해당하는 것을 축조하려는 자는 대통령령으로 정하는 설치기준 및 절차에 따라 특별자치시장·특별자치도지사 또는 시장·군수·구청장에게 신고한 후 착공하여야 한다.

1. 재해가 발생한 구역 또는 그 인접구역으로서 특별자치시장·특별자치도지사 또는 시장·군수·구청장이 지정하는 구역에서 일시사용을 위하여 건축하는 것

2. 특별자치시장·특별자치도지사 또는 시장·군수·구청장이 도시미관이나 교통소통에 지장이 없다고 인정하는 가설흥행장, 가설전람회장, 농·수·축산물 직거래용 가설점포, 그 밖에 이와 비슷한 것

3. 공사에 필요한 규모의 공사용 가설건축물 및 공작물

4. 전시를 위한 견본주택이나 그 밖에 이와 비슷한 것

5. 특별자치시장·특별자치도지사 또는 시장·군수·구청장이 도로변 등의 미관정비를 위하여 지정·공고하는 구역에서 축조하는 가설점포(물건 등의 판매를 목적으로 하는 것을 말한다)로서 안전·방화 및 위생에 지장이 없는 것

6. 조립식 구조로 된 경비용으로 쓰는 가설건축물로서 연면적이 10제곱미터 이하인 것

7. 조립식 경량구조로 된 외벽이 없는 임시 자동차 차고

8. 컨테이너 또는 이와 비슷한 것으로 된 가설건축물로서 임시사무실·임시창고 또는 임시숙소로 사용되는 것(건축물의 옥상에 축조하는 것은 제외한다. 다만, 2009년 7월 1일부터 2015년 6월 30일까지 및 2016년 7월 1일부터 2019년 6월 30일까지 공장의 옥상에 축조하

는 것은 포함한다)

9. 도시지역 중 주거지역·상업지역 또는 공업지역에 설치하는 농업·어업용 비닐하우스로서 연면적이 100제곱미터 이상인 것

10. 연면적이 100제곱미터 이상인 간이축사용, 가축분뇨처리용, 가축운동용, 가축의 비가림용 비닐하우스 또는 천막(벽 또는 지붕이 합성수지 재질로 된 것과 지붕 면적의 2분의 1 이하가 합성강판으로 된 것을 포함한다)구조 건축물

11. 농업·어업용 고정식 온실 및 간이작업장, 가축양육실

12. 물품저장용, 간이포장용, 간이수선작업용 등으로 쓰기 위하여 공장 또는 창고시설에 설치하거나 인접 대지에 설치하는 천막(벽 또는 지붕이 합성수지 재질로 된 것을 포함한다), 그 밖에 이와 비슷한 것

13. 유원지, 종합휴양업 사업지역 등에서 한시적인 관광·문화행사 등을 목적으로 천막 또는 경량구조로 설치하는 것

14. 야외전시시설 및 촬영시설

15. 야외흡연실 용도로 쓰는 가설건축물로서 연면적이 50제곱미터 이하인 것

16. 그 밖에 제1호부터 제14호까지의 규정에 해당하는 것과 비슷한 것으로서 건축조례로 정하는 건축물

정답 | ③

13 2021 공인중개사

건축주 甲은 A도 B시에서 연면적이 100제곱미터이고 2층인 건축물을 대수선하고자 「건축법」 제14조에 따른 신고(이하 "건축신고")를 하려고 한다. 건축법령상 이에 관한 설명으로 옳은 것은? (단, 건축법령상 특례 및 조례는 고려하지 않음)

① 甲이 대수선을 하기 전에 B시장에게 건축신고를 하면 건축허가를 받은 것으로 본다.
② 건축신고를 한 甲이 공사시공자를 변경하려면 B시장에게 허가를 받아야 한다.
③ B시장은 건축신고의 수리 전에 건축물 안전영향평가를 실시하여야 한다.
④ 건축신고를 한 甲이 신고일부터 6개월 이내에 공사에 착수하지 아니하면 그 신고의 효력은 없어진다.
⑤ 건축신고를 한 甲은 건축물의 공사가 끝난 후 사용승인 신청 없이 건축물을 사용할 수 있다.

해설 | 연면적 200㎡ 미만이고 3층 미만인 건축물의 대수선은 신고사항에 해당한다. 따라서 甲이 대수선을 하기 전에 B시장에게 건축신고를 하면 건축허가를 받은 것으로 본다.

② 건축신고를 한 甲이 공사시공자를 변경하려면 B시장에게 신고를 하여야 한다.
③ 신고대상은 안전영향평가 대상이 아니다. 안전영향평가 대상은 허가대상 건축물 중 초고층 건축물 또는 연면적이 10만㎡ 이상이고, 16층 이상인 건축물이다.
④ 건축신고를 한 甲이 신고일부터 1년 이내에 공사에 착수하지 아니하면 그 신고의 효력은 없어진다.
⑤ 건축신고를 한 甲은 건축물의 공사가 끝난 후 사용승인을 받은 후에 건축물을 사용할 수 있다.

정답 | ①

핵심테마 28 대지와 도로

2014년	2015년	2016년	2017년	2018년	2019년	2020년	2021년	2022년
2문	1문	2문	0문	0문	0문	1문	0문	0문

※ 최근 9년간 6문제 출제

01 ■□□
2020 공인중개사

건축법령상 대지면적이 2천 제곱미터인 대지에 건축하는 경우 조경 등의 조치를 하여야 하는 건축물은? (단, 건축법령상 특례규정 및 조례는 고려하지 않음)

① 상업지역에 건축하는 물류시설
② 2층의 공장
③ 도시·군계획시설에서 허가를 받아 건축하는 가설건축물
④ 녹지지역에 건축하는 기숙사
⑤ 연면적의 합계가 1천 제곱미터인 축사

해설 | 상업지역에 건축하는 물류시설은 조경 등의 조치를 하여야 한다.

- 대지의 조경

  면적 200㎡ 이상인 대지에 건축을 하는 건축주는 조례가 정하는 기준에 따라 대지에 조경이나 기타 필요한 조치를 하여야 한다. 단 다음의 경우 조경 등의 조치를 하지 아니할 수 있다.

  1. 녹지지역에 건축하는 건축물 : ④
  2. 면적 5천㎡ 미만인 대지에 건축하는 공장 : ②
  3. 연면적의 합계가 1천 500㎡ 미만인 공장
  4. 산업단지의 공장
  5. 대지에 염분이 함유되어 있는 경우 또는 건축물 용도의 특성상 조경 등의 조치를 하기가 곤란하거나 불합리한 경우로서 건축조례로 정하는 건축물
  6. 축사 : ⑤
  7. 허가대상 가설건축물 : ③
  8. 연면적의 합계가 1천 500㎡ 미만인 물류시설(주거지역 또는 상업지역에 건축하는 것은 제외한다) : ①
  9. 자연환경보전지역·농림지역 또는 관리지역(지구단위계획구역으로 지정된 지역은 제외한다)의 건축물

정답 | ①

02 ■□□
2016 공인중개사

건축법령상 건축물의 대지에 조경을 하지 않아도 되는 건축물에 해당하는 것을 모두 고른 것은? (단, 건축협정은 고려하지 않음)

> ㄱ. 면적 5,000㎡ 미만인 대지에 건축하는 공장
> ㄴ. 연면적의 합계가 1,500㎡ 미만인 공장
> ㄷ. 「산업집적활성화 및 공장설립에 관한 법률」에 따른 산업단지의 공장

① ㄱ   ② ㄷ   ③ ㄱ, ㄴ
④ ㄴ, ㄷ   ⑤ ㄱ, ㄴ, ㄷ

해설 | ㉠ 면적 5,000㎡ 미만인 대지에 건축하는 공장, ㉡ 연면적의 합계가 1,500㎡ 미만인 공장, ㉢ 「산업집적활성화 및 공장설립에 관한 법률」에 따른 산업단지의 공장은 조경 등의 조치를 하지 아니할 수 있다.

정답 | ⑤

03 ■■□
2014 공인중개사

건축법령상 대지의 조경 및 공개공지 등의 설치에 관한 설명으로 옳은 것은? (단, 「건축법」제73조에 따른 적용 특례 및 조례는 고려하지 않음)

① 도시·군계획시설에서 건축하는 연면적의 합계가 1천 500제곱미터 이상인 가설건축물에 대하여는 조경 등의 조치를 하여야 한다.
② 면적 5천 제곱미터 미만인 대지에 건축하는 공장에 대하여는 조경 등의 조치를 하지 아니할 수 있다.
③ 녹지지역에 건축하는 창고에 대해서는 조경 등의 조치를 하여야 한다.
④ 상업지역의 건축물에 설치하는 공개공지 등의 면적은 대지면적의 100분의 10을 넘어야 한다.
⑤ 공개공지 등을 설치하는 경우 건축물의 건폐율은 완화하여 적용할 수 있으나 건축물의 높이 제한은 완화하여 적용할 수 없다.

해설 | ① 도시·군계획시설에서 건축하는 가설건축물은 허가대상 가설건축물로서 조경 등의 조치를 하지 아니할 수 있다.
③ 녹지지역에 건축하는 건축물에 대해서는 조경 등의 조치를 하지 아니할 수 있다.

④ 공개공지 등의 면적은 대지면적의 100분의 10 이하의 범위에서 건축조례로 정한다.
⑤ 공개공지 등을 설치하는 경우 건축물의 건폐율과 용적률 및 건축물의 높이 제한을 완화하여 적용할 수 있다.

정답 | ②

04 ■□□
2015 공인중개사

건축법령상 공개공지 또는 공개공간을 설치하여야 하는 건축물에 해당하지 <u>않는</u> 것은? (단, 건축물은 해당 용도로 쓰는 바닥면적의 합계가 5천 제곱미터 이상이며, 조례는 고려하지 않음)

① 일반공업지역에 있는 종합병원
② 일반주거지역에 있는 교회
③ 준주거지역에 있는 예식장
④ 일반상업지역에 있는 생활숙박시설
⑤ 유통상업지역에 있는 여객자동차터미널

해설 | 일반공업지역에 있는 종합병원은 공개공지 또는 공개공간을 설치하여야 하는 건축물에 해당하지 않는다.

- 공개공지 등 설치 대상지역
1. 일반주거지역, 준주거지역, 상업지역, 준공업지역
2. 특별자치시장·특별자치도지사 또는 시장·군수·구청장이 도시화의 가능성이 크거나 노후산업단지의 정비가 필요하다고 인정하여 지정·공고하는 지역

정답 | ①

05 ■□□
2016 공인중개사

건축법령상 건축물에 공개 공지 또는 공개 공간을 설치하여야 하는 대상지역에 해당하는 것은? (단, 지방자치단체장이 별도로 지정·공고하는 지역은 고려하지 않음)

① 전용주거지역 ② 일반주거지역 ③ 전용공업지역
④ 일반공업지역 ⑤ 보전녹지지역

해설 | 공개공지 등의 설치 대상지역은 일반주거지역, 준주거지역, 상업지역, 준공업지역이다.

정답 | ②

06 ■■□
2014 공인중개사

건축법령상 도시지역에 건축하는 건축물의 대지와 도로 등에 관한 설명으로 **틀린** 것은?

① 연면적의 합계가 2천 제곱미터인 공장의 대지는 너비 6미터 이상의 도로에 4미터 이상 접하여야 한다.
② 쓰레기로 매립된 토지에 건축물을 건축하는 경우 성토, 지반 개량 등 필요한 조치를 하여야 한다.
③ 군수는 건축물의 위치나 환경을 정비하기 위하여 필요하다고 인정하면 4미터 이하의 범위에서 건축선을 따로 지정할 수 있다.
④ 담장의 지표 위 부분은 건축선의 수직면을 넘어서는 아니 된다.
⑤ 공장의 주변에 허가권자가 인정한 공지인 광장이 있는 경우 연면적의 합계가 1천 제곱미터인 공장의 대지는 도로에 2미터 이상 접하지 않아도 된다.

해설 | 연면적의 합계가 2천㎡ 이상인 건축물의 대지는 너비 6m 이상의 도로에 4m 이상 접하여야 한다. 다만 공장의 경우 연면적의 합계가 3천㎡ 이상인 건축물의 대지는 너비 6m 이상의 도로에 4m 이상 접하여야 한다.

- 2m이상 접하지 아니하여도 되는 건축물의 대지

㉮ 건축물의 대지는 2m 이상 도로에 접해야 한다. 하지만 다음에 해당하는 경우에는 2m 이상 접하지 아니하여도 된다.
  1. 해당 건축물의 출입에 지장이 없다고 인정되는 경우
  2. 건축물의 주변에 광장·공원·유원지 그 밖에 관계법령에 의하여 건축이 금지되고 공중의 통행에 지장이 없는 공지로서 허가권자가 인정한 것 : ⑤
  3. 농지법에 따른 농막을 건축하는 경우

정답 | ①

핵심테마 29 면적과 높이

2014년	2015년	2016년	2017년	2018년	2019년	2020년	2021년	2022년
2문	0문	0문	0문	1문	0문	1문	0문	1문

※ 최근 9년간 5문제 출제

01
2018 공인중개사

건축법령상 건축물 바닥면적의 산정방법에 관한 설명으로 틀린 것은?

① 벽·기둥의 구획이 없는 건축물은 그 지붕 끝부분으로부터 수평거리 1미터를 후퇴한 선으로 둘러싸인 수평투영면적으로 한다.
② 승강기탑은 바닥면적에 산입하지 아니한다.
③ 필로티 부분은 공동주택의 경우에는 바닥면적에 산입한다.
④ 공동주택으로서 지상층에 설치한 조경시설은 바닥면적에 산입하지 아니한다.
⑤ 건축물의 노대의 바닥은 난간 등의 설치 여부에 관계없이 노대의 면적에서 노대가 접한 가장 긴 외벽에 접한 길이에 1.5미터를 곱한 값을 뺀 면적을 바닥면적에 산입한다.

해설 | 필로티나 그 밖에 이와 비슷한 구조의 부분은 그 부분이 공중의 통행이나 차량의 통행 또는 주차에 전용되는 경우와 공동주택의 경우에는 바닥면적에 산입하지 아니한다.

- 바닥면적의 산정방법
1. 벽기둥의 구획이 없는 건축물은 그 지붕 끝부분으로부터 수평거리 1m를 후퇴한 선으로 둘러싸인 수평투영면적으로 한다. : ①
2. 건축물의 노대 등의 바닥은 난간 등의 설치 여부에 관계없이 노대 등의 면적에서 노대 등이 접한 가장 긴 외벽에 접한 길이에 1.5m를 곱한 값을 뺀 면적을 바닥면적에 산입한다. : ⑤
3. 단열재를 구조체의 외기측에 설치하는 단열공법으로 건축된 건축물의 경우에는 단열재가 설치된 외벽 중 내측 내력벽의 중심선을 기준으로 산정한 면적을 바닥면적으로 한다.
4. 필로티나 그 밖에 이와 비슷한 구조의 부분은 그 부분이 공중의 통행이나 차량의 통행 또는 주차에 전용되는 경우와 공동주택의 경우에는 바닥면적에 산입하지 아니한다. : ③
5. 공동주택으로서 지상층에 설치한 기계실, 전기실, 어린이놀이터, 조경시설 및 생활폐기물 보관시설의 면적은 바닥면적에 산입하지 아니한다. : ④
6. 승강기탑, 계단탑, 장식탑, 다락[층고가 1.5m(경사진 형태의 지붕인 경우에는 1.8m)인 것만 해당한다]은 바닥면적에 산입하지 아니한다. : ②

정답 | ③

02 2020 공인중개사

건축법령상 건축물의 면적 등의 산정방법으로 옳은 것은?

① 공동주택으로서 지상층에 설치한 생활폐기물 보관시설의 면적은 바닥면적에 산입한다.
② 지하층에 설치한 기계실, 전기실의 면적은 용적률을 산정할 때 연면적에 산입한다.
③ 「건축법」상 건축물의 높이 제한 규정을 적용할 때, 건축물의 1층 전체에 필로티가 설치되어 있는 경우 건축물의 높이는 필로티의 층고를 제외하고 산정한다.
④ 건축물의 층고는 방의 바닥구조체 윗면으로부터 위층 바닥구조체 아랫면까지의 높이로 한다.
⑤ 건축물이 부분에 따라 그 층수가 다른 경우에는 그 중 가장 많은 층수와 가장 적은 층수를 평균하여 반올림한 수를 그 건축물의 층수로 본다.

해설 | ① 공동주택으로서 지상층에 설치한 기계실, 전기실, 어린이놀이터, 조경시설 및 생활폐기물 보관시설의 면적은 바닥면적에 산입하지 아니한다.
② 지하층의 면적은 용적률을 산정할 때 연면적에서 제외한다.
④ 건축물의 층고는 방의 바닥구조체 윗면으로부터 위층 바닥구조체의 윗면까지의 높이로 한다.
⑤ 건축물이 부분에 따라 그 층수가 다른 경우에는 그 중 가장 많은 층수를 그 건축물의 층수로 본다.

- 용적률의 산정에 대하여는 다음에 해당하는 면적을 제외한다.
1. 지하층의 면적 : ②
2. 지상층의 주차용(해당 건축물의 부속용도인 경우만 해당한다)으로 쓰는 면적
3. 초고층 건축물과 준초고층 건축물에 설치하는 피난안전구역의 면적
4. 11층 이상인 건축물로서 11층 이상인 층의 바닥면적의 합계가 1만㎡ 이상인 건축물 지붕을 경사지붕으로 하는 경우에는 경사지붕 아래에 설치하는 대피공간

정답 | ③

03 2014 공인중개사

건축법령상 대지면적이 160제곱미터인 대지에 건축되어 있고, 각 층의 바닥면적이 동일한 지하 1층·지상 3층인 하나의 평지붕 건축물로서 용적률이 150퍼센트라고 할 때, 이 건축물의 바닥면적은 얼마인가? (단, 제시된 조건 이외의 다른 조건이나 제한은 고려하지 아니함)

① 60제곱미터   ② 70제곱미터   ③ 80제곱미터
④ 100제곱미터 ⑤ 120제곱미터

해설 | 용적률 = (연면적 ÷ 대지면적) × 100이다. 용적률은 150%이고, 대지면적은 160㎡이므로 연면적은 대지면적(160㎡)의 1.5배 = 240㎡이다. 지하층은 용적률 산정 시 연면적에서 제외하므로 지상 3층만 계산하면 이 건축물의 바닥면적은 80㎡이다.

정답 | ③

04 2014 공인중개사 수정

건축법령상 건축물의 높이 제한에 관한 설명으로 틀린 것은? (단, 「건축법」 제73조에 따른 적용 특례 및 조례는 고려하지 않음)

① 전용주거지역과 일반주거지역 안에서 건축하는 건축물에 대하여는 일조의 확보를 위한 높이 제한이 적용된다.
② 일반상업지역에 건축하는 공동주택으로서 하나의 대지에 두 동(棟) 이상을 건축하는 경우에는 채광의 확보를 위한 높이 제한이 적용된다.
③ 정북방향으로 도로 등 건축이 금지된 공지에 접하는 대지인 경우 건축물의 높이를 정남방향의 인접 대지경계선으로부터의 거리에 따라 대통령령으로 정하는 높이 이하로 할 수 있다.
④ 허가권자는 같은 가로구역에서 건축물의 용도 및 형태에 따라 건축물의 높이를 다르게 정할 수 있다.
⑤ 허가권자는 가로구역별 건축물의 최고 높이를 지정하려면 지방건축위원회의 심의를 거쳐야 한다.

해설 | 일반상업지역에 건축하는 공동주택의 경우에는 채광의 확보를 위한 높이 제한이 적용되지 않는다. [비교] 전용주거지역과 일반주거지역 안에서 건축하는 건축물에 대하여는 일조의 확보를 위한 높이 제한이 적용된다.

정답 | ②

핵심테마 30 건축물의 구조 안전 및 재료

2014년	2015년	2016년	2017년	2018년	2019년	2020년	2021년	2022년
0문	1문	1문	0문	2문	0문	0문	1문	1문

※ 최근 9년간 6문제 출제

01 ■■□
2018 공인중개사

건축법령상 구조안전 확인 건축물 중 건축주가 착공신고 시 구조 안전 확인서류를 제출하여야 하는 건축물이 <u>아닌</u> 것은? (단, 건축법상 적용 제외 및 특례는 고려하지 않음)

① 단독주택
② 처마높이가 10미터인 건축물
③ 기둥과 기둥 사이의 거리가 10미터인 건축물
④ 연면적이 330제곱미터인 2층의 목구조 건축물
⑤ 다세대주택

해설 | 연면적이 330제곱미터인 2층의 목구조 건축물의 건축주는 설계자로부터 구조 안전의 확인서류를 받아 허가권자에게 제출하지 않아도 된다. [비교] 목구조 건축물이 연면적이 500㎡ 이상 또는 3층 이상이면 구조 안전 확인서류를 제출해야 한다.

• 구조 안전 확인서류 제출

    구조 안전을 확인한 건축물 중 다음에 해당하는 건축물의 건축주는 해당 건축물의 설계자로부터 구조 안전의 확인서류를 받아 허가권자에게 제출하여야 한다.

1. 층수가 2층(목구조 건축물의 경우에는 3층) 이상인 건축물 : ④

2. 연면적이 200㎡(목구조 건축물의 경우에는 500㎡) 이상인 건축물. 다만, 창고, 축사, 작물 재배사는 제외한다. : ④

3. 높이가 13m 이상인 건축물

4. 처마높이가 9m 이상인 건축물 : ②

5. 기둥과 기둥 사이의 거리가 10m 이상인 건축물 : ③

6. 건축물의 용도 및 규모를 고려한 중요도가 높은 건축물로서 국토교통부령으로 정하는 건축물

7. 국가적 문화유산으로 보존할 가치가 있는 건축물로서 국토교통부령으로 정하는 것

8. 단독주택 및 공동주택 : ①, ⑤

9. 한쪽 끝은 고정되고 다른 끝은 지지되지 아니한 구조로 된 보·차양 등이 외벽의 중심선으로부터 3미터 이상 돌출된 건축물 및 특수한 설계·시공·공법 등이 필요한 건축물로서 국토교통부장관이 정하여 고시하는 구조로 된 건축물

정답 | ④

02 2016 공인중개사

건축법령상 고층건축물의 피난시설에 관한 내용으로 (　　)에 들어갈 것을 옳게 연결한 것은?

> 층수가 63층이고 높이가 190m인 (ㄱ)건축물에는 피난층 또는 지상으로 통하는 직통계단과 직접 연결되는 피난안전구역을 지상층으로부터 최대 (ㄴ)개 층마다 (ㄷ)개소 이상 설치하여야 한다.

① ㄱ: 준고층, ㄴ: 20, ㄷ: 1
② ㄱ: 준고층, ㄴ: 30, ㄷ: 2
③ ㄱ: 초고층, ㄴ: 20, ㄷ: 1
④ ㄱ: 초고층, ㄴ: 30, ㄷ: 1
⑤ ㄱ: 초고층, ㄴ: 30, ㄷ: 2

해설 | 층수가 63층이고 높이가 190m인 ㉠ 초고층건축물에는 피난층 또는 지상으로 통하는 직통계단과 직접 연결되는 피난안전구역을 지상층으로부터 최대 ㉡ 30개 층마다 ㉢ 1개소 이상 설치하여야 한다.

정답 | ④

03 2015 공인중개사

건축법령상 건축물의 가구·세대 등 간 소음 방지를 위한 경계벽을 설치하여야 하는 경우가 아닌 것은?

① 숙박시설의 객실 간
② 공동주택 중 기숙사의 침실 간
③ 판매시설 중 상점 간
④ 교육연구시설 중 학교의 교실 간
⑤ 의료시설의 병실 간

해설 | 판매시설 중 상점 간에는 건축물의 가구·세대 등 소음방지를 위한 경계벽을 설치하여야 하는 경우에 해당하지 않는다.

- 소음 방지용 경계벽을 설치해야 하는 건축물

1. 단독주택 중 다가구주택의 각 가구 간 또는 공동주택(기숙사는 제외한다)의 각 세대 간 경계벽(거실·침실 등의 용도로 쓰지 아니하는 발코니 부분은 제외한다)
2. 공동주택 중 기숙사의 침실, 의료시설의 병실, 교육연구시설 중 학교의 교실 또는 숙박시설의 객실 간 경계벽 : ①, ②, ④, ⑤
3. 제1종 근린생활시설 중 산후조리원의 임산부실 간 경계벽, 신생아실 간 경계벽, 임산부실과 신생아실 간 경계벽
4. 제2종 근린생활시설 중 다중생활시설의 호실 간 경계벽
5. 노유자시설 중 「노인복지법」에 따른 노인복지주택의 각 세대 간 경계벽
6. 노유자시설 중 노인요양시설의 호실 간 경계벽

정답 | ③

04 | 2018 공인중개사 수정

건축법령상 국토교통부장관이 정하여 고시하는 건축물, 건축설비 및 대지에 관한 범죄예방 기준에 따라 건축하여야 하는 건축물에 해당하지 않는 것은?

① 교육연구시설 중 학교
② 제1종 근린생활시설 중 일용품을 판매하는 소매점
③ 제2종 근린생활시설 중 다중생활시설
④ 숙박시설 중 다중생활시설
⑤ 교육연구시설 중 도서관

해설 | 교육연구시설 중 연구소 및 도서관은 범죄예방 기준에 따라 건축하여야 하는 건축물에 해당하지 않는다. [비교] 교육연구시설(연구소 및 도서관은 제외한다)은 범죄예방 기준에 따라 건축하여야 한다.

- 범죄예방 기준에 따라 건축하여야 하는 건축물

1. 다가구주택, 다세대주택, 연립주택, 아파트
2. 제1종 근린생활시설 중 일용품을 판매하는 소매점 : ②
3. 제2종 근린생활시설 중 다중생활시설 : ③
4. 문화 및 집회시설(동·식물원은 제외한다)
5. 교육연구시설(연구소 및 도서관은 제외한다) : ①, ⑤
6. 노유자시설
7. 수련시설

8. 업무시설 중 오피스텔
9. 숙박시설 중 다중생활시설 : ④

정답 | ⑤

05 2021 공인중개사

건축법령상 건축물대장에 건축물과 그 대지의 현황 및 건축물의 구조내력에 관한 정보를 적어서 보관하고 이를 지속적으로 정비하여야 하는 경우를 모두 고른 것은? (단, 가설건축물은 제외함)

> ㄱ. 허가권자가 건축물의 사용승인서를 내준 경우
> ㄴ. 건축허가 또는 건축신고 대상 건축물 외의 건축물의 공사가 끝난 후 기재 요청이 있는 경우
> ㄷ. 「집합건물의 소유 및 관리에 관한 법률」에 따른 건축물대장의 신규등록 신청이 있는 경우

① ㄱ
② ㄴ
③ ㄱ, ㄷ
④ ㄴ, ㄷ
⑤ ㄱ, ㄴ, ㄷ

해설 | 특별자치시장·특별자치도지사 또는 시장·군수·구청장은 건축물의 소유·이용 및 유지·관리 상태를 확인하거나 건축정책의 기초 자료로 활용하기 위하여 다음 각 호의 어느 하나에 해당하면 건축물대장에 건축물과 그 대지의 현황 및 건축물의 구조내력에 관한 정보를 적어서 보관하고 이를 지속적으로 정비해야 한다.

1. 허가권자가 건축물의 사용승인서를 내준 경우 : ㉠
2. 건축허가 또는 건축신고 대상 건축물 외의 건축물의 공사가 끝난 후 기재요청이 있는 경우 : ㉡
3. 집합건물의 소유 및 관리에 관한 법률에 따른 건축물대장의 신규등록 신청이 있는 경우 : ㉢
4. 법 시행일 전에 법령 등에 적합하게 건축되고 유지·관리된 건축물의 소유자가 그 건축물의 건축물관리대장이나 그 밖에 이와 비슷한 공부를 법 제38조에 따른 건축물대장에 옮겨 적을 것을 신청한 경우

깨알 2021년 건축법에서는 생소한 내용의 문제가 많았습니다. 이 문제도 그러한 문제로 만점방지용 문제입니다.

정답 | ⑤

특별건축구역 및 건축협정

2014년	2015년	2016년	2017년	2018년	2019년	2020년	2021년	2022년
0문	0문	1문	1문	0문	1문	1문	1문	2문

※ 최근 9년간 7문제 출제

01 2021 공인중개사

건축법령상 특별건축구역에 관한 설명으로 옳은 것은?

① 국토교통부장관은 지방자치단체가 국제행사 등을 개최하는 지역의 사업구역을 특별건축구역으로 지정할 수 있다.
② 「도로법」에 따른 접도구역은 특별건축구역으로 지정될 수 없다.
③ 특별건축구역에서의 건축기준의 특례사항은 지방자치단체가 건축하는 건축물에는 적용되지 않는다.
④ 특별건축구역에서 「주차장법」에 따른 부설주차장의 설치에 관한 규정은 개별 건축물마다 적용하여야 한다.
⑤ 특별건축구역을 지정한 경우에는 「국토의 계획 및 이용에 관한 법률」에 따른 용도지역·지구·구역의 지정이 있는 것으로 본다.

해설 | ① 지방자치단체가(×), 국가가(○), 국토교통부장관은 국가가 국제행사 등을 개최하는 지역의 사업구역을 특별건축구역으로 지정할 수 있다.
③ 특별건축구역에서의 건축기준의 특례사항은 국가나 지방자치단체가 건축하는 건축물에 적용한다.
④ 특별건축구역에서는 공원의 설치, 부설주차장의 설치, 미술작품의 설치는 개별 건축물마다 적용하지 않고 특별건축구역 전부 또는 일부를 대상으로 통합하여 적용할 수 있다.
⑤ 특별건축구역을 지정한 경우에는 「국토의 계획 및 이용에 관한 법률」에 따른 도시·군관리계획의 결정이 있는 것으로 본다. 다만 용도지역·지구·구역의 지정 및 변경은 제외한다.

• 특별건축구역의 지정의 예외
㉮ 다음의 지역·구역 등에 대하여는 특별건축구역으로 지정할 수 없다.
1. 개발제한구역의 지정 및 관리에 관한 특별조치법에 따른 개발제한구역
2. 자연공원법에 따른 자연공원

3. 도로법에 따른 접도구역 : ②

4. 산지관리법에 따른 보전산지

- 특별건축구역의 통합적용

㉮ 특별건축구역에서는 다음의 관계 법령의 규정에 대하여는 개별 건축물마다 적용하지 아니하고 특별건축구역 전부 또는 일부를 대상으로 통합하여 적용할 수 있다.

1. 문화예술진흥법에 따른 건축물에 대한 미술작품의 설치
2. 주차장법에 따른 부설주차장의 설치 : ④
3. 도시공원 및 녹지 등에 관한 법률에 따른 공원의 설치

정답 | ②

02 2016 공인중개사

건축법령상 건축협정에 관한 설명으로 틀린 것은?

① 건축물의 소유자 등은 과반수의 동의로 건축물의 리모델링에 관한 건축협정을 체결할 수 있다.
② 협정체결자 또는 건축협정운영회의 대표자는 건축협정서를 작성하여 해당 건축협정인가권자의 인가를 받아야 한다.
③ 건축협정인가권자가 건축협정을 인가하였을 때에는 해당 지방자치단체의 공보에 그 내용을 공고하여야 한다.
④ 건축협정 체결 대상 토지가 둘 이상의 특별자치시 또는 시·군·구에 걸치는 경우 건축협정 체결 대상 토지면적의 과반이 속하는 건축협정인가권자에게 인가를 신청할 수 있다.
⑤ 협정체결자 또는 건축협정운영회의 대표자는 건축협정을 폐지하려는 경우 협정체결자 과반수의 동의를 받아 건축협정인가권자의 인가를 받아야 한다.

해설 | 토지 또는 건축물의 소유자 등은 전원의 합의로 리모델링에 관한 건축협정을 체결할 수 있다.
정답 | ①

03 2020 공인중개사

건축법령상 건축협정에 관한 설명으로 옳은 것은? (단, 조례는 고려하지 않음)

① 해당 지역의 토지 또는 건축물의 소유자 전원이 합의하면 지상권자가 반대하는 경우에도 건축협정을 체결할 수 있다.
② 건축협정 체결 대상 토지가 둘 이상의 시·군·구에 걸치는 경우에 관할 시·도지사에게 건축협정의 인가를 받아야 한다.
③ 협정체결자는 인가받은 건축협정을 변경하려면 협정체결자 과반수의 동의를 받아 건축협정인가권자에게 신고하여야 한다.
④ 건축협정을 폐지하려면 협정체결자 전원의 동의를 받아 건축협정인가권자의 인가를 받아야 한다.
⑤ 건축협정에서 달리 정하지 않는 한, 건축협정이 공고된 후에 건축협정구역에 있는 토지에 관한 권리를 협정체결자로부터 이전받은 자도 건축협정에 따라야 한다.

해설 | ① 해당 지역의 토지 또는 건축물의 소유자 전원이 합의하더라도 지상권자가 반대하는 경우에는 건축협정을 체결할 수 없다.
② 건축협정 체결 대상 토지가 둘 이상의 시·군·구에 걸치는 경우에는 건축협정 체결 대상 토지면적의 과반이 속하는 건축협정인가권자에게 인가를 신청할 수 있다.
③ 협정체결자는 인가받은 건축협정을 변경하려면 협정체결자 전원의 합의로 건축협정인가권자에게 변경인가를 받아야 한다.
④ 건축협정을 폐지하려면 협정체결자 과반수의 동의를 받아 건축협정인가권자의 인가를 받아야 한다.

정답 | ⑤

04
2017 공인중개사

건축법령상 건축협정의 인가를 받은 건축협정구역에서 연접한 대지에 대하여 관계 법령의 규정을 개별 건축물마다 적용하지 아니하고 건축협정구역을 대상으로 통합하여 적용할 수 있는 것만을 모두 고른 것은?

> ㄱ. 건폐율
> ㄴ. 계단의 설치
> ㄷ. 지하층의 설치
> ㄹ. 「주차장법」 제19조에 따른 부설주차장의 설치
> ㅁ. 「하수도법」 제34조에 따른 개인하수처리시설의 설치

① ㄱ, ㄴ, ㄹ
② ㄱ, ㄴ, ㄷ, ㅁ
③ ㄱ, ㄷ, ㄹ, ㅁ
④ ㄴ, ㄷ, ㄹ, ㅁ
⑤ ㄱ, ㄴ, ㄷ, ㄹ, ㅁ

해설 | 건축협정의 인가를 받은 건축협정구역에서 연접한 대지에 대하여는 다음의 관계 법령의 규정을 개별 건축물마다 적용하지 아니하고 건축협정구역의 전부 또는 일부를 대상으로 통합하여 적용할 수 있다.

• 건축협정 통합적용의 특례

㉮ 건축협정의 인가를 받은 건축협정구역에서 연접한 대지에 대하여는 다음의 관계 법령의 규정을 개별 건축물마다 적용하지 아니하고 건축협정구역의 전부 또는 일부를 대상으로 통합하여 적용할 수 있다.

1. 대지의 조경, 대지와 도로와의 관계
2. 지하층의 설치 : ㉢
3. 건폐율 : ㉠
4. 「주차장법」 제19조에 따른 부설주차장의 설치 : ㉣
5. 「하수도법」 제34조에 따른 개인하수처리시설의 설치 : ㉤

정답 | ③

05 2019 공인중개사

건축법령상 결합건축을 하고자 하는 건축주가 건축허가를 신청할 때 결합건축협정서에 명시하여야 하는 사항이 아닌 것은?

① 결합건축 대상 대지의 용도지역
② 결합건축협정서를 체결하는 자가 자연인인 경우 성명, 주소 및 생년월일
③ 결합건축협정서를 체결하는 자가 법인인 경우 지방세 납세증명서
④ 결합건축 대상 대지별 건축계획서
⑤ 「국토의 계획 및 이용에 관한 법률」 제78조에 따라 조례로 정한 용적률과 결합건축으로 조성되어 적용되는 대지별 용적률

해설 | 지방세 납세증명서는 결합건축협정서에 명시하여야 하는 사항이 아니다.

- 결합건축협정서에 명시하여야 하는 사항

1. 결합건축 대상 대지의 위치 및 용도지역 : ①
2. 결합건축협정서를 체결하는 자의 성명, 주소 및 생년월일(법인, 법인 아닌 사단이나 재단 및 외국인의 경우에는 부동산등기법 제49조에 따라 부여된 등록번호) : ②
3. 「국토의 계획 및 이용에 관한 법률」 제78조에 따라 조례로 정한 용적률과 결합건축으로 조정되어 적용되는 대지별 용적률 : ⑤
4. 결합건축 대상 대지별 건축계획서 : ④

정답 | ③

핵심테마 32 건축위원회 및 이행강제금

2014년	2015년	2016년	2017년	2018년	2019년	2020년	2021년	2022년
0문	0문	0문	1문	1문	1문	0문	1문	0문

※ 최근 9년간 4문제 출제

01 ■■□
2017 공인중개사

건축법령상 건축 등과 관련된 분쟁으로서 건축분쟁전문위원회의 조정 및 재정의 대상이 되지 <u>않는</u> 것은? (단, 「건설산업기본법」 제69조에 따른 조정의 대상이 되는 분쟁은 제외함)

① '공사시공자'와 '해당 건축물의 건축으로 피해를 입은 인근주민' 간의 분쟁
② '관계전문기술자'와 '해당 건축물의 건축으로 피해를 입은 인근주민' 간의 분쟁
③ '해당 건축물의 건축으로 피해를 입은 인근주민' 간의 분쟁
④ '건축허가권자'와 '건축허가신청자' 간의 분쟁
⑤ '건축주'와 '공사감리자' 간의 분쟁

해설 | 건축허가권자와 건축허가신청자 간의 분쟁은 건축분쟁전문위원회의 조정 및 재정 대상에 해당하지 않는다.

- 건축분쟁전문위원회의 조정 및 재정의 대상
1. 건축관계자와 해당 건축물의 건축 등으로 피해를 입은 인근주민 간의 분쟁 : ①
2. 관계전문기술자와 인근주민 간의 분쟁 : ②
3. 건축관계자와 관계전문기술자 간의 분쟁
4. 건축관계자 간의 분쟁
5. 인근주민 간의 분쟁 : ③
6. 관계전문기술자 간의 분쟁 : ⑤
   ※ 건축관계자는 건축주, 설계자, 공사시공자, 공사감리자를 말한다.

정답 | ④

02 | 2021 공인중개사

건축법령상 건축 등과 관련된 분쟁으로서 건축분쟁전문위원회의 조정 및 재정의 대상이 되는 것은? (단, 「건설산업기본법」 제69조에 따른 조정의 대상이 되는 분쟁은 고려하지 않음)

① '건축주'와 '건축신고수리자' 간의 분쟁
② '공사시공자'와 '건축지도원' 간의 분쟁
③ '건축허가권자'와 '공사감리자' 간의 분쟁
④ '관계전문기술자'와 '해당 건축물의 건축 등으로 피해를 입은 인근주민' 간의 분쟁
⑤ '건축허가권자'와 '해당 건축물의 건축 등으로 피해를 입은 인근주민' 간의 분쟁

해설 | '관계전문기술자'와 '해당 건축물의 건축 등으로 피해를 입은 인근주민' 간의 분쟁은 건축분쟁전문위원회의 조정 및 재정 대상에 해당한다.

정답 | ④

03 | 2019 공인중개사

건축법령상 건축민원전문위원회에 관한 설명으로 틀린 것은? (단, 조례는 고려하지 않음)

① 도지사는 건축위원회의 심의 등을 효율적으로 수행하기 위하여 필요하면 자신이 설치하는 건축위원회에 건축민원전문위원회를 두어 운영할 수 있다.
② 건축민원전문위원회가 위원회에 출석하게 하여 의견을 들을 수 있는 자는 신청인과 허가권자에 한한다.
③ 건축민원전문위원회에 질의민원의 심의를 신청하려는 자는 문서에 의할 수 없는 특별한 사정이 있는 경우에는 구술로도 신청할 수 있다.
④ 건축민원전문위원회는 심의에 필요하다고 인정하면 위원 또는 사무국의 소속 공무원에게 관계 서류를 열람하게 하거나 관계 사업장에 출입하여 조사하게 할 수 있다.
⑤ 건축민원전문위원회는 건축법령의 운영 및 집행에 관한 민원을 심의할 수 있다.

해설 | 건축민원전문위원회는 필요하다가 인정하면 신청인, 허가권자의 업무담당자, 이해관계자 또는 참고인을 위원회에 출석하게 하여 의견을 들을 수 있다.

정답 | ②

04 2018 공인중개사

건축법령상 이행강제금을 산정하기 위하여 위반 내용에 따라 곱하는 비율을 높은 순서대로 나열한 것은? (단, 조례는 고려하지 않음)

> ㄱ. 용적률을 초과하여 건축한 경우
> ㄴ. 건폐율을 초과하여 건축한 경우
> ㄷ. 신고를 하지 아니하고 건축한 경우
> ㄹ. 허가를 받지 아니하고 건축한 경우

① ㄱ - ㄴ - ㄹ - ㄷ
② ㄱ - ㄹ - ㄷ - ㄴ
③ ㄴ - ㄱ - ㄹ - ㄷ
④ ㄹ - ㄱ - ㄴ - ㄷ
⑤ ㄹ - ㄷ - ㄴ - ㄱ

해설 | ㉠ 용적률을 초과하여 건축한 경우 : 100분의 90
㉡ 건폐율을 초과하여 건축한 경우 : 100분의 80
㉢ 신고를 하지 아니하고 건축한 경우 : 100분의 70
㉣ 허가를 받지 아니하고 건축한 경우 : 100분의 100

정답 | ④

7 문제

2022년, [건축법]에서는 7문제 출제되었습니다.

25 2022 공인중개사

건축법령상 제1종 근린생활시설에 해당하는 것은? (단, 동일한 건축물 안에서 당해 용도에 쓰이는 바닥면적의 합계는 1,000m²임)

① 극장 ② 서점 ③ 탁구장
④ 파출소 ⑤ 산후조리원

해설 | ① 극장 : 바닥면적의 합계가 500m² 미만이면 제2종 근린생활시설이다. 바닥면적의 합계가 1,000m²이므로 문화 및 집회시설에 해당한다.

② 서점 : 바닥면적의 합계가 1,000m² 미만이면 제2종 근린생활시설이다. 바닥면적의 합계가 1,000m²이므로 판매시설에 해당한다.

③ 탁구장 : 바닥면적의 합계가 500m² 미만이면 제1종 근린생활시설이다. 바닥면적의 합계가 1,000m²이므로 운동시설에 해당한다.

④ 파출소 : 바닥면적의 합계가 1,000m² 미만이면 제1종 근린생활시설이다. 바닥면적의 합계가 1,000m²이므로 공공업무시설에 해당한다.

⑤ 산후조리원 : 제1종 근린생활시설

깨알 만접방지용 문제입니다.

정답 | ⑤

26. 2022 공인중개사

건축법령상 건축허가대상 건축물을 건축하려는 자가 건축 관련 입지와 규모의 사전결정 통지를 받은 경우에 허가를 받은 것으로 볼 수 있는 것을 모두 고른 것은? (단, 미리 관계 행정기관의 장과 사전결정에 관하여 협의한 것을 전제로 함)

> ㄱ. 「농지법」 제34조에 따른 농지전용허가
> ㄴ. 「하천법」 제33조에 따른 하천점용허가
> ㄷ. 「국토의 계획 및 이용에 관한 법률」 제56조에 따른 개발행위허가
> ㄹ. 도시지역 외의 지역에서 「산지관리법」 제14조에 따른 보전산지에 대한 산지전용허가

① ㄱ, ㄴ ② ㄷ, ㄹ ③ ㄱ, ㄴ, ㄷ
④ ㄴ, ㄷ, ㄹ ⑤ ㄱ, ㄴ, ㄷ, ㄹ

해설 | 「산지관리법」에 의한 산지전용허가 및 산지전용신고, 산지일시사용허가·신고. 다만, 보전산지인 경우에는 도시지역에 한한다.

- 사전결정통지 간주규정

    사전결정을 통지받은 경우에는 다음의 허가를 받거나 신고 또는 협의를 한 것으로 본다.

    ① 「국토의 계획 및 이용에 관한 법률」에 의한 개발행위허가 : ㄷ
    ② 「산지관리법」에 의한 산지전용허가 및 산지전용신고, 산지일시사용허가·신고. 다만, 보전산지인 경우에는 도시지역에 한한다.
    ③ 「농지법」에 의한 농지전용허가·신고 및 협의 : ㄱ
    ④ 「하천법」에 의한 하천점용허가 : ㄴ

정답 | ③

27 2022 공인중개사

건축법령상 안전영향평가기관이 안전영향평가를 실시할 때 검토하여야 하는 사항에 해당하지 않는 것은?

① 해당 건축물에 적용된 설계 기준 및 하중의 적정성
② 해당 건축물의 하중저항시스템의 해석 및 설계의 적정성
③ 지반조사 방법 및 지내력(地耐力) 산정결과의 적정성
④ 굴착공사에 따른 지하수위 변화 및 지반 안전성에 관한 사항
⑤ 해당 건축물의 안전영향평가를 위하여 지방건축위원회가 결정하는 사항

해설 | 해당 건축물의 안전영향평가를 위하여 지방건축위원회가 결정하는 사항은 안전영향평가기관이 검토하여야 하는 사항에 해당하지 않는다.

깨알 낯선 문제라 만점방지용 문제로 볼 수도 있지만 그동안 공법을 공부하면서 쌓아온 내공과 느낌으로 풀 수 있는 문제입니다.

정답 | ⑤

28 2022 공인중개사

건축법령상 건축물의 면적 등의 산정방법에 관한 설명으로 틀린 것은? (단, 건축법령상 특례는 고려하지 않음)

① 공동주택으로서 지상층에 설치한 조경시설의 면적은 바닥면적에 산입하지 않는다.
② 지하주차장의 경사로의 면적은 건축면적에 산입한다.
③ 태양열을 주된 에너지원으로 이용하는 주택의 건축면적은 건축물의 외벽 중 내측 내력벽의 중심선을 기준으로 한다.
④ 용적률을 산정할 때에는 지하층의 면적은 연면적에 산입하지 않는다.
⑤ 층의 구분이 명확하지 아니한 건축물의 높이는 4미터마다 하나의 층으로 보고 그 층수를 산정한다.

해설 | 지하주차장의 경사로의 면적은 건축면적에 산입하지 않는다.

정답 | ②

29 2022 공인중개사

건축법령상 대지 안의 피난 및 소화에 필요한 통로설치에 관한 규정의 일부이다. ( )에 들어갈 숫자를 바르게 나열한 것은?

> 제41조(대지 안의 피난 및 소화에 필요한 통로 설치) ① 건축물의 대지 안에는 그 건축물 바깥쪽으로 통하는 주된 출구와 지상으로 통하는 피난계단 및 특별피난계단으로부터 도로 또는 공지 (…생략…) 로 통하는 통로를 다음 각 호의 기준에 따라 설치하여야 한다.
> 1. 통로의 너비는 다음 각 목의 구분에 따른 기준에 따라 확보할 것
>   가. 단독주택: 유효 너비 (ㄱ)미터 이상
>   나. 바닥면적의 합계가 (ㄴ)제곱미터 이상인 문화 및 집회시설, 종교시설, 의료시설, 위락시설 또는 장례시설: 유효 너비 (ㄷ)미터 이상
>   다. 그 밖의 용도로 쓰는 건축물: 유효 너비 (ㄹ)미터 이상   < 이하 생략 >

① ㄱ: 0.9, ㄴ: 300, ㄷ: 1, ㄹ: 1.5
② ㄱ: 0.9, ㄴ: 500, ㄷ: 3, ㄹ: 1.5
③ ㄱ: 1, ㄴ: 300, ㄷ: 1, ㄹ: 1.5
④ ㄱ: 1, ㄴ: 500, ㄷ: 3, ㄹ: 1.2
⑤ ㄱ: 1.5, ㄴ: 300, ㄷ: 3, ㄹ: 1.2

해설 | ㉮ 단독주택: 유효 너비 0.9미터 이상

㉯ 바닥면적의 합계가 500제곱미터 이상인 문화 및 집회시설, 종교시설, 의료시설, 위락시설 또는 장례시설: 유효 너비 3미터 이상

㉰ 그 밖의 용도로 쓰는 건축물: 유효 너비 1.5미터 이상

깨알 만점방지용 문제입니다.

정답 | ②

30 2022 공인중개사

건축법령상 특별건축구역에서 국가가 건축하는 건축물에 적용하지 아니할 수 있는 사항을 모두 고른 것은? (단, 건축법령상 특례 및 조례는 고려하지 않음)

> ㄱ. 「건축법」 제42조 대지의 조경에 관한 사항
> ㄴ. 「건축법」 제44조 대지와 도로의 관계에 관한 사항
> ㄷ. 「건축법」 제57조 대지의 분할 제한에 관한 사항
> ㄹ. 「건축법」 제58조 대지 안의 공지에 관한 사항

① ㄱ, ㄴ   ② ㄱ, ㄷ   ③ ㄱ, ㄹ
④ ㄴ, ㄷ   ⑤ ㄷ, ㄹ

해설 | ㉠ 「건축법」 제42조 대지의 조경에 관한 사항 : 적용하지 아니할 수 있다.

㉡ 「건축법」 제44조 대지와 도로의 관계에 관한 사항

㉢ 「건축법」 제57조 대지의 분할 제한에 관한 사항

㉣ 「건축법」 제58조 대지 안의 공지에 관한 사항 : 적용하지 아니할 수 있다.

- 특별건축구역에 건축하는 건축물에 대하여는 다음을 적용하지 아니할 수 있다.

1. 대지의 조경 : ㉠

2. 건폐율, 용적률

3. 대지 안의 공지 : ㉣

4. 건축물의 높이제한

5. 일조 등의 확보를 위한 건축물의 높이제한

6. 주택법 제35조(주택건설기준 등) 중 주택건설기준 등에 관한 규정 제10조(배치기준), 제13조(기준척도), 제35조(비상급수시설), 제37조(난방설비), 제50조(근린생활시설) 및 제52조(유치원)

정답 | ③

31 2022 공인중개사

건축법령상 결합건축을 할 수 있는 지역·구역에 해당하지 않는 것은? (단, 조례는 고려하지 않음)

① 「국토의 계획 및 이용에 관한 법률」에 따라 지정된 상업지역
② 「역세권의 개발 및 이용에 관한 법률」에 따라 지정된 역세권개발구역
③ 건축협정구역
④ 특별가로구역
⑤ 리모델링 활성화 구역

해설 | 특별가로구역은 결합건축 대상지역에 해당하지 않는다.

- 결합건축 대상지역

㉮ 다음에 해당하는 지역에서 대지간의 최단거리가 100m 이내의 범위에서 2개의 대지 모두가 아래의 지역 중 동일한 지역에 속하고, 너비 12m 이상인 도로로 둘러싸인 하나의 구역 안에 있는 2개의 대지의 건축주가 서로 합의한 경우 2개의 대지를 대상으로 결합건축을 할 수 있다.

1. 「국토의 계획 및 이용에 관한 법률」에 따라 지정된 상업지역 : ①
2. 「역세권의 개발 및 이용에 관한 법률」에 따라 지정된 역세권개발구역 : ②
3. 도시 및 주거환경정비법 제2조에 따른 정비구역 중 주거환경개선사업의 시행을 위한 구역
4. 건축협정구역, 특별건축구역, 리모델링 활성화 구역 : ③, ⑤
5. 도시재생 활성화 및 지원에 관한 특별법 제2조 제1항 제5호에 따른 도시재생활성화지역
6. 한옥 등 건축자산의 진흥에 관한 법률 제17조 제1항에 따른 건축자산 진흥구역

개발 내용 자체는 어렵지 않으나 [결합건축]은 출제빈도가 낮은 테마이어서 어려운 문제입니다. 상업지역, 역세권개발구역 등 개발을 장려하는 논점으로 접근하면 답을 찾을 수 있습니다.

정답 | ④

PART 05
주택법

깨알연구소

주택법

2014년	2015년	2016년	2017년	2018년	2019년	2020년	2021년	2022년
6문	7문	7문	7문	6문	7문	7문	7문	7문

핵심테마 33 | 주택법 용어의 정의
핵심테마 34 | 주택건설사업과 주택조합
핵심테마 35 | 주택상환사채
핵심테마 36 | 사업계획승인
핵심테마 37 | 매도청구 및 사용검사 등
핵심테마 38 | 주택의 공급 및 전매행위 제한
핵심테마 39 | 리모델링 등

주택법 용어의 정의

2014년	2015년	2016년	2017년	2018년	2019년	2020년	2021년	2022년
0문	1문	2문	1문	2문	1문	1문	2문	1문

※ 최근 9년간 11문제 출제

01 ■■□
2018 공인중개사

주택법령상 용어의 정의에 따를 때 '주택'에 해당하지 않는 것을 모두 고른 것은?

> ㄱ. 3층의 다가구주택
> ㄴ. 2층의 공관
> ㄷ. 4층의 다세대주택
> ㄹ. 3층의 기숙사
> ㅁ. 7층의 오피스텔

① ㄱ, ㄴ, ㄷ
② ㄱ, ㄹ, ㅁ
③ ㄴ, ㄷ, ㄹ
④ ㄴ, ㄹ, ㅁ
⑤ ㄷ, ㄹ, ㅁ

해설 | 공관과 기숙사는 건축법에서는 주택에 해당하지만 주택법에서는 주택에 해당하지 않는다. 오피스텔은 준주택에 해당하며, 주택에 해당하지 않는다.

• 주택법의 주택의 정의

1. 주택법상 단독주택 : 단독주택, 다중주택, 다가구주택 [비교] 공관(×)
2. 주택법상 공동주택 : 아파트, 연립주택, 다세대주택 [비교] 기숙사(×)

정답 | ④

02 ■□□
2016 공인중개사 수정

주택법령상 사업계획승인을 받아 건설한 세대구분형 공동주택의 건설기준 등으로 틀린 것은?

① 세대구분형 공동주택의 세대별로 구분된 각각의 공간마다 별도의 욕실, 부엌과 현관을 설치할 것
② 세대구분형 공동주택의 세대별로 구분된 각각의 공간은 주거전용면적이 12m² 이상일 것
③ 하나의 세대가 통합하여 사용할 수 있도록 세대간에 연결문 또는 경량구조의 경계벽 등을 설치할 것
④ 세대구분형 공동주택은 주택단지 공동주택 전체 호수의 3분의 1을 넘지 아니할 것
⑤ 세대구분형 공동주택의 세대별로 구분된 각각의 공간의 주거전용면적 합계가 주택단지 전체 주거전용면적 합계의 3분의 1을 넘지 아니할 것

해설 | 세대구분형 공동주택의 세대별 공간에 대한 규정은 없다.
정답 | ②

03 ■■□
2018 공인중개사

주택법령상 국민주택 등에 관한 설명으로 옳은 것은?

① 민영주택이라도 국민주택규모 이하로 건축되는 경우 국민주택에 해당한다.
② 한국토지주택공사가 수도권에 건설한 주거전용면적이 1세대 당 80제곱미터인 아파트는 국민주택에 해당한다.
③ 지방자치단체의 재정으로부터 자금을 지원받아 건설되는 주택이 국민주택에 해당하려면 자금의 50퍼센트 이상을 지방자치단체로부터 지원받아야 한다.
④ 다세대주택의 경우 주거전용면적은 건축물의 바닥면적에서 지하층 면적을 제외한 면적으로 한다.
⑤ 아파트의 경우 복도, 계단 등 아파트의 지상층에 있는 공용면적은 주거전용면적에 포함한다.

해설 | ① 민영주택은 국민주택을 제외한 주택을 말한다.
③ 지방자치단체의 재정으로부터 자금을 지원받아 건설되는 주택이 국민주택규모 이하로 건설하게 되면 국민주택에 해당한다. 자금을 지원받는 비율은 관계없다.
④ 다세대주택의 경우 주거전용면적은 건축물의 외벽의 내부선에서 복도, 계단, 현관 등 공동주택의 지상층에 있는 공용면적을 제외한 지하층, 관리사무소 등 그 밖의 공용면적을 제외

한 면적으로 한다. [비교] 단독주택의 경우 그 바닥면적에서 지하실, 본 건물과 분리된 창고·차고 및 화장실의 면적을 제외한 면적으로 한다.

⑤ 아파트의 경우 복도, 계단 등 아파트의 지상층에 있는 공용면적은 주거전용면적에서 제외한다.

정답 | ②

04 ■□□
2019 공인중개사

주택법령상 용어에 관한 설명으로 옳은 것은?

① "주택단지"에 해당하는 토지가 폭 8미터 이상인 도시계획예정도로로 분리된 경우, 분리된 토지를 각각 별개의 주택단지로 본다.
② 「주택법」상 "단독주택"에는 다가구주택이 포함되지 않는다.
③ 「주택법」상 "공동주택"에는 아파트, 연립주택, 기숙사 등이 포함된다.
④ 주택이란 세대의 구성원이 장기간 독립된 주거생활을 할 수 있는 구조로 된 건축물의 전부 또는 일부를 말하며 그 부속토지는 제외한다.
⑤ 주택단지에 딸린 어린이놀이터, 근린생활시설, 유치원, 주민운동시설, 지역난방공급시설 등은 "부대시설"에 포함된다.

해설 | ② 「주택법」상 단독주택은 단독주택, 다중주택, 다가구주택이다. 그러므로 「주택법」상 단독주택에는 다가구주택이 포함된다.

③ 「주택법」상 공동주택에는 아파트, 연립주택, 다세대주택이 포함된다. 그러므로 「주택법」상 공동주택에는 기숙사는 제외된다.

④ 주택이란 세대의 구성원이 장기간 독립된 주거생활을 할 수 있는 구조로 된 건축물의 전부 또는 일부를 말하며 그 부속토지를 포함한다.

⑤ 주택단지에 딸린 어린이놀이터, 근린생활시설, 유치원, 주민운동시설은 복리시설에 해당하고, 지역난방공급시설은 간선시설에 해당한다.

정답 | ①

05 2020 공인중개사

주택법령상 용어에 관한 설명으로 옳은 것은?

① 「건축법 시행령」에 따른 다중생활시설은 "준주택"에 해당하지 않는다.
② 주택도시기금으로부터 자금을 지원받아 건설되는 1세대 당 주거전용면적 84제곱미터인 주택은 "국민주택"에 해당한다.
③ "간선시설"이란 도로·상하수도·전기시설·가스시설·통신시설·지역난방시설 등을 말한다.
④ 방범설비는 "복리시설"에 해당한다.
⑤ 주민공동시설은 "부대시설"에 해당한다.

해설 | ① 다중생활시설은 준주택에 해당한다. 오피스텔, 노인복지주택, 다중생활시설, 기숙사는 준주택에 해당한다.
③ 기간시설이란 도로·상하수도·전기시설·가스시설·통신시설·지역난방시설 등을 말한다.
[비교] 간선시설이란 도로·상하수도·전기시설·가스시설·통신시설·지역난방시설 등 주택단지 안의 기간시설을 그 주택단지 밖에 있는 같은 종류의 기간시설에 연결시키는 시설을 말한다. 다만, 가스시설·통신시설 및 지역난방시설의 경우에는 주택단지 안의 기간시설을 포함한다.
④ 방범설비는 부대시설에 해당한다.
⑤ 주민공동시설은 복리시설에 해당한다.

- 국민주택
  다음에 해당하는 주택으로서 국민주택규모 이하인 주택을 말한다.
  1. 국가·지방단체, 한국토지주택공사 또는 지방공사가 건설하는 주택
  2. 국가·지방단체의 재정 또는 주택도시기금으로부터 자금을 지원받아 건설되거나 개량되는 주택

- 국민주택규모
  1호당 또는 1세대당 주거전용면적이 85제곱미터 이하인 주택(수도권을 제외한 도시지역이 아닌 읍 또는 면 지역은 100제곱미터 이하인 주택)을 말한다.

정답 | ②

06 2021 공인중개사

주택법령상 용어에 관한 설명으로 옳은 것을 모두 고른 것은?

> ㄱ. 주택에 딸린 「건축법」에 따른 건축설비는 복리시설에 해당한다.
> ㄴ. 300세대인 국민주택규모의 단지형 다세대주택은 도시형 생활주택에 해당한다.
> ㄷ. 민영주택은 국민주택을 제외한 주택을 말한다.

① ㄱ   ② ㄷ   ③ ㄱ, ㄴ
④ ㄴ, ㄷ   ⑤ ㄱ, ㄴ, ㄷ

해설 | ㉠ 주택에 딸린 건축법에 따른 건축설비는 부대시설에 해당한다.
㉡ 300세대 미만의 국민주택규모의 단지형 다세대주택은 도시형 생활주택에 해당한다. 따라서 299세대까지는 도시형 생활주택에 해당하나 300세대는 도시형 생활주택에 해당하지 않는다.
㉢ 민영주택은 국민주택을 제외한 주택을 말한다. 옳은 내용이다.

정답 | ②

07 2016 공인중개사

주택법령상 주택단지가 일정한 시설로 분리된 토지는 각각 별개의 주택단지로 본다. 그 시설에 해당하지 않는 것은?

① 고속도로
② 폭 20m의 도시계획예정도로
③ 폭 15m의 일반도로
④ 자동차전용도로
⑤ 보행자 및 자동차의 통행이 가능한 도로로서 「도로법」에 의한 일반국도

해설 | 폭 20m 이상인 일반도로로 분리된 토지는 각각 별개의 주택단지로 본다. 따라서 폭 15m의 일반도로로 분리된 주택단지는 하나의 주택단지로 본다.

- 다음의 시설로 분리된 토지는 각각 별개의 주택단지로 본다.
  1. 철도·고속도로·자동차전용도로
  2. 폭 20m 이상인 일반도로
  3. 폭 8m 이상인 도시계획예정도로

4. 보행자 및 자동차의 통행이 가능한 도로로서 다음에 해당하는 도로

　　㉠ 도시·군계획시설인 도로로서 국토교통부령으로 정하는 도로

　　㉡ 도로법에 따른 일반국도·특별시도·광역시도 또는 지방도

　　㉢ 그 밖에 관계 법령에 따라 설치된 도로로서 ㉠ 및 ㉡에 준하는 도로

정답 | ③

08 | 2021 공인중개사

주택법령상 주택단지가 일정한 시설로 분리된 토지는 각각 별개의 주택단지로 본다. 그 시설에 해당하지 <u>않는</u> 것은?

① 철도
② 폭 20미터의 고속도로
③ 폭 10미터의 일반도로
④ 폭 20미터의 자동차전용도로
⑤ 폭 10미터의 도시계획예정도로

해설 | 폭 10m인 일반도로로 분리된 토지는 하나의 주택단지이다. 폭 20m 이상인 일반도로로 분리된 토지는 별개의 주택단지로 본다.

- 다음의 시설로 분리된 토지는 각각 별개의 주택단지로 본다.

  1. 철도·고속도로·자동차전용도로 : ①, ②, ④

  2. 폭 20m 이상인 일반도로

  3. 폭 8m 이상인 도시계획예정도로 : ⑤

  4. 보행자 및 자동차의 통행이 가능한 도로로서 다음에 해당하는 도로

　　㉠ 도시·군계획시설인 도로로서 국토교통부령으로 정하는 도로

　　㉡ 도로법에 따른 일반국도·특별시도·광역시도 또는 지방도

　　㉢ 그 밖에 관계 법령에 따라 설치된 도로로서 ㉠ 및 ㉡에 준하는 도로

정답 | ③

09　2017 공인중개사

주택법령상 용어에 관한 설명으로 옳은 것은?

① 폭 10m인 일반도로로 분리된 토지는 각각 별개의 주택단지이다.
② 공구란 하나의 주택단지에서 둘 이상으로 구분되는 일단의 구역으로서 공구별 세대수는 200세대 이상으로 해야 한다.
③ 세대구분형 공동주택이란 공동주택의 주택 내부 공간의 일부를 세대별로 구분하여 생활이 가능한 구조로 하되 그 구분된 공간의 일부를 구분 소유할 수 있는 주택이다.
④ 500세대인 국민주택규모의 원룸형 주택은 도시형 생활주택에 해당한다.
⑤ 「산업입지 및 개발에 관한 법률」에 따른 산업단지개발사업에 의하여 개발·조성되는 공동주택이 건설되는 용지는 공공택지에 해당한다.

해설 | ① 폭 10m인 일반도로로 분리된 토지는 하나의 주택단지이다. [비교] 폭 20m 이상인 일반도로로 분리된 토지는 별개의 주택단지로 본다.
② 공구란 하나의 주택단지에서 둘 이상으로 구분되는 일단의 구역으로서 공구별 세대수는 300세대 이상으로 해야 한다.
③ 있는(×), 없는(○), 세대구분형 공동주택이란 공동주택의 주택 내부 공간의 일부를 세대별로 구분하여 생활이 가능한 구조로 하되, 그 구분된 공간의 일부를 구분 소유할 수 없는 주택이다.
④ 도시형 생활주택은 세대수가 300세대 미만으로 구성된다. 따라서 500세대인 국민주택규모의 원룸형 주택은 도시형 생활주택에 해당하지 않는다.

정답 | ⑤

10　2015 공인중개사

주택법령상 (　) 안에 알맞은 것은? 도시지역에서 국민주택 건설 사업계획승인을 신청하려는 경우 공구별로 분할하여 주택을 건설·공급하려면 주택단지의 전체 세대수는 (　) 세대 이상이어야 한다.

① 200　　　　② 300　　　　③ 400
④ 500　　　　⑤ 600

해설 | 주택건설사업을 시행하려는 자가 공구별로 분할하여 주택을 건설·공급하려면 주택단지의 전체 세대수는 600세대 이상이어야 한다.

정답 | ⑤

주택건설사업과 주택조합

2014년	2015년	2016년	2017년	2018년	2019년	2020년	2021년	2022년
3문	2문	1문	2문	1문	1문	2문	0문	1문

※ 최근 9년간 13문제 출제

01 ■■□
2020 공인중개사

주택법령상 주택건설사업자 등에 관한 설명으로 옳은 것을 모두 고른 것은?

> ㄱ. 한국토지주택공사가 연간 10만제곱미터 이상의 대지조성사업을 시행하려는 경우에는 대지조성사업의 등록을 하여야 한다.
> ㄴ. 세대수를 증가하는 리모델링주택조합이 그 구성원의 주택을 건설하는 경우에는 등록사업자와 공동으로 사업을 시행할 수 없다.
> ㄷ. 주택건설공사를 시공할 수 있는 등록사업자가 최근 3년간 300세대 이상의 공동주택을 건설한 실적이 있는 경우에는 주택으로 쓰는 층수가 7개층인 주택을 건설할 수 있다.

① ㄱ
② ㄷ
③ ㄱ, ㄴ
④ ㄴ, ㄷ
⑤ ㄱ, ㄴ, ㄷ

 ㉠ 한국토지주택공사가 대지조성사업을 시행하려는 경우에는 대지조성사업의 등록을 하지 않아도 된다.
㉡ 주택조합(세대수를 증가하지 아니하는 리모델링은 제외한다)은 그 구성원의 주택을 건설하는 경우에는 등록사업자와 공동으로 사업을 시행할 수 있다.
㉢ 주택으로 쓰는 층수가 6개층 이상인 아파트 건설 실적이 있는 자, 최근 3년간 300세대 이상의 공동주택을 건설한 실적이 있는 자는 주택으로 쓰는 층수가 6개층 이상인 주택을 건설할 수 있다. 따라서 최근 3년간 300세대 이상의 공동주택을 건설한 실적이 있는 등록사업자는 주택으로 쓰는 층수가 7개층인 주택을 건설할 수 있다. 옳은 내용이다.

정답 | ②

02 ■□□
2015 공인중개사

주택법령상 주택건설사업 등의 등록과 관련하여 (   ) 안에 들어갈 내용으로 옳게 연결된 것은? (단, 사업등록이 필요한 경우를 전제로 함)

> 연간 (ㄱ)호 이상의 단독주택 건설사업을 시행하려는 자 또는 연간 (ㄴ)제곱미터 이상의 대지조성사업을 시행하려는 자는 국토교통부장관에게 등록하여야 한다.

① ㄱ: 10, ㄴ: 10만
② ㄱ: 20, ㄴ: 1만
③ ㄱ: 20, ㄴ: 10만
④ ㄱ: 30, ㄴ: 1만
⑤ ㄱ: 30, ㄴ: 10만

해설 | 연간 ㉠ 20호 이상의 단독주택 건설사업을 시행하려는 자 또는 연간 ㉡ 1만㎡ 이상의 대지조성사업을 시행하려는 자는 국토교통부장관에게 등록하여야 한다.

정답 | ②

03 ■□□
2014 공인중개사

주택법령상 인가 대상 행위가 아닌 것은?

① 지역주택조합의 해산
② 리모델링주택조합의 설립
③ 국민주택을 공급받기 위하여 설립한 직장주택조합의 해산
④ 승인받은 조합원 추가모집에 따른 지역주택조합의 변경
⑤ 지역주택조합의 설립

해설 | 국민주택을 공급받기 위하여 설립한 직장주택조합을 설립·변경·해산하는 경우에는 인가가 아닌 신고 대상에 해당한다.

정답 | ③

04 2018 공인중개사

주택법령상 지역주택조합에 관한 설명으로 옳은 것은?

① 조합설립에 동의한 조합원은 조합설립인가가 있은 이후에는 자신의 의사에 의해 조합을 탈퇴할 수 없다.
② 총회의 의결로 제명된 조합원은 조합에 자신이 부담한 비용의 환급을 청구할 수 없다.
③ 조합임원의 선임을 의결하는 총회의 경우에는 조합원의 100분의 20 이상이 직접 출석하여야 한다.
④ 조합원을 공개모집한 이후 조합원의 자격상실로 인한 결원을 충원하려면 시장·군수·구청장에게 신고하고 공개모집의 방법으로 조합원을 충원하여야 한다.
⑤ 조합의 임원이 금고 이상의 실형을 받아 당연퇴직을 하면 그가 퇴직 전에 관여한 행위는 그 효력을 상실한다.

해설 | 총회의 의결을 하는 경우에는 조합원의 100분의 10 이상이 직접 출석하여야 한다. 다만, 창립총회, 조합임원의 선임 및 해임, 사업비의 조합원별 분담 명세, 자금의 차입과 그 방법·이자율 및 상환방법 등을 의결하는 총회의 경우에는 조합원의 100분의 20 이상이 직접 출석하여야 한다.

① 조합설립에 동의한 조합원은 조합설립인가가 있은 이후에도 자신의 의사에 의해 조합을 탈퇴할 수 있다.
② 총회의 의결로 제명된 조합원도 조합에 자신이 부담한 비용의 환급을 청구할 수 있다.
④ 조합원을 공개모집한 이후 조합원의 자격상실로 인한 결원을 충원하려는 경우에는 시장·군수·구청장에게 신고하지 아니하고 선착순의 방법으로 조합원을 충원할 수 있다.
⑤ 조합의 임원이 금고 이상의 실형을 받아 당연퇴직을 하더라도 그가 퇴직 전에 관여한 행위는 그 효력을 상실하지 아니한다.

정답 | ③

05 2019 공인중개사

주택법령상 지역주택조합의 설립인가신청을 위하여 제출하여야 하는 서류에 해당하지 않는 것은?

① 조합장선출동의서
② 조합원의 동의를 받은 정산서
③ 조합원 전원이 자필로 연명한 조합규약
④ 조합원 자격이 있는 자임을 확인하는 서류
⑤ 해당 주택건설대지의 80퍼센트 이상에 해당하는 토지의 사용권을 확보하였음을 증명하는 서류

해설 | 조합원 동의를 받은 정산서는 해산인가를 받으려는 경우에 첨부하는 서류이다.

- 지역주택조합, 직장주택조합의 설립인가신청 제출서류
1. 창립총회 회의록
2. 조합장선출동의서 : ①
3. 조합원 전원이 자필로 연명(連名)한 조합규약 : ③
4. 조합원 명부
5. 사업계획서
6. 해당 주택건설대지의 80% 이상에 해당하는 토지의 사용권원을 확보하였음을 증명하는 서류 : ⑤
7. 해당 주택건설대지의 15% 이상에 해당하는 토지의 소유권을 확보하였음을 증명하는 서류
8. 고용자가 확인하는 근무확인서(직장주택조합의 경우만 해당한다)
9. 조합원 자격이 있는 자임을 확인하는 서류 : ④

정답 | ②

06 ■■□ 2015 공인중개사 수정

주택법령상 주택단지 전체를 대상으로 증축형 리모델링을 하기 위하여 리모델링주택조합을 설립하려는 경우 조합설립인가 신청 시 제출해야 할 첨부서류가 아닌 것은? (단, 조례는 고려하지 않음)

① 창립총회의 회의록
② 조합원 전원이 자필로 연명한 조합규약
③ 해당 주택건설대지의 80% 이상에 해당하는 토지의 사용권원을 확보하였음을 증명하는 서류
④ 해당 주택이 사용검사를 받은 후 15년 이상 경과하였음을 증명하는 서류
⑤ 조합원 명부

해설 | 주택건설대지의 80% 이상에 해당하는 토지의 사용권원을 확보하였음을 증명하는 서류는 지역주택조합과 직장주택조합 설립인가신청에 해당하는 서류이다. [비교] 리모델링주택조합은 해당 주택건설대지의 80% 이상에 해당하는 토지의 사용권원을 확보하였음을 증명하는 서류를 제출하지 않는다.

정답 | ③

07 ■■■ 2013 공인중개사

주택법령상 지역주택조합 총회의 필수적 의결사항에 해당하지 않는 것은?

① 조합임원의 선임 및 해임
② 사업비의 조합원별 분담내역
③ 주택상환사채의 발행방법의 변경
④ 자금의 차입과 그 방법·이자율 및 상환방법
⑤ 주택건설대지의 위치 및 면적에 관한 조합규약의 변경

해설 | 주택상환사채의 발행방법의 변경은 지역주택조합 총회의 필수적 의결사항에 해당하지 않는다. 지역주택조합이 반드시 총회의 의결을 거치는 사항은 다음과 같다.

- 지역주택조합 총회의 필수적 의결사항
1. 조합규약의 변경 : ⑤
2. 자금의 차입과 그 방법·이자율 및 상환방법 : ③
3. 예산으로 정한 사항 외에 조합원에게 부담이 될 계약의 체결

4. 시공자의 선정·변경 및 공사계약의 체결

5. 조합임원의 선임 및 해임 : ①

6. 사업비의 조합원별 분담내역 : ②

7. 조합해산의 결의 및 해산 시의 회계보고

8. 업무대행자의 선정·변경 및 업무대행계약의 체결

정답 | ③

08 2014 공인중개사 수정

주택법령상 주택조합에 관한 설명으로 틀린 것은?

① 등록사업자와 공동으로 주택건설사업을 하는 주택조합은 등록하지 않고 공동주택의 건설사업을 시행할 수 있다.

② 리모델링주택조합은 그 리모델링 결의에 찬성하지 아니하는 자의 토지에 대하여 매도청구를 할 수 없다.

③ 국민주택을 공급받기 위하여 직장주택조합을 설립하려는 자는 관할 시장·군수·구청장에게 신고하여야 한다.

④ 주택조합(리모델링주택조합은 제외한다)은 그 구성원을 위하여 건설하는 주택을 그 조합원에게 우선 공급할 수 있다.

⑤ 시공자와의 공사계약 체결은 조합총회의 의결을 거쳐야 한다.

해설 | 리모델링의 허가를 신청하기 위한 동의율을 확보한 경우 리모델링 결의를 한 리모델링주택조합은 그 리모델링 결의에 찬성하지 아니하는 자의 주택 및 토지에 대하여 매도청구를 할 수 있다.

정답 | ②

09 2014 공인중개사

주택법령상 리모델링에 관한 설명으로 옳은 것은? (단, 조례는 고려하지 않음)

① 기존 14층 건축물에 수직증축형 리모델링이 허용되는 경우 2개 층까지 증축할 수 있다.

② 리모델링주택조합의 설립인가를 받으려는 자는 인가신청서에 해당 주택건설대지의 80% 이상에 해당하는 토지의 사용권원을 확보하였음을 증명하는 서류를 첨부하여 관할 시장·군수 또는 구청장에게 제출하여야 한다.

③ 소유자 전원의 동의를 받은 입주자대표회의는 시장·군수·구청장에게 신고하고 리모델링을 할 수 있다.
④ 수직증축형 리모델링의 경우 리모델링주택조합의 설립인가신청서에 해당 주택이 사용검사를 받은 후 10년 이상의 기간이 지났음을 증명하는 서류를 첨부하여야 한다.
⑤ 리모델링주택조합이 시공자를 선정하는 경우 수의계약의 방법으로 하여야 한다.

해설 | 수직증축형 리모델링의 경우 기존 건축물의 층수가 15층 이상인 경우에는 3개층 이하 범위에서 증축할 수 있고, 기존 건축물의 층수가 14층 이하의 경우에는 2개층 이하의 범위에서 증축할 수 있다.

② 주택건설대지의 80% 이상에 해당하는 토지의 사용권원을 확보하였음을 증명하는 서류는 지역주택조합과 직장주택조합 설립인가신청에 해당하는 서류이다. [비교] 리모델링주택조합은 해당 주택건설대지의 80% 이상에 해당하는 토지의 사용권원을 확보하였음을 증명하는 서류를 제출하지 않는다.
③ 신고하고(×), 허가를 받아(○), 소유자 전원의 동의를 받은 입주자대표회의는 시장·군수·구청장에게 허가를 받아 리모델링을 할 수 있다.
④ 10년(×), 15년(○), 수직증축형 리모델링의 경우 리모델링주택조합의 설립인가신청서에 해당 주택이 사용검사를 받은 후 15년 이상의 기간이 지났음을 증명하는 서류를 첨부하여야 한다.
⑤ 수의계약(×), 경쟁입찰(○), 리모델링주택조합이 시공자를 선정하는 경우 경쟁입찰의 방법으로 하여야 한다.

정답 | ①

10 2016 공인중개사

주택법령상 주택조합에 관한 설명으로 옳은 것은?

① 국민주택을 공급받기 위하여 설립한 직장주택조합을 해산하려면 관할 시장·군수·구청장의 인가를 받아야 한다.
② 지역주택조합은 임대주택으로 건설·공급하여야 하는 세대수를 포함하여 주택건설예정세대수의 3분의 1 이상의 조합원으로 구성하여야 한다.
③ 리모델링주택조합의 경우 공동주택의 소유권이 수인의 공유에 속하는 경우에는 그 수인 모두를 조합원으로 본다.
④ 지역주택조합의 설립 인가 후 조합원이 사망하였더라도 조합원수가 주택건설예정세대수의 2분의 1 이상을 유지하고 있다면 조합원을 충원할 수 없다.

⑤ 지역주택조합이 설립인가를 받은 후에 조합원을 추가모집한 경우에는 주택조합의 변경인가를 받아야 한다.

해설 | ① 국민주택을 공급받기 위하여 직장주택조합을 설립하려는 자는 관할 시장·군수·구청장에게 신고하여야 한다. 신고한 내용을 변경하거나 직장주택조합을 해산하려는 경우에도 신고하여야 한다.
② 지역주택조합은 임대주택으로 건설·공급하는 세대수는 제외하고, 주택건설 예정 세대수의 50% 이상의 조합원으로 구성하여야 한다.
③ 리모델링주택조합의 경우 공동주택의 소유권이 여러 명의 공유에 속하는 경우에는 그 수인을 대표하는 1명을 조합원으로 본다.
④ 조합원이 사망한 경우에는 조합원을 충원할 수 있다.

정답 | ⑤

11 2017 공인중개사

주택법령상 지역주택조합의 조합원에 관한 설명으로 틀린 것은?

① 조합원의 사망으로 그 지위를 상속받는 자는 조합원이 될 수 있다.
② 조합원이 근무로 인하여 세대주 자격을 일시적으로 상실한 경우로서 시장·군수·구청장이 인정하는 경우에는 조합원 자격이 있는 것으로 본다.
③ 조합설립 인가 후에 조합원의 탈퇴로 조합원 수가 주택건설 예정 세대수의 50% 미만이 되는 경우에는 결원이 발생한 범위에서 조합원을 신규로 가입하게 할 수 있다.
④ 조합설립 인가 후에 조합원으로 추가 모집되는 자가 조합원 자격 요건을 갖추었는지를 판단할 때에는 추가모집공고일을 기준으로 한다.
⑤ 조합원 추가모집에 따른 주택조합의 변경인가 신청은 사업계획승인신청일까지 하여야 한다.

해설 | 추가모집공고일(×), 조합설립인가신청일(○), 조합설립 인가 후에 조합원으로 추가모집되는 자가 조합원 자격 요건을 갖추었는지를 판단할 때에는 조합설립인가신청일을 기준으로 한다.

정답 | ④

12 2017 공인중개사

주택법령상 주택조합에 관한 설명으로 틀린 것은? (단, 리모델링주택조합은 제외함)

① 지역주택조합설립인가를 받으려는 자는 해당 주택건설대지의 80% 이상에 해당하는 토지의 사용권원을 확보하여야 한다.
② 탈퇴한 조합원은 조합규약으로 정하는 바에 따라 부담한 비용의 환급을 청구할 수 있다.
③ 주택조합은 주택건설 예정 세대수의 50% 이상의 조합원으로 구성하되, 조합원은 10명 이상이어야 한다.
④ 지역주택조합은 그 구성원을 위하여 건설하는 주택을 그 조합원에게 우선 공급할 수 있다.
⑤ 조합원의 공개모집 이후 조합원의 사망·자격상실·탈퇴 등으로 인한 결원을 충원하거나 미달된 조합원을 재모집하는 경우에는 신고하지 아니하고 선착순의 방법으로 조합원을 모집할 수 있다.

해설 | 주택조합은 주택건설 예정 세대수의 50% 이상의 조합원으로 구성하되, 조합원은 20명 이상이어야 한다.

정답 | ③

13 2020 공인중개사

주택법령상 지역주택조합이 설립인가를 받은 후 조합원을 신규로 가입하게 할 수 있는 경우와 결원의 범위에서 충원할 수 있는 경우 중 어느 하나에도 해당하지 않는 것은?

① 조합원이 사망한 경우
② 조합원이 무자격자로 판명되어 자격을 상실하는 경우
③ 조합원 수가 주택건설 예정 세대수를 초과하지 아니하는 범위에서 조합원 추가모집의 승인을 받은 경우
④ 조합원의 탈퇴 등으로 조합원 수가 주택건설 예정 세대수의 60퍼센트가 된 경우
⑤ 사업계획승인의 과정에서 주택건설 예정 세대수가 변경되어 조합원 수가 변경된 세대수의 40퍼센트가 된 경우

해설 | 조합원의 탈퇴 등으로 조합원 수가 주택건설 예정 세대수의 50% 미만인 경우에 조합원을 충원할 수 있다. 따라서 조합원의 탈퇴 등으로 조합원수가 주택건설 예정 세대수의 60%가 된 경우에는 이미 예정 세대수의 50%를 초과하기 때문에 조합원을 충원할 수 없다.

정답 | ④

핵심테마 35 주택상환사채

2014년	2015년	2016년	2017년	2018년	2019년	2020년	2021년	2022년
0문	0문	1문	0문	0문	0문	1문	1문	1문

※ 최근 9년간 4문제 출제

01 ■■□
2016 공인중개사

주택법령상 주택상환사채에 관한 설명으로 틀린 것은?

① 등록사업자가 주택상환사채를 발행하려면 금융기관 또는 주택도시보증공사의 보증을 받아야 한다.
② 주택상환사채는 취득자의 성명을 채권에 기록하지 아니하면 사채발행자 및 제3자에게 대항할 수 없다.
③ 등록사업자의 등록이 말소된 경우에는 등록사업자가 발행한 주택상환사채의 효력은 상실된다.
④ 주택상환사채의 발행자는 주택상환사채대장을 비치하고, 주택상환사채권의 발행 및 상환에 관한 사항을 기재하여야 한다.
⑤ 주택상환사채를 발행하려는 자는 주택상환사채발행계획을 수립하여 국토교통부장관의 승인을 받아야 한다.

해설 | 등록사업자의 등록이 말소된 경우에도 등록사업자가 발행한 주택상환사채의 효력에는 영향을 미치지 아니한다.

정답 | ③

02 ■■□
2020 공인중개사

주택법령상 주택상환사채에 관한 설명으로 틀린 것은?

① 한국토지주택공사는 주택상환사채를 발행할 수 있다.
② 주택상환사채는 기명증권으로 한다.
③ 사채권자의 명의변경은 취득자의 성명과 주소를 사채원부에 기록하는 방법으로 한다.
④ 주택상환사채를 발행한 자는 발생조건에 따라 주택을 건설하여 사채권자에게 상환하여야 한다.

⑤ 등록사업자의 등록이 말소된 경우에는 등록사업자가 발행한 주택상환사채도 효력을 상실한다.

해설 | 등록사업자의 등록이 말소된 경우에도 등록사업자가 발생한 주택상환사채의 효력에는 영향을 미치지 아니한다.

① 한국토지주택공사와 등록사업자는 주택상환사채를 발행할 수 있다.

② 주택상환사채는 기명증권으로 하고, 이를 양도하거나 중도에 해약할 수 없다.

③ 사채권자의 명의변경은 취득자의 성명과 주소를 사채원부에 기록하는 방법으로 하며, 취득자의 성명을 채권에 기록하지 아니하면 사채발행자 및 제3자에게 대항할 수 없다.

정답 | ⑤

03 2021 공인중개사

주택법령상 주택상환사채의 납입금이 사용될 수 있는 용도로 명시된 것을 모두 고른 것은?

ㄱ. 주택건설자재의 구입
ㄴ. 택지의 구입 및 조성
ㄷ. 주택조합 운영비에의 충당
ㄹ. 주택조합 가입 청약철회자의 가입비 반환

① ㄱ, ㄴ
② ㄱ, ㄹ
③ ㄷ, ㄹ
④ ㄱ, ㄴ, ㄷ
⑤ ㄴ, ㄷ, ㄹ

해설 | • 주택상환사채의 납입금이 사용될 수 있는 용도

1. 주택건설자재의 구입 : ㉠
2. 택지의 구입 및 조성 : ㉡
3. 건설공사비 충당

정답 | ①

핵심테마 36 사업계획승인

2014년	2015년	2016년	2017년	2018년	2019년	2020년	2021년	2022년
0문	2문	0문	1문	1문	2문	1문	1문	0문

※ 최근 9년간 8문제 출제

01 ■■□
2015 공인중개사

주택법령상 (   ) 안에 들어갈 내용으로 옳게 연결된 것은? (단, 주택 외의 시설과 주택이 동일 건축물로 건축되지 않음을 전제로 함)

> ○ 한국토지주택공사가 서울특별시 A구에서 대지면적 10만 제곱미터에 50호의 한옥 건설사업을 시행하려는 경우 (ㄱ)으로부터 사업계획승인을 받아야 한다.
> ○ B광역시 C구에서 지역균형개발이 필요하여 국토교통부장관이 지정·고시하는 지역 안에 50호의 한옥 건설사업을 시행하는 경우 (ㄴ)으로부터 사업계획승인을 받아야 한다.

① ㄱ: 국토교통부장관, ㄴ: 국토교통부장관
② ㄱ: 서울특별시장, ㄴ: C구청장
③ ㄱ: 서울특별시장, ㄴ: 국토교통부장관
④ ㄱ: A구청장, ㄴ: C구청장
⑤ ㄱ: 국토교통부장관, ㄴ: B광역시장

해설 | ㉠ 한옥의 경우 50호 이상을 주택건설사업을 시행하려는 자는 사업계획승인을 받아야 한다. 국가 및 한국토지주택공사가 사업주체로 시행하는 경우 국토교통부장관으로부터 사업계획승인을 받아야 한다.

㉡ 지역균형개발 또는 광역적 차원의 조정이 필요하여 국토교통부장관이 지정·고시하는 지역에서 주택사업을 시행하는 경우 국토교통부장관으로부터 사업계획승인을 받아야 한다.

• 국토교통부장관으로부터 사업계획승인을 받아야 하는 경우
1. 국가 및 한국토지주택공사가 시행하는 경우 : ㉠
2. 330만㎡ 이상의 규모로 「택지개발촉진법」에 의한 택지개발사업 또는 「도시개발법」에 의한 도시개발사업을 추진하는 지역 중 국토교통부장관이 지정·고시하는 지역 안에서 주택건설

사업을 시행하는 경우

3. 수도권·광역시 지역의 긴급한 주택난 해소가 필요하거나 지역균형개발 또는 광역적 차원의 조정이 필요하여 국토교통부장관이 지정·고시하는 지역 안에서 주택건설사업을 시행하는 경우 : ⓒ

4. 국가, 지방자치단체, 한국토지주택공사, 지방공사가 단독 또는 공동으로 총지분의 50%를 초과하여 출자한 위탁관리 부동산투자회사(해당 부동산투자 회사의 자산관리회사가 한국토지주택공사인 경우만 해당)가 공공주택건설사업을 시행하는 경우

정답 | ①

02 2017 공인중개사

주택법령상 주택건설사업계획의 승인 등에 관한 설명으로 틀린 것은? (단, 다른 법률에 따른 사업은 제외함)

① 주거전용 단독주택인 건축법령상의 한옥 50호 이상의 건설사업을 시행하려는 자는 사업계획승인을 받아야 한다.
② 주택건설사업을 시행하려는 자는 전체 세대수가 600세대 이상의 주택단지를 공구별로 분할하여 주택을 건설·공급할 수 있다.
③ 사업주체는 공사의 착수시간이 연장되지 않는 한 주택건설사업계획의 승인을 받은 날부터 5년 이내에 공사를 시작하여야 한다.
④ 사업계획승인권자는 사업계획승인의 신청을 받았을 때에는 정당한 사유가 없으면 신청받은 날부터 60일 이내에 사업주체에게 승인 여부를 통보하여야 한다.
⑤ 사업계획승인의 조건으로 부과된 사항을 이행함에 따라 공사 착수가 지연되는 경우, 사업계획승인권자는 그 사유가 없어진 날부터 3년의 범위에서 공사의 착수기간을 연장할 수 있다.

해설 | 사업계획승인의 조건으로 부과된 사항을 이행함에 따라 공사 착수가 지연되는 경우, 사업계획승인권자는 그 사유가 없어진 날부터 1년의 범위에서 공사의 착수기간을 연장할 수 있다.

정답 | ⑤

03　2021 공인중개사

주택법령상 사업계획승인 등에 관한 설명으로 틀린 것은? (단, 다른 법률에 따른 사업은 제외함)

① 주택건설사업을 시행하려는 자는 전체 세대수가 600세대 이상의 주택단지를 공구별로 분할하여 주택을 건설·공급할 수 있다.
② 사업계획승인권자는 착공신고를 받은 날부터 20일 이내에 신고수리 여부를 신고인에게 통지하여야 한다.
③ 사업계획승인권자는 사업계획승인의 신청을 받았을 때에는 정당한 사유가 없으면 신청받은 날부터 60일 이내에 사업주체에게 승인 여부를 통보하여야 한다.
④ 사업주체는 사업계획승인을 받은 날부터 1년 이내에 공사를 착수하여야 한다.
⑤ 사업계획에는 부대시설 및 복리시설의 설치에 관한 계획 등이 포함되어야 한다.

해설 | 사업주체는 사업계획승인을 받은 날부터 5년 이내에 공사를 착수하여야 한다.
정답 | ④

04　2019 공인중개사

주택법령상 주택건설사업계획승인에 관한 설명으로 틀린 것은?

① 사업계획에는 부대시설 및 복리시설의 설치에 관한 계획 등이 포함되어야 한다.
② 주택단지의 전체 세대수가 500세대인 주택건설사업을 시행하려는 자는 주택단지를 공구별로 분할하여 주택을 건설·공급할 수 있다.
③ 한국토지주택공사법에 따른 한국토지주택공사는 동일한 규모의 주택을 대량으로 건설하려는 경우에는 국토교통부장관에게 주택의 형별(型別)로 표본설계도서를 작성·제출하여 승인을 받을 수 있다.
④ 사업계획승인권자는 사업계획을 승인할 때 사업주체가 제출하는 사업계획에 해당 주택건설사업과 직접적으로 관련이 없거나 과도한 기반시설의 기부채납을 요구하여서는 아니 된다.
⑤ 사업계획승인권자는 사업계획승인의 신청을 받았을 때에는 정당한 사유가 없으면 신청받은 날부터 60일 이내에 사업주체에게 승인 여부를 통보하여야 한다.

해설 | 주택단지의 전체 세대수가 600세대 이상인 주택건설사업을 시행하려는 자는 주택단지를 공구별로 분할하여 주택을 건설·공급할 수 있다.
정답 | ②

05 2020 공인중개사

주택법령상 사업계획의 승인 등에 관한 설명으로 옳은 것을 모두 고른 것은? (단, 다른 법률에 따른 사업은 제외함)

> ㄱ. 대지조성사업계획승인을 받으려는 자는 사업계획승인신청서에 조성한 대지의 공급계획서를 첨부하여 사업계획승인권자에게 제출하여야 한다.
> ㄴ. 등록사업자는 동일한 규모의 주택을 대량으로 건설하려는 경우에는 시·도지사에게 주택의 형별로 표본설계도서를 작성·제출하여 승인을 받을 수 있다.
> ㄷ. 지방공사가 사업주체인 경우 건축물의 설계와 용도별 위치를 변경하지 아니하는 범위에서의 건축물의 배치조정은 사업계획변경승인을 받지 않아도 된다.

① ㄱ　　② ㄱ, ㄴ　　③ ㄱ, ㄷ
④ ㄴ, ㄷ　　⑤ ㄱ, ㄴ, ㄷ

해설 | ㉠ 대지조성사업계획승인을 받으려는 자는 사업계획승인신청서에 조성한 대지의 공급계획서를 첨부하여 사업계획승인권자에게 제출하여야 한다. 옳은 내용이다.

㉡ 시·도지사에게(×), 국토교통부장관에게(○), 등록사업자는 동일한 규모의 주택을 대량으로 건설하려는 경우에는 국토교통부장관에게 주택의 형별로 표본설계도서를 작성·제출하여 승인을 받을 수 있다.

㉢ 지방공사가 사업주체인 경우 건축물의 설계와 용도별 위치를 변경하지 아니하는 범위에서의 건축물의 배치조정은 경미한 사항에 해당하여 사업계획변경승인을 받지 아니한다. 옳은 내용이다.

정답 | ③

06 ■■□ 2015 공인중개사 수정

사업주체 甲은 사업계획승인권자 乙로부터 주택건설사업을 공구별로 분할하여 시행하는 것을 내용으로 사업계획승인을 받았다. 주택법령상 이에 관한 설명으로 틀린 것은?

① 乙은 사업계획승인에 관한 사항을 고시하여야 한다.
② 甲은 최초로 공사를 진행하는 공구 외의 공구에서 해당주택단지에 대한 최초 착공신고일부터 2년 이내에 공사를 시작하여야 한다.
③ 甲이 소송 진행으로 인하여 공사착수가 지연되어 연장신청을 한 경우, 乙은 그 분쟁이 종료된 날부터 2년의 범위에서 공사 착수기간을 연장할 수 있다.
④ 주택분양보증을 받지 않은 甲이 파산하여 공사 완료가 불가능한 경우, 乙은 사업계획승인을 취소할 수 있다.
⑤ 甲이 최초로 공사를 진행하는 공구 외의 공구에서 해당주택단지에 대한 최초 착공신고일부터 2년이 지났음에도 사업주체가 공사를 시작하지 아니한 경우 乙은 사업계획승인을 취소할 수 없다.

해설 | 甲이 소송진행으로 인하여 공사착수가 지연되어 연장신청을 하는 경우, 사업계획승인권자인 乙은 그 분쟁이 종료된 날부터 1년의 범위에서 공사착수기간을 연장할 수 있다.

정답 | ③

07 ■■■ 2019 공인중개사

주택법령상 사업계획승인권자가 사업주체의 신청을 받아 공사의 착수기간을 연장할 수 있는 경우가 아닌 것은? (단, 공사에 착수하지 못할 다른 부득이한 사유는 고려하지 않음)

① 사업계획승인의 조건으로 부과된 사항을 이행함에 따라 공사 착수가 지연되는 경우
② 공공택지의 개발·조성을 위한 계획에 포함된 기반시설의 설치 지연으로 공사 착수가 지연되는 경우
③ 「매장문화재 보호 및 조사에 관한 법률」에 따라 문화재청장의 매장문화재 발굴허가를 받은 경우
④ 해당 사업시행지에 대한 소유권 분쟁을 사업주체가 소송 외의 방법으로 해결하는 과정에서 공사 착수가 지연되는 경우
⑤ 사업주체에게 책임이 없는 불가항력적인 사유로 인하여 공사 착수가 지연되는 경우

해설 | 소송 외의 방법으로(×), 소송의 방법으로(○), 해당 사업시행지에 대한 소유권 분쟁을 소송의 방법으로 해결하는 과정에서 공사착수가 지연되는 경우에는 착수기간을 연장할 수 있다.

정답 | ④

08 2018 공인중개사

주택법령상 주택건설사업에 대한 사업계획의 승인에 관한 설명으로 틀린 것은?

① 지역주택조합은 설립인가를 받은 날부터 2년 이내에 사업계획승인을 신청하여야 한다.
② 사업주체가 승인받은 사업계획에 따라 공사를 시작하려는 경우 사업계획승인권자에게 신고하여야 한다.
③ 사업계획승인권자는 사업주체가 경매로 인하여 대지소유권을 상실한 경우에는 그 사업계획의 승인을 취소하여야 한다.
④ 사업주체가 주택건설대지를 사용할 수 있는 권원을 확보한 경우에는 그 대지의 소유권을 확보하지 못한 경우에도 사업계획의 승인을 받을 수 있다.
⑤ 주택조합이 승인받은 총사업비의 10퍼센트를 감액하는 변경을 하려면 변경승인을 받아야 한다.

해설 | 취소하여야 한다(×). 취소할 수 있다(○). 사업계획승인권자는 사업주체가 경매로 인하여 대지소유권을 상실한 경우에는 그 사업계획의 승인을 취소할 수 있다.

정답 | ③

매도청구 및 사용검사 등

2014년	2015년	2016년	2017년	2018년	2019년	2020년	2021년	2022년
0문	1문	0문	0문	1문	1문	1문	0문	0문

※ 최근 9년간 4문제 출제

01 ■■□
2015 공인중개사

주택법령상 사업계획승인을 받은 사업주체에게 인정되는 매도청구권에 관한 설명으로 옳은 것은?

① 주택건설대지에 사용권원을 확보하지 못한 건축물이 있는 경우 그 건축물은 매도청구의 대상이 되지 않는다.
② 사업주체는 매도청구일 전 60일부터 매도청구 대상이 되는 대지의 소유자와 협의를 진행하여야 한다.
③ 사업주체가 주택건설대지면적 중 100분의 90에 대하여 사용권원을 확보한 경우, 사용권원을 확보하지 못한 대지의 모든 소유자에게 매도청구를 할 수 있다.
④ 사업주체가 주택건설대지면적 중 100분의 80에 대하여 사용권원을 확보한 경우, 사용권원을 확보하지 못한 대지의 소유자 중 지구단위계획구역 결정고시일 10년 이전에 해당 대지의 소유권을 취득하여 계속 보유하고 있는 자에 대하여는 매도청구를 할 수 없다.
⑤ 사업주체가 리모델링주택조합인 경우 리모델링 결의에 찬성하지 아니하는 자의 주택에 대하여는 매도청구를 할 수 없다.

해설 | ① 주택건설대지에 사용권원을 확보하지 못한 건축물이 있는 경우 그 건축물은 매도청구의 대상에 포함된다.
② 사업주체는 매도청구를 하기 전에 3개월 이상 협의를 하여야 한다.
③ 사업주체가 주택건설대지면적 중 95% 이상에 대하여 사용권원을 확보한 경우, 사용권원을 확보하지 못한 대지의 모든 소유자에게 매도청구를 할 수 있다.
⑤ 사업주체가 리모델링주택조합인 경우 리모델링 결의에 찬성하지 아니한 주택에 대하여는 매도청구를 할 수 있다.

정답 | ④

02 2018 공인중개사

주택건설사업이 완료되어 사용검사가 있은 후에 甲이 주택단지 일부의 토지에 대해 소유권이전등기 말소소송에 따라 해당 토지의 소유권을 회복하게 되었다. 주택법령상 이에 관한 설명으로 옳은 것은?

① 주택의 소유자들은 甲에게 해당 토지를 공시지가로 매도할 것을 청구할 수 있다.
② 대표자를 선정하여 매도청구에 관한 소송을 하는 경우 대표자는 복리시설을 포함하여 주택의 소유자 전체의 4분의 3이상의 동의를 받아 선정한다.
③ 대표자를 선정하여 매도청구에 관한 소송을 하는 경우 그 판결은 대표자 선정에 동의하지 않은 주택의 소유자에게는 효력이 미치지 않는다.
④ 甲이 소유권을 회복한 토지의 면적이 주택단지 전체 대지 면적의 5퍼센트를 넘는 경우에는 주택 소유자 전원의 동의가 있어야 매도청구를 할 수 있다.
⑤ 甲이 해당 토지의 소유권을 회복한 날부터 1년이 경과한 이후에는 甲에게 매도청구를 할 수 없다.

해설 | ① 주택의 소유자들은 甲에게 해당 토지를 시가로 매도할 것을 청구할 수 있다.
③ 대표자를 선정하여 매도청구에 관한 소송을 하는 경우 그 판결은 주택의 소유자 전체에 대하여 효력이 있다.
④ 甲이 소유권을 회복한 토지의 면적이 주택단지 전체 대지 면적의 5% 미만인 경우에는 매도청구를 할 수 있다.
⑤ 甲이 해당 토지의 소유권을 회복한 날부터 2년이 지난 이후에는 甲에게 매도청구를 할 수 없다.

정답 | ②

03
2019 공인중개사

「주택법」상 사용검사 후 매도청구 등에 관한 조문의 일부이다. (   )에 들어갈 숫자를 바르게 나열한 것은?

> 「주택법」제62조(사용검사 후 매도청구 등)
> ①~③ <생략>
> ④ 제1항에 따라 매도청구를 하려는 경우에는 해당토지의 면적이 주택단지 전체 대지 면적의 (ㄱ)퍼센트 미만이여야 한다.
> ⑤ 제1항에 따른 매도청구의 의사표시는 실소유자가 해당 토지 소유권을 회복한 날부터 (ㄴ)년 이내에 해당 실소유자에게 송달되어야 한다.
> ⑥ <생략>

① ㄱ: 5, ㄴ: 1
② ㄱ: 5, ㄴ: 2
③ ㄱ: 5, ㄴ: 3
④ ㄱ: 10 ㄴ: 1
⑤ ㄱ: 10 ㄴ: 2

해설 | ④ 제1항에 따라 매도청구를 하려는 경우에는 해당토지의 면적이 주택단지 전체 대지 면적의 ㉠ 5퍼센트 미만이여야 한다.
⑤ 제1항에 따른 매도청구의 의사표시는 실소유자가 해당 토지 소유권을 회복한 날부터 ㉡ 2년 이내에 해당 실소유자에게 송달되어야 한다.

정답 | ②

04
2013 공인중개사

주택법령상 주택의 사용검사 등에 관한 설명으로 틀린 것은?

① 주택건설 사업계획 승인의 조건이 이행되지 않은 경우에는 공사가 완료된 주택에 대하여 동별로 사용검사를 받을 수 없다.
② 사업주체가 파산하여 주택건설사업을 계속 할 수 없고 시공보증자도 없는 경우 입주예정자대표회의가 시공자를 정하여 잔여공사를 시공하고 사용검사를 받아야 한다.
③ 주택건설사업을 공구별로 분할하여 시행하는 내용으로 사업계획의 승인을 받은 경우 완공된 주택에 대하여 공구별로 사용검사를 받을 수 있다.
④ 사용검사는 그 신청일부터 15일 이내에 하여야 한다.

⑤ 공동주택이 동별로 공사가 완료되고 임시사용승인신청이 있는 경우 대상 주택이 사업계획의 내용에 적합하고 사용에 지장이 없는 때에는 세대별로 임시사용승인을 할 수 있다.

해설 | 사업계획을 승인받은 경우에는 완공된 주택에 대하여 공구별로 사용검사를 받을 수 있고, 주택건설 사업계획 승인의 조건이 이행되지 않은 경우에는 공사가 완료된 주택에 대하여 동별로 사용검사를 받을 수 있다.

- 임시사용승인
1. 대지조성 사업의 경우 : 구획별로 공사가 완료된 때
2. 주택건설사업의 경우 : 동별로 공사가 완료된 때 동별로 사용검사
3. 공동주택인 경우 : 세대별로 임시사용승인 : ⑤

정답 | ①

05 2020 공인중개사

주택법령상 주택의 감리자에 관한 설명으로 옳은 것을 모두 고른 것은?

> ㄱ. 사업계획승인권자는 감리자가 업무수행 중 위반 사항이 있음을 알고도 묵인한 경우 그 감리자에 대하여 2년의 범위에서 감리업무의 지정을 제한할 수 있다.
> ㄴ. 설계도서가 해당 지형 등에 적합한지에 대한 확인은 감리자의 업무에 해당한다.
> ㄷ. 감리자는 업무를 수행하면서 위반 사항을 발견하였을 때에는 지체 없이 시공자 및 사업주체에게 위반 사항을 시정할 것을 통지하고, 7일 이내에 사업계획승인권자에게 그 내용을 보고하여야 한다.

① ㄱ   ② ㄴ   ③ ㄱ, ㄴ   ④ ㄱ, ㄷ   ⑤ ㄴ, ㄷ

해설 | ㉠ 사업계획승인권자는 감리자가 업무수행 중 위반 사항이 있음을 알고도 묵인한 경우 그 감리자에 대하여 1년의 범위에서 감리업무의 지정을 제한할 수 있다.
㉡ 설계도서가 해당 지형 등에 적합한지에 대한 확인은 감리자의 업무에 해당한다. 옳은 내용이다.
㉢ 감리자는 업무를 수행하면서 위반 사항을 발견하였을 때에는 지체 없이 시공자 및 사업주체에게 위반 사항을 시정할 것을 통지하고, 7일 이내에 사업계획승인권자에게 그 내용을 보고하여야 한다. 옳은 내용이다.

정답 | ⑤

주택의 공급 및 전매행위 제한

2014년	2015년	2016년	2017년	2018년	2019년	2020년	2021년	2022년
3문	1문	2문	2문	1문	1문	0문	3문	1문

※ 최근 9년간 14문제 출제

01 ▪▪▪
2015 공인중개사

주택법령상 주택의 공급에 관한 설명으로 옳은 것은?

① 한국토지주택공사가 사업주체로서 복리시설의 입주자를 모집하려는 경우 시장·군수·구청장에게 신고하여야 한다.
② 지방공사가 사업주체로서 견본주택을 건설하는 경우에는 견본주택에 사용되는 마감자재 목록표와 견본주택의 각 실의 내부를 촬영한 영상물 등을 제작하여 시장·군수·구청장에게 제출하여야 한다.
③ 「관광진흥법」에 따라 지정된 관광특구에서 건설·공급하는 50층 이상의 공동주택은 분양가상한제의 적용을 받는다.
④ 공공택지 외의 택지로서 분양가상한제가 적용되는 지역에서 공급하는 도시형 생활주택은 분양가상한제의 적용을 받는다.
⑤ 시·도지사는 사업계획승인 신청이 있는 날부터 30일 이내에 분양가심사위원회를 설치·운영하여야 한다.

해설 | ① 공공주택사업자인 한국토지주택공사는 복리시설의 입주자를 모집하려는 경우에 신고하지 아니한다. [비교] 사업주체(공공주택사업자는 제외)가 입주자를 모집하려는 경우 시장·군수·구청장의 승인을 받아야 한다. 다만, 복리시설의 경우에는 신고하여야 한다.
③ 「관광진흥법」에 따라 지정된 관광특구에서 건설·공급하는 50층 이상이거나 높이가 150m 이상인 공동주택은 분양가상한제를 적용하지 아니한다.
④ 도시형 생활주택은 분양가상한제를 적용하지 아니한다.
⑤ 시장·군수·구청장은 사업계획승인 신청이 있는 날부터 20일 이내에 분양가심사위원회를 설치·운영하여야 한다.

정답 | ②

02 2017 공인중개사

주택법령상 주택의 공급에 관한 설명으로 틀린 것은?

① 군수는 입주자 모집승인시 사업주체에게서 받은 마감자재 목록표의 열람을 입주자가 요구하는 경우 이를 공개하여야 한다.
② 사업주체가 부득이한 사유로 인하여 사업계획승인의 마감자재와 다르게 시공·설치하려는 경우에는 당초의 마감자재와 같은 질 이하의 자재로 설치할 수 있다.
③ 사업주체가 마감자재 목록표의 자재와 다른 마감자재를 시공·설치하려는 경우에는 그 사실을 입주예정자에게 알려야 한다.
④ 사업주체가 일반인에게 공급하는 공동주택 중 공공택지에서 공급하는 주택의 경우에는 분양가상한제가 적용된다.
⑤ 도시형 생활주택을 공급하는 경우에는 분양가상한제가 적용되지 않는다.

해설 | 사업주체가 부득이한 사유로 인하여 사업계획승인의 마감자재와 다르게 시공·설치하려는 경우에는 당초의 마감자재와 같은 질 이상의 자재로 설치하여야 한다.

정답 | ②

03 2016 공인중개사

주택법령상 주택의 공급에 관한 설명으로 옳은 것은?

① 한국토지주택공사가 총지분의 100분의 70을 출자한 부동산투자회사가 사업주체로서 입주자를 모집하려는 경우에는 시장·군수·구청장의 승인을 받아야 한다.
② 「관광진흥법」에 따라 지정된 관광특구에서 건설·공급하는 층수가 51층이고 높이가 140m인 아파트는 분양가상한제의 적용대상이다.
③ 시·도지사는 주택가격상승률이 물가상승률보다 현저히 높은 지역으로서 주택가격의 급등이 우려되는 지역에 대해서 분양가상한제 적용지역으로 지정할 수 있다.
④ 주택의 사용검사 후 주택단지 내 일부의 토지의 소유권을 회복한 자에게 주택소유자들이 매도청구를 하려면 해당 토지의 면적이 주택단지 전체 대지면적의 100분의 5 미만이어야 한다.
⑤ 사업주체가 투기과열지구에서 건설·공급하는 주택의 입주자로 선정된 지위는 매매하거나 상속할 수 없다.

해설 | ① 한국토지주택공사가 총지분의 100분의 70을 출자한 부동산투자회사가 사업주체로서 입주자를 모집하려는 경우에는 시장·군수·구청장의 승인을 받지 않아도 된다.

② 「관광진흥법」에 따라 지정된 관광특구에서 건설·공급하는 공급주택으로서 해당 건축물의 층수가 50층 이상이거나 높이가 150m 이상인 경우에는 분양가상한제를 적용하지 아니한다.
③ 분양가상한제 적용지역은 국토교통부장관이 지정한다.
⑤ 상속은 전매제한 대상에서 제외된다.

정답 | ④

04 ■■■■
2021 공인중개사

주택법령상 한국토지주택공사가 우선 매입하는 분양가상한제 적용주택의 매입금액에 관한 설명이다. ( )에 들어갈 숫자를 바르게 나열한 것은?

> 공공택지 외의 택지에서 건설·공급되는 주택의 분양가격이 인근지역주택매매가격의 80퍼센트 이상 100퍼센트 미만이고 보유기간이 3년 이상 4년 미만인 경우: 매입비용의 (ㄱ)퍼센트에 인근지역주택 매매가격의 (ㄴ)퍼센트를 더한 금액

① ㄱ: 25, ㄴ: 50
② ㄱ: 25, ㄴ: 75
③ ㄱ: 50, ㄴ: 50
④ ㄱ: 50, ㄴ: 75
⑤ ㄱ: 75, ㄴ: 25

해설 | 공공택지 외의 택지에서 건설·공급되는 주택의 분양가격이 인근지역주택매매가격의 80퍼센트 이상 100퍼센트 미만이고 보유기간이 3년 이상 4년 미만인 경우: 매입비용의 ㉠ 25퍼센트에 인근지역주택 매매가격의 ㉡ 75퍼센트를 더한 금액

깨알 만점방지용 문제입니다.

정답 | ②

05 ■□□
2014 공인중개사

주택법령상 주택공급과 관련하여 금지되는 공급질서 교란행위에 해당하지 않는 것은?

① 주택을 공급받을 수 있는 조합원 지위의 증여
② 주택상환사채의 저당
③ 주택을 공급받을 수 있는 조합원 지위의 매매를 위한 인터넷 광고
④ 주택상환사채의 매입을 목적으로 하는 전화 광고
⑤ 입주자저축 증서의 증여

해설 | 주택상환사채의 양도·양수는 금지행위이지만 상속과 저당의 경우는 제외하므로 주택상환사채의 저당은 금지행위에 해당하지 않는다.

• 주택공급질서 교란금지행위

　누구든지 이 법에 따라 건설·공급되는 주택을 공급받거나 공급받게 하기 위하여 다음에 해당하는 증서 또는 지위를 양도·양수(매매·증여나 그 밖에 권리 변동을 수반하는 모든 행위를 포함하되 상속·저당의 경우는 제외한다)하거나 이를 알선하거나, 양도·양수 또는 이를 알선할 목적으로 하는 광고(각종 간행물·인쇄물·전화·인터넷, 그 밖의 매체를 통한 행위를 포함한다)를 하여서는 아니 되며, 누구든지 거짓이나 그 밖의 부정한 방법으로 이 법에 따라 건설·공급되는 증서나 지위 또는 주택을 공급받거나 공급받게 하여서는 아니 된다.

1. 주택을 공급받을 수 있는 조합원의 지위
2. 주택상환사채
3. 입주자저축증서
4. 시장·군수 또는 구청장이 발행한 무허가건물확인서·건물철거예정증명서 또는 건물철거확인서
5. 공공사업의 시행으로 인한 이주대책에 의하여 주택을 공급받을 수 있는 지위 또는 이주대책대상자확인서

깨알 1~5의 내용보다는 양도·양수(매매, 증여), 알선, 광고는 교란금지행위이고 상속, 저당은 금지행위가 아닌 것으로 답을 찾을 수 있습니다.

정답 | ②

06 2021 공인중개사

주택법령상 주택공급과 관련하여 금지되는 공급질서 교란행위에 해당하는 것을 모두 고른 것은?

> ㄱ. 주택을 공급받을 수 있는 조합원 지위의 상속
> ㄴ. 입주자저축 증서의 저당
> ㄷ. 공공사업의 시행으로 인한 이주대책에 따라 주택을 공급받을 수 있는 지위의 매매
> ㄹ. 주택을 공급받을 수 있는 증서로서 시장·군수·구청장이 발행한 무허가건물 확인서의 증여

① ㄱ, ㄴ　　　　② ㄱ, ㄹ　　　　③ ㄷ, ㄹ
④ ㄱ, ㄴ, ㄷ　　　⑤ ㄴ, ㄷ, ㄹ

해설 | ㉠ 주택을 공급받을 수 있는 조합원 지위의 상속 : 교란행위(×)

㉡ 입주자저축 증서의 저당 : 교란행위(×)

㉢ 공공사업의 시행으로 인한 이주대책에 따라 주택을 공급받을 수 있는 지위의 매매 : 교란행위(○)

㉣ 주택을 공급받을 수 있는 증서로서 시장·군수·구청장이 발행한 무허가건물 확인서의 증여 : 교란행위(○)

정답 | ③

07 2018 공인중개사 수정

주택법령상 투기과열지구 및 조성대상지역에 관한 설명으로 옳은 것은?

① 국토교통부장관은 시·도별 주택보급률 또는 자가주택 비율이 전국 평균을 초과하는 지역을 투기과열지구로 지정할 수 있다.

② 시·도지사는 주택의 분양·매매 등 거래가 위축될 우려가 있는 지역을 시·도 주거정책심의위원회의 심의를 거쳐 조정대상지역으로 지정할 수 있다.

③ 투기과열지구의 지정기간은 3년으로 하되, 당해 지역 시장·군수·구청장의 의견을 들어 연장할 수 있다.

④ 투기과열지구로 지정되면 지구 내 건설·공급되는 주택은 전매행위가 제한되지 아니한다.

⑤ 조정대상지역으로 지정된 지역의 시장·군수·구청장은 조정대상지역으로 유지할 필요가 없다고 판단되는 경우 국토교통부장관에게 그 지정의 해제를 요청할 수 있다.

해설 | ① 초과하는(×), 평균 이하인(○), 국토교통부장관은 시·도별 주택보급률 또는 자가주택 비율이 전국 평균 이하인 지역을 투기과열지구로 지정할 수 있다.

② 시·도지사(×), 국토교통부장관(○), 시·도 주거정책심의위원회(×), 주거정책심의위원회(○), 국토교통부장관은 주택의 분양·매매 등 거래가 위축될 우려가 있는 지역을 주거정책심의위원회의 심의를 거쳐 조정대상지역으로 지정할 수 있다.

③ 투기과열지구의 지정기간은 법령에 규정되어 있지 않다. 다만, 국토교통부장관은 반기마다 주거정책심의위원회의 회의를 소집하여 투기과열지구로 지정된 지역별로 해당 지역의 주택가격 안정여건의 변화 등을 고려하여 투기과열지구 지정의 유지 여부를 재검토하여야 한다.

④ 투기과열지구로 지정되면 지구 내 건설·공급되는 주택을 전매하거나 이의 전매를 알선할 수 없다.

정답 | ⑤

08 2017 공인중개사

주택법령상 투기과열지구의 지정 기준에 관한 조문의 일부이다. 다음 ( )에 들어갈 숫자를 옳게 연결한 것은?

> 1. 주택공급이 있었던 (ㄱ)개월간 해당 지역에서 공급되는 주택의 월평균 청약경쟁률이 모두 (ㄴ)대 1을 초과하였거나 해당 지역에서 공급되는 국민주택규모 주택의 월평균 청약경쟁률이 모두 10대 1을 초과한 지역
> 2. 다음 각 목의 어느 하나에 해당하여 주택공급이 위축될 우려가 있는 곳
>   가. 주택의 분양계획이 직전월보다 (ㄷ)% 이상 감소한 곳

① ㄱ: 2, ㄴ: 5, ㄷ: 30
② ㄱ: 2, ㄴ: 10, ㄷ: 40
③ ㄱ: 6, ㄴ: 5, ㄷ: 30
④ ㄱ: 6, ㄴ: 10, ㄷ: 30
⑤ ㄱ: 6, ㄴ: 10, ㄷ: 40

해설 | • 투기과열지구 지정대상지역

1. 주택공급이 있었던 ㉠ 2개월 동안 해당 지역에서 공급되는 주택의 월평균 청약경쟁률이 모두 ㉡ 5대 1을 초과하였거나 해당 지역에서 공급되는 국민주택규모 주택의 월평균 청약경쟁률이 모두 10대 1을 초과한 지역
2. 다음의 어느 하나에 해당하여 주택공급이 위축될 우려가 있는 곳
   ① 주택의 분양계획이 직전월보다 ㉢ 30% 이상 감소한 곳
   ② 법 제15조에 따른 주택건설사업계획의 승인이나 「건축법」 제11조에 따른 건축허가 실적이 직전년도보다 급격하게 감소한 곳
3. 신도시 개발이나 주택의 전매행위 성행 등으로 투기 및 주거불안의 우려가 있는 곳으로서 다음의 어느 하나에 해당하는 곳
   ① 시·도별 주택보급률이 전국 평균 이하인 경우
   ② 시·도별 자가주택비율이 전국 평균 이하인 경우
   ③ 해당 지역의 주택공급물량이 입주자저축 가입자 중 주택공급에 관한 규칙에 따른 주택청약 제1순위자에 비하여 현저하게 적은 경우

정답 | ①

09 2021 공인중개사

주택법령상 투기과열지구의 지정 기준에 관한 설명이다. (   )에 들어갈 숫자와 내용을 바르게 나열한 것은?

> ○ 투기과열지구로 지정하는 날이 속하는 달의 바로 전 달(이하 "직전월")부터 소급하여 주택공급이 있었던 (ㄱ)개월 동안 해당 지역에서 공급되는 주택의 월평균 청약경쟁률이 모두 5대 1을 초과하였거나 국민주택규모 주택의 월평균 청약경쟁률이 모두 (ㄴ)대 1을 초과한 곳
> ○ 주택의 (ㄷ)이 직전월보다 30퍼센트 이상 감소하여 주택공급이 위축될 우려가 있는 곳

① ㄱ: 2, ㄴ: 10, ㄷ: 분양계획
② ㄱ: 2, ㄴ: 10, ㄷ: 건축허가실적
③ ㄱ: 2, ㄴ: 20, ㄷ: 건축허가실적
④ ㄱ: 3, ㄴ: 10, ㄷ: 분양계획
⑤ ㄱ: 3, ㄴ: 20, ㄷ: 건축허가실적

해설 | ○ 투기과열지구로 지정하는 날이 속하는 달의 바로 전 달부터 소급하여 주택공급이 있었던 ㉠ 2개월 동안 해당 지역에서 공급되는 주택의 월평균 청약경쟁률이 모두 5대 1을 초과하였거나 국민주택규모 주택의 월평균 청약경쟁률이 모두 ㉡ 10대 1을 초과한 곳
○ 주택의 ㉢ 분양계획이 직전월보다 30퍼센트 이상 감소하여 주택공급이 위축될 우려가 있는 곳

정답 | ①

10 2014 공인중개사 수정

주택법령상 투기과열지구에 관한 설명으로 옳은 것은?

① 일정한 지역의 주택가격상승률이 물가상승률보다 현저히 높은 경우 관할 시장·군수·구청장은 해당 지역을 투기과열지구로 지정할 수 있다.
② 시·도지사가 투기과열지구를 지정하는 경우 당해 지역의 시장·군수·구청장과 협의하여야 한다.
③ 국토교통부장관은 1년마다 주거정책심의위원회의 회의를 소집하여 투기과열지구로 지정된 지역별로 투기과열지구 지정의 유지 여부를 재검토하여야 한다.
④ 주택의 분양계획이 직전월보다 30퍼센트 이상 증가한 곳은 투기과열지구로 지정하여야 한다.

⑤ 투기과열지구에서 건설·공급되는 주택의 입주자로 선정된 지위를 세대원 전원이 해외로 이주하게 되어 사업주체의 동의를 받아 전매하는 경우에는 전매제한이 적용되지 않는다.

해설 | ① 일정한 지역의 주택가격상승률이 물가상승률보다 현저히 높은 경우 국토교통부장관 또는 시·도지사는 해당 지역을 투기과열지구로 지정할 수 있다.

② 시·도지사가 투기과열지구를 지정할 경우에는 국토교통부장관과 협의하여야 하고, 국토교통부장관이 투기과열지구를 지정할 경우에는 시·도지사의 의견을 들어야 한다.

③ 국토교통부장관은 반기마다 주거정책심의위원회의 회의를 소집하여 투기과열지구로 지정된 지역별로 투기과열지구 지정의 유지 여부를 재검토하여야 한다.

④ 증가(×), 감소(○), 지정하여야 한다(×). 지정할 수 있다(○). 주택의 분양계획이 직전월보다 30% 이상 감소한 곳은 투기과열지구로 지정할 수 있다.

정답 | ⑤

11 2014 공인중개사 수정

주택법령상 주택의 전매행위 제한 등에 관한 설명으로 옳은 것은?

① 제한되는 전매에는 매매·증여·상속이나 그 밖에 권리의 변동을 수반하는 모든 행위가 포함된다.

② 투기과열지구에서 건설·공급되는 주택의 입주자로 선정된 지위의 전매제한기간은 해당 주택의 입주자로 선정된 날부터 소유권이전등기일까지의 기간을 말하며, 그 기간이 3년을 초과하는 경우 전매행위제한기간을 3년으로 한다.

③ 상속에 의하여 취득한 주택으로 세대원 일부가 이전하는 경우 전매제한의 대상이 되는 주택이라도 전매할 수 있다.

④ 사업주체가 전매행위가 제한되는 분양가상한제 적용주택을 공급하는 경우 그 주택의 소유권을 제3자에게 이전할 수 없음을 소유권에 관한 등기에 부기등기하여야 한다.

⑤ 전매행위 제한을 위반하여 주택의 입주자로 선정된 지위의 전매가 이루어진 경우 사업주체가 전매대금을 지급하고 해당 입주자로 선정된 지위를 매입하여야 한다.

해설 | ① 제한되는 전매에는 매매·증여나 그 밖에 권리의 변동을 수반하는 행위를 포함한다. 다만, 상속의 경우는 제외한다.

② 투기과열지구에서 건설·공급되는 주택의 입주자로 선정된 지위의 전매제한 기간은 소유권이전등기일까지이다. 다만, 그 기간이 5년을 초과하는 경우에는 전매제한기간은 5년으로 한다.

③ 상속에 의하여 취득한 주택으로 세대원 전원이 이전하는 경우 전매제한의 대상이 되는 주택이라도 전매할 수 있다.

⑤ 전매행위 제한을 위반하여 주택의 입주자로 선정된 지위의 전매가 이루어진 경우 사업주체가 매입비용을 그 매수인에게 지급한 경우에는 그 지급한 날에 사업주체가 해당 입주자로 선정된 지위를 취득한 것으로 본다.

- 전매제한의 특례

  투기과열지구 및 조정대상지역에서 건설·공급되는 주택, 분양가상한제 적용주택, 공공택지 외의 택지에서 건설·공급되는 주택, 도시 및 주거환경정비법에 따른 공공재개발사업에서 건설·공급하는 주택을 공급받은 자가 생업상의 사정 등으로 전매가 불가피하다고 인정되는 경우로서 다음에 해당하여 한국토지공사(사업주체가 공공주택사업자인 경우에는 공공주택사업자를 말한다)의 동의를 받은 경우에는 전매제한을 적용하지 아니한다.

1. 근무 또는 생업상의 사정으로 세대원 전원이 다른 광역시, 특별자치시, 시 또는 군(광역시의 관할구역에 있는 군 제외)으로 이전하는 경우, 다만, 수도권 안에서 이전하는 경우는 제외한다.
2. 상속에 따라 취득한 주택으로 세대원 전원이 이전하는 경우
3. 세대원 전원이 해외로 이주 또는 2년 이상의 기간 동안 해외에 체류하는 경우
4. 이혼으로 인하여 입주자로 선정된 지위 또는 주택을 그 배우자에게 이전하는 경우
5. 이주대책용 주택을 공급하는 경우
6. 경매 또는 공매를 시행하는 경우
7. 입주자로 선정된 지위 또는 주택의 일부를 그 배우자에게 증여하는 경우
8. 실직·파산 또는 신용불량으로 경제적 어려움이 발생한 경우

정답 | ④

12 2016 공인중개사 수정

주택법령상 주택의 전매행위 제한에 관한 설명으로 틀린 것은? (단, 수도권은 「수도권정비계획법」에 의한 것임)

① 전매제한 기간은 주택의 수급 상황 및 투기 우려 등을 고려하여 지역별로 달리 정할 수 있다.
② 사업주체가 수도권의 지역으로서 공공택지 외의 택지에서 건설·공급하는 주택을 공급하는 경우에는 그 주택의 소유권을 제3자에게 이전할 수 없음을 소유권에 관한 등기에 부기등기하여야 한다.
③ 세대원 전원이 2년 이상의 기간 해외에 체류하고자 하는 경우로서 한국토지공사(사업주체가 공공주택사업자인 경우에는 공공주택사업자를 말한다)의 동의를 받은 경우에는 전매제한 주택을 전매할 수 있다.

④ 상속에 의하여 취득한 주택으로 세대원 전원이 이전하는 경우로서 한국토지공사(사업주체가 공공주택사업자인 경우에는 공공주택사업자를 말한다)의 동의를 받은 경우에는 전매제한 주택을 전매할 수 있다.

⑤ 공공택지 외의 택지에서 건설·공급되는 주택의 소유자가 국가에 대한 채무를 이행하지 못하여 공매가 시행되는 경우에는 한국토지공사(사업주체가 공공주택사업자인 경우에는 공공주택사업자를 말한다)의 동의 없이도 전매를 할 수 있다.

해설 | 동의 없이도(×), 동의를 받은 경우에는(○), 공공택지 외의 택지에서 건설·공급되는 주택의 소유자가 국가에 대한 채무를 이행하지 못하여 경매 또는 공매가 시행되는 경우에는 한국토지공사(사업주체가 공공주택사업자인 경우에는 공공주택사업자를 말한다)의 동의를 받은 경우에는 전매할 수 있다.

정답 | ⑤

13 2019 공인중개사

주택법령상 주거정책심의위원회의 심의를 거치도록 규정되어 있는 것만을 모두 고른 것은?

> ㄱ. 「주택법」 제20조에 따라 시장·군수·구청장의 요청을 받아 국토교통부장관이 임대주택의 인수자를 지정하는 경우
> ㄴ. 「주택법」 제58조에 따라 국토교통부장관이 분양가상한제 적용 지역을 지정하는 경우
> ㄷ. 「주택법」 제63조에 따라 국토교통부장관이 투기과열지구의 지정을 해제하는 경우

① ㄴ ② ㄱ, ㄴ ③ ㄱ, ㄷ
④ ㄴ, ㄷ ⑤ ㄱ, ㄴ, ㄷ

해설 | ㉠ 「주택법」 제20조에 따라 시장·군수·구청장의 요청을 받아 국토교통부장관이 임대주택의 인수자를 지정하는 경우에는 주거정책심의위원회의 심의를 거치지 않는다.

㉡ 「주택법」 제58조에 따라 국토교통부장관이 분양가상한제 적용 지역을 지정하는 경우에는 주거정책심의위원회의 심의를 거쳐야 한다.

㉢ 「주택법」 제63조에 따라 국토교통부장관이 투기과열지구의 지정을 해제하는 경우에는 주거정책심의위원회의 심의를 거쳐야 한다.

깨알 일반적으로 어떤 행위를 억제하고 규제하는 결정을 해야 할 때에는 전문가 집단의 심의를 거친다고 이해하면 이 문제를 푸는 데 도움이 됩니다. ㉡ 분양가상한제, ㉢ 투기과열지구 지정은 규제하는 것이므

로 주거정책심의위원회의 심의를 거쳐야하지만 ㉠ 임대주택의 인수자를 지정하는 것은 규제와 관련이 없으므로 심의를 거치지 않습니다.

정답 | ④

리모델링 등

2014년	2015년	2016년	2017년	2018년	2019년	2020년	2021년	2022년
0문	0문	1문	1문	0문	1문	1문	0문	3문

※ 최근 9년간 7문제 출제

01 ■■□
2017 공인중개사

주택법령상 공동주택의 리모델링에 관한 설명으로 틀린 것은? (단, 조례는 고려하지 않음)

① 입주자·사용자 또는 관리주체가 리모델링하려고 하는 경우에는 공사기간, 공사방법 등이 적혀 있는 동의서에 입주자 전체의 동의를 받아야 한다.

② 리모델링에 동의한 소유자는 입주자대표회의가 시장·군수·구청장에게 허가신청서를 제출한 이후에도 서면으로 동의를 철회할 수 있다.

③ 수직증축형 리모델링의 대상이 되는 기존 건축물의 층수가 15층 이상인 경우에는 3개 층까지 증축할 수 있다.

④ 주택단지 전체를 리모델링하고자 하는 경우에는 주택단지 전체의 구분소유자 및 의결권의 각 3분의 2 이상의 결의 및 각 동의 구분소유자와 의결권의 각 과반수의 결의를 얻어야 한다.

⑤ 증축형 리모델링을 하려는 자는 시장·군수·구청장에게 안전진단을 요청하여야 한다.

해설 | 제출한 이후에도(×), 제출하기 전에는(○), 리모델링에 동의한 소유자는 입주자대표회의가 시장·군수·구청장에게 허가신청서를 제출하기 전에는 동의를 철회할 수 있다. 허가를 제출한 후에는 동의를 철회할 수 없다.

- 리모델링 허가의 동의비율
    1. 입주자·사용자 또는 관리주체의 경우 : 공사기간, 공사방법 등이 적여 있는 동의서에 입주자 전체의 동의를 받아야 한다. : ①
    2. 리모델링주택조합의 경우 : 리모델링 설계개요, 공사비, 조합원의 비용분담 명세가 적혀 있는 결의서에 주택단지 전체 구분소유자 및 의결권의 각 75% 이상의 동의와 각 동별 구분소유자 및 의결권의 각 50% 이상의 동의를 받아야 한다. 동을 리모델링하는 경우에는 그 동의 구분소유자 및 의결권의 각 75% 이상의 동의를 받아야 한다.
    3. 입주자대표회의 경우 : 리모델링 설계개요, 공사비, 소유자의 비용분담 명세가 적혀 있는 결의서에 주택단지 소유자 전원의 동의를 받아야 한다.

정답 | ②

02
2020 공인중개사

주택법령상 공동주택의 리모델링에 관한 설명으로 틀린 것은? (단, 조례는 고려하지 않음)

① 입주자대표회의가 리모델링하려는 경우에는 리모델링 설계개요, 공사비, 소유자의 비용분담 명세가 적혀 있는 결의서에 주택단지 소유자 전원의 동의를 받아야 한다.
② 공동주택의 입주자가 공동주택을 리모델링하려고 하는 경우에는 시장·군수·구청장의 허가를 받아야 한다.
③ 사업비에 관한 사항은 세대주가 증가되는 리모델링을 하는 경우 수립하여야 하는 권리변동계획에 포함되지 않는다.
④ 증축형 리모델링을 하려는 자는 시장·군수·구청장에게 안전진단을 요청하여야 한다.
⑤ 수직증축형 리모델링의 대상이 되는 기존 건축물의 층수가 12층인 경우에는 2개층까지 증축할 수 있다.

해설 | 사업비에 관한 사항은 세대수가 증가되는 리모델링을 하는 경우 수립하여야 하는 권리변동계획에 포함된다.

- 리모델링 권리변동계획의 수립

  세대수가 증가되는 리모델링을 하는 경우에는 기존 주택의 권리변동, 비용분담 등 대통령령으로 정하는 사항에 대한 계획(권리변동계획)을 수립하여 사업계획승인 또는 행위허가를 받아야 한다.

  1. 리모델링 전후의 대지 및 건축물의 권리변동 명세
  2. 조합원의 비용분담
  3. 사업비 : ③
  4. 조합원 외의 자에 대한 분양계획
  5. 그 밖에 리모델링과 관련된 권리 등에 대하여 해당 시·도 또는 시·군의 조례로 정하는 사항

정답 | ③

03
2016 공인중개사

주택법령상 리모델링 기본계획 수립절차에 관한 조문의 일부이다. (   )에 들어갈 숫자를 옳게 연결한 것은?

> 리모델링 기본계획을 수립하거나 변경하려면 (ㄱ)일 이상 주민에게 공람하고, 지방의회의 의견을 들어야 한다. 이 경우 지방의회는 의견제시를 요청받은 날부터 (ㄴ)일 이내에 의견을 제시하여야 한다.

① ㄱ: 7, ㄴ: 14
② ㄱ: 10, ㄴ: 15
③ ㄱ: 14, ㄴ: 15
④ ㄱ: 14, ㄴ: 30
⑤ ㄱ: 15, ㄴ: 30

해설 | 리모델링 기본계획을 수립하거나 변경하려면 ㉠ 14일 이상 주민에게 공람하고, 지방의회의 의견을 들어야 한다. 이 경우 지방의회는 의견제시를 요청받은 날부터 ㉡ 30일 이내에 의견을 제시하여야 한다.

정답 | ④

04 ■□□
2019 공인중개사

「주택법」상 청문을 하여야 하는 처분이 아닌 것은? (단, 다른 법령에 따른 청문은 고려하지 않음)

① 공업화주택의 인정취소
② 주택조합의 설립인가취소
③ 주택건설 사업계획승인의 취소
④ 공동주택 리모델링허가의 취소
⑤ 주택건설사업의 등록말소

해설 | 국토교통부장관 또는 지방자치단체의 장은 다음의 어느 하나에 해당하는 처분을 하려면 청문을 하여야 한다.
1. 주택건설사업 등의 등록말소 : ⑤
2. 주택조합의 설립인가취소 : ②
3. 사업계획승인의 취소 : ③
4. 공동주택 리모델링허가의 취소 : ④

정답 | ①

7 문제

2022년, [주택법]에서는 7문제 출제되었습니다.

32 ■■□ 2022 공인중개사

주택법령상 도시형 생활주택으로서 소형 주택의 요건에 해당하는 것을 모두 고른 것은?

> ㄱ. 세대별 주거전용면적은 60제곱미터 이하일 것
> ㄴ. 세대별로 독립된 주거가 가능하도록 욕실 및 부엌을 설치할 것
> ㄷ. 주거전용면적이 30제곱미터 미만인 경우에는 욕실 및 부엌을 제외한 부분을 하나의 공간으로 구성할 것
> ㄹ. 지하층에는 세대를 설치하지 아니할 것

① ㄱ
② ㄴ, ㄷ
③ ㄱ, ㄴ, ㄷ
④ ㄱ, ㄴ, ㄹ
⑤ ㄱ, ㄴ, ㄷ, ㄹ

해설 | ㉠ 세대별 주거전용면적은 60제곱미터 이하일 것, 옳은 내용이다.

㉡ 세대별로 독립된 주거가 가능하도록 욕실 및 부엌을 설치할 것, 옳은 내용이다.

㉢ 욕실 및 부엌(×), 욕실 및 보일러실(○), 주거전용면적이 30제곱미터 미만인 경우에는 욕실 및 보일러실을 제외한 부분을 하나의 공간으로 구성할 것

㉣ 지하층에는 세대를 설치하지 아니할 것. 옳은 내용이다.

- **도시형 생활주택**

  도시형 생활주택이란 300세대 미만의 국민주택규모에 해당하는 주택으로서 도시지역에 건설하는 다음의 주택을 말한다.

  1. 소형 주택 : 아파트, 연립주택, 다세대주택 중 어느 하나에 해당하는 주택으로서 다음의 요건을 모두 갖춘 주택

     ㉠ 세대별 주거전용면적은 60㎡ 이하일 것

     ㉡ 세대별로 독립된 주거가 가능하도록 욕실 및 부엌을 설치할 것

     ㉢ 주거전용면적이 30㎡ 미만인 경우에는 욕실 및 보일러실을 제외한 부분을 하나의 공간으로 구성할 것

     ㉣ 주택전용면적이 30㎡ 이상인 경우에는 침실(7㎡ 이상)을 세 개 이내로 구성할 것. 다만, 침실이 두 개 이상인 세대수는 소형주택의 전체 세대수의 3분의 1을 넘지 않아야 한다.

     ㉤ 지하층에는 세대를 설치하지 아니할 것

2. 단지형 연립주택 : 소형 주택이 아닌 연립주택. 다만, 건축위원회의 심의를 받은 경우에는 주택으로 쓰는 층수를 5개층까지 건축할 수 있다.
3. 단지형 다세대주택 : 소형 주택이 아닌 다세대주택. 다만, 건축위원회의 심의를 받은 경우에는 주택으로 쓰는 층수를 5개층까지 건축할 수 있다.

정답 | ④

33 2022 공인중개사

주택법령상 시·도지사에게 위임한 국토교통부장관의 권한이 아닌 것은?

① 주택건설사업의 등록
② 주택건설사업자의 등록말소
③ 사업계획승인을 받아 시행하는 주택건설사업을 완료한 경우의 사용검사
④ 사업계획승인을 받아 시행하는 주택건설사업을 완료한 경우의 임시 사용승인
⑤ 주택건설사업자의 영업의 정지

해설 | 주택건설사업의 등록은 국토교통부장관이 시·도지사에게 위임할 수 없다.

깨알 만점방지용 문제입니다.

정답 | ①

34 2022 공인중개사

주택법령상 주택상환사채에 관한 설명으로 옳은 것은?

① 법인으로서 자본금이 3억 원인 등록사업자는 주택상환사채를 발행할 수 있다.
② 발행 조건은 주택상환사채권에 적어야 하는 사항에 포함된다.
③ 주택상환사채를 발행하려는 자는 주택상환사채발행계획을 수립하여 시·도지사의 승인을 받아야 한다.
④ 주택상환사채는 액면으로 발행하고, 할인의 방법으로는 발행할 수 없다.
⑤ 주택상환사채는 무기명증권(無記名證券)으로 발행한다.

해설 | ① 금융기관 또는 주택도시보증공사의 보증을 받은 법인으로서 자본금이 5억 원 이상인 등록사업자는 주택상환사채를 발행할 수 있다.
② 발행 조건은 주택상환사채권에 적어야 하는 사항에 포함된다.

③ 주택상환사채를 발행하려는 자는 주택상환사채발행계획을 수립하여 국토교통부장관의 승인을 받아야 한다.
④ 주택상환사채는 액면으로 발행하고, 할인의 방법으로 발행할 수 있다.
⑤ 주택상환사채는 기명증권(記名證券)으로 발행한다.

정답 | ②

35 2022 공인중개사

주택법령상 분양가상한제 적용주택에 관한 설명으로 옳은 것을 모두 고른 것은?

> ㄱ. 도시형 생활주택은 분양가상한제 적용주택에 해당하지 않는다.
> ㄴ. 토지임대부 분양주택의 분양가격은 택지비와 건축비로 구성된다.
> ㄷ. 사업주체는 분양가상한제 적용주택으로서 공공택지에서 공급하는 주택에 대하여 입주자 모집공고에 분양가격을 공시해야 하는데, 간접비는 공시해야 하는 분양가격에 포함되지 않는다.

① ㄱ　　　　　② ㄱ, ㄴ　　　　　③ ㄱ, ㄷ
④ ㄴ, ㄷ　　　　⑤ ㄱ, ㄴ, ㄷ

해설 | ㉠ 도시형 생활주택은 분양가상한제 적용주택에 해당하지 않는다. 옳은 내용이다.
㉡ 분양가격은 택지비와 건축비로 구성된다. 다만 토지임대부 분양주택의 경우에는 건축비로만 구성된다.
㉢ 사업주체는 분양가상한제 적용주택으로서 공공택지에서 공급하는 주택에 대하여 입주자 모집공고에 분양가격을 공시해야 하는데, 간접비는 공시해야 하는 분양가격에 포함된다.

• 공공택지에서 공급하는 주택의 분양가격의 공시
  1. 택지비
  2. 공사비
  3. 간접비
  4. 그 밖에 국토교통부령으로 정하는 비용

정답 | ①

36 2022 공인중개사

주택법령상 리모델링에 관한 설명으로 옳은 것은? (단, 조례는 고려하지 않음)

① 대수선은 리모델링에 포함되지 않는다.
② 공동주택의 리모델링은 동별로 할 수 있다.
③ 주택단지 전체를 리모델링하고자 주택조합을 설립하기위해서는 주택단지 전체의 구분소유자와 의결권의 각 과반수의 결의가 필요하다.
④ 공동주택 리모델링의 허가는 시·도지사가 한다.
⑤ 리모델링주택조합 설립에 동의한 자로부터 건축물을 취득하였더라도 리모델링주택조합 설립에 동의한 것으로 보지 않는다.

해설 | ① 리모델링에는 대수선과 증축이 포함된다.
③ 주택단지 전체를 리모델링하고자 주택조합을 설립하기 위해서는 주택단지 전체의 구분소유자와 의결권의 각 3분의 2 이상의 결의 및 각 동의 구분소유자와 의결권의 각 과반수의 결의가 필요하다. [비교] 주택단지 전체의 리모델링 허가를 받기 위해서는 주택단지 전체 구분소유자 및 의결권의 각 75% 이상의 동의와 각 동별 구분소유자 및 의결권의 각 50% 이상의 동의를 받아야 한다.
④ 공동주택 리모델링의 허가는 시장·군수·구청장이 한다.
⑤ 리모델링주택조합 설립에 동의한 자로부터 건축물을 취득하였더라도 리모델링주택조합 설립에 동의한 것으로 본다.

정답 | ②

37 2022 공인중개사

주택법령상 토지임대부 분양주택에 관한 설명으로 옳은 것은?

① 토지임대부 분양주택의 토지에 대한 임대차기간은 50년 이내로 한다.
② 토지임대부 분양주택의 토지에 대한 임대차기간을 갱신하기 위해서는 토지임대부 분양주택 소유자의 3분의 2이상이 계약갱신을 청구하여야 한다.
③ 토지임대료를 보증금으로 전환하여 납부하는 경우, 그 보증금을 산정할 때 적용되는 이자율은 「은행법」에 따른 은행의 3년 만기 정기예금 평균이자율 이상이어야 한다.
④ 토지임대부 분양주택을 공급받은 자가 토지임대부 분양주택을 양도하려는 경우에는 시·도지사에게 해당 주택의 매입을 신청하여야 한다.
⑤ 토지임대료는 분기별 임대료를 원칙으로 한다.

해설 | ① 토지임대부 분양주택의 토지에 대한 임대차기간은 40년 이내로 한다.

② 토지임대부 분양주택의 토지에 대한 임대차기간을 갱신하기 위해서는 토지임대부 분양주택 소유자의 75% 이상이 계약갱신을 청구하여야 한다.

④ 토지임대부 분양주택을 공급받은 자가 토지임대부 분양주택을 양도하려는 경우에는 한국토지주택공사에게 해당 주택의 매입을 신청하여야 한다.

⑤ 토지임대료는 월별 임대료를 원칙으로 한다.

깨알 [토지임대부 분양주택]는 출제되지 않던 테마입니다. 내용 자체는 어렵지 않으나 뜬금없이 출제되어 많은 수험생들이 어려워했던 문제입니다.

정답 | ③

38 | 2022 공인중개사

주택법령상 징역 또는 벌금의 부과 대상자는?

① 지방자치단체의 장이 관계 공무원으로 하여금 사업장에 출입하여 필요한 검사를 하게 한 경우 그 검사를 방해한 자
② 공동주택 품질점검단의 점검에 따르지 아니한 사업주체
③ 주택조합의 임원으로서 다른 주택조합의 발기인을 겸직한 자
④ 국토교통부장관이 거주의무자의 실제 거주 여부를 확인하기 위하여 소속 공무원으로 하여금 분양가상한제 적용 주택에 출입하여 조사하게 한 경우 그 조사를 기피한 자
⑤ 공동주택 품질점검단의 점검결과에 따라 사용검사권자부터 보수·보강 등의 조치 명령을 받았으나 이를 이행하지 아니한 사업주체

해설 | 지방자치단체의 장이 관계 공무원으로 하여금 사업장에 출입하여 필요한 검사를 하게 한 경우 그 검사를 방해한 자는 1년 이하의 징역 또는 1천만 원 이하의 벌금에 처한다.

깨알 [보칙 및 벌칙]은 그동안 출제되지 않던 테마입니다. 6페이지 정도로 내용도 많은 편인데 그동안 출제되지 않은 테마라 많은 수험생들이 어려워했던 문제입니다.

정답 | ①

PART 06
농지법

CHAPTER 01

농지법

2014년	2015년	2016년	2017년	2018년	2019년	2020년	2021년	2022년
2문	2문	2문	2문	2문	2문	2문	2문	2문

핵심테마 40 | 농지법 용어의 정의
핵심테마 41 | 농지의 소유
핵심테마 42 | 농지의 이용·보전·전용

농지법 용어의 정의

2014년	2015년	2016년	2017년	2018년	2019년	2020년	2021년	2022년
0문	0문	1문	1문	0문	1문	0문	0문	0문

※ 최근 9년간 3문제 출제

01
2019 공인중개사

농지법령상 농지에 해당하는 것만을 모두 고른 것은?

> ㄱ. 대통령령으로 정하는 다년생식물 재배지로 실제로 이용되는 토지(「초지법」에 따라 조성된 초지 등 대통령령으로 정하는 토지는 제외)
> ㄴ. 관상용 수목의 묘목을 조경목적으로 식재한 재배지로 실제로 이용되는 토지
> ㄷ. 「공간정보의 구축 및 관리 등에 관한 법률」에 따른 지목이 답(畓)이고 농작물 경작지로 실제로 이용되는 토지의 개량시설에 해당하는 양·배수시설의 부지

① ㄱ
② ㄱ, ㄴ
③ ㄱ, ㄷ
④ ㄴ, ㄷ
⑤ ㄱ, ㄴ, ㄷ

해설 | 관상용 수목의 묘목을 조경목적으로 식재한 재배지로 실제로 이용되는 토지는 농지에 해당하지 않는다.

- 농작물의 경작지 또는 대통령령으로 정하는 다년생 식물 재배지로 이용되는 토지
  1. 대통령령으로 정하는 다년생식물 재배지로 실제로 이용되는 토지(초지법에 따라 조성된 초지 등 대통령령으로 정하는 토지는 제외) : ㉠
  2. 조경 또는 관상용 수목과 그 묘목(조경목적으로 식재한 것(㉡)은 제외)
  3. 「공간정보의 구축 및 관리 등에 관한 법률」에 따른 지목이 답(畓)이고 농작물 경작지로 실제로 이용되는 토지의 개량시설에 해당하는 양·배수시설의 부지 : ㉢

정답 | ③

02 2017 공인중개사

농지법령상 농업에 종사하는 개인으로서 농업인에 해당하는 자는?

① 꿀벌 10군을 사육하는 자
② 가금 500수를 사육하는 자
③ 1년 중 100일을 축산업에 종사하는 자
④ 농산물의 연간 판매액이 100만 원인 자
⑤ 농지에 300㎡의 비닐하우스를 설치하여 다년생식물을 재배하는 자

해설 | ② 500수(×), 1천수(○), 가금 1천수 이상을 사육하는 자는 농업인에 해당한다.

③ 100일(×), 120일(○), 1년 중 120일을 이상 축산업에 종사하는 자는 농업인에 해당한다.

④ 100만 원(×), 120만 원(○), 농산물의 연간 판매액이 120만 원 이상인 자는 농업인에 해당한다.

⑤ 300㎡ 이상(×), 330㎡ 이상(○), 농지에 330㎡ 이상의 비닐하우스를 설치하여 다년생식물을 재배하는 자는 농업인에 해당한다.

- 농업인 : 농업에 종사하는 개인으로서 다음에 해당하는 자는 농업인에 해당한다.

1. 1,000㎡ 이상의 농지에서 농작물 또는 다년생식물을 경작 또는 재배하거나 1년 중 90일 이상 농업에 종사하는 자
2. 농지에 330㎡ 이상의 고정식 온실·버섯재배사·비닐하우스, 그 밖의 농림축산식품부령으로 정하는 농업생산에 필요한 시설을 설치하여 농작물 또는 다년생식물을 경작 또는 재배하는 자 : ⑤
3. 대가축 2두, 중가축 10두, 소가축 100두, 가금 1천수 또는 꿀벌 10군 이상을 사육하거나 1년 중 120일 이상 축산업에 종사하는 자 : ①, ②, ③
4. 농업경영을 통한 농산물의 연간 판매액이 120만 원 이상인 자 : ④

정답 | ①

03 2016 공인중개사

농지법령상 용어에 관한 설명으로 틀린 것은?

① 실제로 농작물 경작지로 이용되는 토지이더라도 법적지목이 과수원인 경우는 '농지'에 해당하지 않는다.
② 소가축 80두를 사육하면서 1년 중 150일을 축산업에 종사하는 개인은 '농업인'에 해당한다.
③ 3,000㎡의 농지에서 농작물을 경작하면서 1년 중 80일을 농업에 종사하는 개인은 '농업인'에 해당한다.
④ 인삼의 재배지로 계속하여 이용되는 기간이 4년인 지목이 전(田)인 토지는 '농지'에 해당한다.
⑤ 농지 소유자가 타인에게 일정한 보수를 지급하기로 약정하고 농작업의 일부만을 위탁하여 행하는 농업경영도 '위탁경영'에 해당한다.

해설 | 실제로 농작물의 경작에 이용되는 토지이고 법적지목이 과수원이 경우는 농지에 해당한다.
[보충] 다음의 토지는 농지에서 제외된다.

- 농지에서 제외되는 토지
1. 공간정보의 구축 및 관리 등에 관한 법률에 따른 지목이 전·답·과수원이 아닌 토지(지목이 임야인 토지는 제외한다)로서 농작물 경작지 또는 다년생식물 재배지로 계속하여 이용되는 기간이 3년 미만인 토지
2. 공간정보의 구축 및 관리 등에 관한 법률에 따른 지목이 임야인 토지로서 산지관리법에 따른 산지전용허가(다른 법률에 따라 산지전용허가가 의제되는 인가·허가·승인 등을 포함한다)를 거치지 아니하고 농작물의 경작 또는 다년생식물의 재배에 이용되는 토지
3. 초지법에 따라 조성된 토지

정답 | ①

농지의 소유

2014년	2015년	2016년	2017년	2018년	2019년	2020년	2021년	2022년
2문	2문	0문	0문	1문	1문	0문	1문	1문

※ 최근 9년간 8문제 출제

01 ■□□
2015 공인중개사 수정

농지법령상 주말·체험영농을 하려고 농지를 소유하는 경우에 관한 설명으로 틀린 것은?

① 농업인이 아닌 개인도 농업진흥지역 외의 농지를 소유할 수 있다.
② 세대원 전부가 소유한 면적을 합하여 총 1천 제곱미터 미만의 농지를 소유할 수 있다.
③ 농지를 취득하려면 농지취득자격증명을 발급받아야 한다.
④ 소유 농지를 농수산물 유통·가공시설의 부지로 전용하려면 농지전용신고를 하여야 한다.
⑤ 농지를 취득한 자가 징집으로 인하여 그 농지를 주말·체험영농에 이용하지 못하게 되면 1년 이내에 그 농지를 처분하여야 한다.

해설 | 농지를 취득한 자가 징집·자연재해·질병 등 정당한 사유로 인하여 그 농지를 주말·체험영농에 이용하지 못하게 되는 경우에는 농지의 처분의무가 면제된다.

정답 | ⑤

02 ■■□
2015 공인중개사

농지법령상 농지취득자격증명을 발급받지 아니하고 농지를 취득할 수 있는 경우에 해당하지 않는 것은?

① 농업법인의 합병으로 농지를 취득하는 경우
② 농지를 농업인 주택의 부지로 전용하려고 농지전용신고를 한 자가 그 농지를 취득하는 경우
③ 공유농지의 분할로 농지를 취득하는 경우
④ 상속으로 농지를 취득하는 경우
⑤ 시효의 완성으로 농지를 취득하는 경우

해설 | 농지를 농업인 주택의 부지로 전용하려고 농지전용신고를 한 자가 그 농지를 취득하는 경우에는 시장·구청장·읍장·면장으로부터 농지취득자격증명을 발급받아야 한다.

- 농지취득자격증명을 발급받지 아니하고 농지를 취득할 수 있는 경우
1. 국가 또는 지방자치단체가 농지를 소유하는 경우
2. 상속에 의하여 농지를 취득하여 소유하는 경우 : ④
3. 농지저당권자인 금융기관 등이 경매에서 유찰된 담보농지를 취득하여 소유하는 경우
4. 농지전용협의를 완료한 농지를 소유하는 경우
5. 농업법인의 합병으로 농지를 취득하는 경우 : ①
6. 공유농지의 분할에 의하여 농지를 취득하는 경우 : ③
7. 시효의 완성으로 농지를 취득하는 경우 : ⑤
8. 환매권 등에 의하여 농지를 취득하는 경우
9. 농지이용증진사업 시행계획에 의하여 농지를 취득하는 경우
10. 한국농어촌공사가 농지를 취득하여 소유하는 경우
11. 농어촌정비법 규정에 의하여 농지를 취득하여 소유하는 경우
12. 공유수면매립법에 의하여 매립농지를 취득하여 소유하는 경우
13. 토지수용에 의하여 농지를 취득하여 소유하는 경우
14. 농림축산식품부장관과 협의를 마치고 「공익사업을 위한 토지 등의 취득 및 보상에 관한 법률」에 따라 농지를 취득하여 소유하는 경우

정답 | ②

03 2021 공인중개사

농지법령상 농지취득자격증명을 발급받지 아니하고 농지를 취득할 수 있는 경우가 아닌 것은?

① 시효의 완성으로 농지를 취득하는 경우
② 공유 농지의 분할로 농지를 취득하는 경우
③ 농업법인의 합병으로 농지를 취득하는 경우
④ 국가나 지방자치단체가 농지를 소유하는 경우
⑤ 주말·체험영농을 하려고 농업진흥지역 외의 농지를 소유하는 경우

해설 | 주말·체험영농을 하려고 농업진흥지역 외의 농지를 소유하는 경우에는 농지취득자격증명을 발급받아야 한다.

정답 | ⑤

04 2014 공인중개사

농지법령상 농지 소유자가 소유 농지를 위탁경영할 수 있는 경우는?

① 1년간 국내 여행 중인 경우
② 농업법인이 소송 중인 경우
③ 농작업 중의 부상으로 2개월간 치료가 필요한 경우
④ 구치소에 수용 중이어서 자경할 수 없는 경우
⑤ 2개월간 국외 여행 중인 경우

해설 | ①, ⑤ 3개월 이상 국외여행 중인 경우에 위탁경영할 수 있다.
② 농업법인이 청산 중인 경우에 위탁경영할 수 있다.
③ 부상으로 3개월 이상의 치료가 필요한 경우에 위탁경영할 수 있다.

- 농지의 위탁경영 사유
1. 「병역법」에 따라 징집 또는 소집된 경우
2. 3개월 이상 국외여행 중인 경우 : ①, ⑤
3. 농업법인이 청산 중인 경우 : ②
4. 질병, 취학, 선거에 따른 공직 취임, 부상으로 3개월 이상의 치료가 필요한 경우(③), 교도소·구치소 또는 보호감호시설에 수용 중인 경우(④), 임신 중이거나 분만 후 6개월 미만인 경우로 자경할 수 없는 경우
5. 농지이용증진사업 시행계획에 따라 위탁경영하는 경우
6. 농업인이 자기 노동력이 부족하여 농작업의 일부를 위탁하는 경우

정답 | ④

05 2018 공인중개사

농지법령상 농지 소유자가 소유 농지를 위탁경영할 수 없는 경우는?

① 병역법에 따라 현역으로 징집된 경우
② 6개월 간 미국을 여행 중인 경우
③ 선거에 따른 지방의회의원 취임으로 자경할 수 없는 경우
④ 농업법인이 청산 중인 경우
⑤ 교통사고로 2개월간 치료가 필요한 경우

해설 | 교통사고로 3개월 이상 치료가 필요한 경우에 위탁경영할 수 있다.

정답 | ⑤

06 2019 공인중개사 수정

농지법령상 농지의 소유자가 소유 농지를 위탁경영 할 수 없는 경우만을 모두 고른 것은?

> ㄱ. 과수를 가지치기 또는 열매솎기, 재배관리 및 수확하는 농작업에 1년 중 4주간 직접 종사하는 경우
> ㄴ. 6개월간 대한민국 전역을 일주하는 여행 중인 경우
> ㄷ. 선거에 따른 공직취임으로 자경을 할 수 없는 경우

① ㄱ ② ㄴ ③ ㄱ, ㄴ
④ ㄴ, ㄷ ⑤ ㄱ, ㄴ, ㄷ

해설 | ㉠ 1년 중 4주간(×), 1년 중 30일(○), 과수를 가지치기 또는 열매솎기, 재배관리 및 수확하는 농작업에 1년 중 30일 이상 직접 종사하는 경우는 농업인이 자기 노동력이 부족하여 농작업의 일부를 위탁경영할 수 있다. 따라서 ㉠의 경우 위탁경영할 수 없다.
㉡ 6개월간 대한민국 전역을 일주하는 여행 중인 경우 위탁경영할 수 없다.
㉢ 선거에 따른 공직취임으로 자경할 수 없는 경우에는 소유농지를 위탁경영할 수 있다.

정답 | ③

07 2014 공인중개사

농지법령상 농업경영에 이용하지 아니하는 농지의 처분의무에 관한 설명으로 옳은 것은?

① 농지 소유자가 선거에 따른 공직취임으로 휴경하는 경우에는 소유농지를 자기의 농업경영에 이용하지 아니하더라도 농지처분의무가 면제된다.
② 농지 소유 상한을 초과하여 농지를 소유한 것이 판명된 경우에는 소유농지 전부를 처분하여야 한다.
③ 농지처분의무 기간은 처분사유가 발생한 날부터 6개월이다.
④ 농지전용신고를 하고 그 농지를 취득한 자가 질병으로 인하여 취득한 날부터 2년이 초과하도록 그 목적사업에 착수하지 아니한 경우에는 농지처분의무가 면제된다.
⑤ 농지 소유자가 시장·군수 또는 구청장으로부터 농지처분명령을 받은 경우 한국토지주택공사에 그 농지의 매수를 청구할 수 있다.

해설 | ② 농지소유상한을 초과하여 농지를 소유한 것이 판명된 경우에는 소유상한을 초과하는 면적에 해당하는 농지를 처분하여야 한다.

③ 농지처분의무기간은 처분사유가 발생한 날부터 1년이다.

④ 농지전용신고를 하고 그 농지를 취득한 자가 질병으로 인하여 취득한 날부터 2년이 초과하도록 그 목적사업에 착수하지 아니한 경우에는 해당 농지를 처분하여야 한다.

⑤ 농지소유자가 시장·군수 또는 구청장으로부터 농지처분명령을 받은 경우 한국농어촌공사에 그 농지의 매수를 청구할 수 있다.

정답 | ①

농지의 이용·보전·전용

2014년	2015년	2016년	2017년	2018년	2019년	2020년	2021년	2022년
0문	0문	1문	1문	1문	0문	2문	1문	1문

※ 최근 9년간 7문제 출제

01 ■□□
2021 공인중개사

농지법령상 유휴농지에 대한 대리경작자의 지정에 관한 설명으로 옳은 것은?

① 지력의 증진이나 토양의 개량·보전을 위하여 필요한 기간 동안 휴경하는 농지에 대하여도 대리경작자를 지정할 수 있다.
② 대리경작자 지정은 유휴농지를 경작하려는 농업인 또는 농업법인의 신청이 있을 때에만 할 수 있고, 직권으로는 할 수 없다.
③ 대리경작자가 경작을 게을리하는 경우에는 대리경작 기간이 끝나기 전이라도 대리경작자 지정을 해지할 수 있다.
④ 대리경작 기간은 3년이고, 이와 다른 기간을 따로 정할 수 없다.
⑤ 농지 소유권자를 대신할 대리경작자만 지정할 수 있고, 농지 임차권자를 대신할 대리경작자를 지정할 수는 없다.

해설 | ① 지력의 증진이나 토양의 개량·보전을 위하여 필요한 기간 동안 휴경하는 농지에 대하여는 대리경작자를 지정할 수 없다.
② 대리경작자 지정은 유휴농지를 경작하려는 농업인 또는 농업법인의 신청이 있을 때에 지정할 수 있고, 직권으로도 지정할 수 있다.
④ 대리경작 기간은 따로 정하지 아니하면 3년으로 한다.
⑤ 농지 소유권자나 임차권자를 대신할 대리경작자를 지정할 수 있다.

정답 | ③

02 2020 공인중개사

농지법령상 농지의 임대차에 관한 설명으로 틀린 것은? (단, 농업경영을 하려는 자에게 임대하는 경우를 전제로 함)

① 60세 이상 농업인은 자신이 거주하는 시·군에 있는 소유 농지 중에서 자기의 농업경영에 이용한 기간이 5년이 넘은 농지를 임대할 수 있다.
② 농지를 임차한 임차인이 그 농지를 정당한 사유 없이 농업경영에 사용하지 아니할 때에는 시장·군수·구청장은 임대차의 종료를 명할 수 있다.
③ 임대차계약은 그 등기가 없는 경우에도 임차인이 농지 소재지를 관할하는 시·구·읍·면의 장의 확인을 받고, 해당 농지를 인도받은 경우에는 그 다음 날부터 제3자에 대하여 효력이 생긴다.
④ 농지의 임차인이 농작물의 재배시설로서 비닐하우스를 설치한 농지의 임대차 기간은 10년 이상으로 하여야 한다.
⑤ 농지임대차조정위원회에서 작성한 조정안을 임대차계약 당사자가 수락한 때에는 이를 당사자 간에 체결된 계약의 내용으로 본다.

해설 | 농지의 임대차 기간은 3년 이상으로 하여야 한다. 다만, 다년생식물 재배지 등 대통령령으로 정하는 농지(고정식온실 또는 비닐하우스)의 경우에는 5년 이상으로 하여야 한다.

정답 | ④

03 2016 공인중개사

농지법령상 국·공유재산이 아닌 A농지와 국유재산인 B농지를 농업경영을 하려는 자에게 임대차하는 경우에 관한 설명으로 옳은 것은?

① A농지의 임대차계약은 등기가 있어야만 제3자에게 효력이 생긴다.
② 임대인이 취학을 이유로 A농지를 임대하는 경우 임대차기간은 3년 이상으로 하여야 한다.
③ 임대인이 질병을 이유로 A농지를 임대하였다가 같은 이유로 임대차계약을 갱신하는 경우 임대차기간은 3년 이상으로 하여야 한다.
④ A농지의 임차인이 그 농지를 정당한 사유 없이 농업경영에 사용하지 아니할 경우 농지 소재지 읍·면장은 임대차의 종료를 명할 수 있다.
⑤ B농지의 임대차기간은 3년 또는 5년 미만으로 할 수 있다.

해설 | 「국유재산법」과 「공유재산 및 물품 관리법」에 따른 국유재산과 공유재산인 농지에 대해서는 제24조 임대차 기간을 적용하지 아니한다. 따라서 국유재산인 농지의 임대차기간은 3년 또는 5년 미만으로 할 수 있다.

① 농지의 임대차계약은 그 등기가 없는 경우에도 임차인이 농지소재지를 관할하는 시·구·읍·면의 장의 확인을 받고, 해당 농지를 인도받은 경우에는 그 다음 날부터 제3자에 대하여 효력이 생긴다.
② 임대인은 질병, 징집, 취학 등 대통령령으로 정하는 불가피한 사유가 있는 경우에는 임대차기간을 3년 미만으로 정할 수 있다.
③ 임대차 기간은 임대차계약을 연장 또는 갱신하거나 재계약을 체결하는 경우에도 동일하게 적용한다. 따라서 임대인은 질병을 이유로 A농지를 임대하였다가 갱신하는 경우에도 임대차기간을 3년 미만으로 정할 수 있다.
④ 읍·면장은(×), 시장·군수·구청장이(○), A농지의 임차인이 그 농지를 정당한 사유 없이 농업경영에 사용하지 아니할 때에는 시장·군수·구청장이 임대차의 종료를 명할 수 있다.

정답 | ⑤

04 ■□□
2020 공인중개사

농지법령상 농업진흥지역을 지정할 수 없는 지역은?

① 특별시의 녹지지역
② 특별시의 관리지역
③ 광역시의 관리지역
④ 광역시의 농림지역
⑤ 군의 자연환경보전지역

해설 | 농업진흥지역의 지정대상지역은 녹지지역·관리지역·농림지역 및 자연환경보전지역을 대상으로 한다. 다만, 특별시의 녹지지역은 제외한다.

정답 | ①

05 2018 공인중개사

농지법령상 농지의 전용에 관한 설명으로 옳은 것은?

① 과수원인 토지를 재해로 인한 농작물의 피해를 방지하기 위한 방풍림 부지로 사용하는 것은 농지의 전용에 해당하지 않는다.
② 전용허가를 받은 농지의 위치를 동일 필지 안에서 변경하는 경우에는 농지전용신고를 하여야 한다.
③ 산지전용허가를 받지 아니하고 불법으로 개간한 농지라도 이를 다시 산림으로 복구하려면 농지전용허가를 받아야 한다.
④ 농지를 농업인 주택의 부지로 전용하려는 경우에는 농림축산식품부장관에게 농지전용신고를 하여야 한다.
⑤ 농지전용신고를 하고 농지를 전용하는 경우에는 농지를 전·답·과수원 외의 지목으로 변경하지 못한다.

해설 | ② 전용허가를 받은 농지의 위치를 동일 필지 안에서 변경하는 경우에는 농지전용허가를 받아야 한다.
③ 산지전용허가를 받지 아니하고 불법으로 개간한 농지를 다시 산림으로 복구하려는 경우에는 농지전용허가를 받지 않아도 된다.
④ 농지를 농업인 주택의 부지로 전용하려는 경우에는 시장·군수·구청장에게 농지전용신고를 하여야 한다.
⑤ 농지전용신고를 하고 농지를 전 전용하는 경우에는 농지를 전·답·과수원 외의 지목으로 변경할 수 있다.

정답 | ①

06 2017 공인중개사

농지법령상 조문의 일부이다. 다음 (   )에 들어갈 숫자를 옳게 연결한 것은?

> ㄱ. 유휴농지의 대리경작자는 수확량의 100분의 (ㄱ)을 농림축산식품부령으로 정하는 바에 따라 그 농지의 소유권자나 임차권자에게 토지사용료로 지급하여야 한다.
>
> ㄴ. 농업진흥지역 밖의 농지를 농지전용허가를 받지 아니하고 전용한 자는 3년 이하의 징역 또는 해당 토지가액의 100분의 (ㄴ)에 해당하는 금액 이하의 벌금에 처한다.
>
> ㄷ. 군수는 처분명령을 받은 후 정당한 사유 없이 지정기간까지 그 처분명령을 이행하지 아니한 자에게 해당 농지의 토지가액의 100분의 (ㄷ)에 해당하는 이행강제금을 부과한다.

① ㄱ: 10, ㄴ: 20, ㄷ: 50
② ㄱ: 10, ㄴ: 50, ㄷ: 20
③ ㄱ: 20, ㄴ: 10, ㄷ: 50
④ ㄱ: 20, ㄴ: 50, ㄷ: 10
⑤ ㄱ: 50, ㄴ: 10, ㄷ: 20

해설 | ㉠ 유휴농지의 대리경작자는 수확량의 100분의 ㉠ 10을 농림축산식품부령으로 정하는 바에 따라 그 농지의 소유권자나 임차권자에게 토지 사용료로 지급하여야 한다.

㉡ 농업진흥지역 밖의 농지를 농지전용허가를 받지 아니하고 전용한 자는 3년 이하의 징역 또는 해당 토지가액의 100분의 ㉡ 50에 해당하는 금액 이하의 벌금에 처한다.

㉢ 군수는 처분명령을 받은 후 정당한 사유 없이 지정기간까지 그 처분명령을 이행하지 아니한 자에게 해당 농지의 토지가액의 100분의 ㉢ 20에 해당하는 이행강제금을 부과한다.

정답 | ②

2 문제

2022년, [농지법]에서는 2문제 출제되었습니다.

39 2022 공인중개사

농지법령상 농지는 자기의 농업경영에 이용하거나 이용할 자가 아니면 소유하지 못함이 원칙이다. 그 예외에 해당하지 않는 것은?

① 8년 이상 농업경영을 하던 사람이 이농한 후에도 이농 당시 소유 농지 중 1만 제곱미터를 계속 소유하면서 농업경영에 이용되도록 하는 경우
② 농림축산식품부장관과 협의를 마치고 「공익사업을 위한 토지 등의 취득 및 보상에 관한 법률」에 따라 농지를 취득하여 소유하면서 농업경영에 이용되도록 하는 경우
③ 「공유수면 관리 및 매립에 관한 법률」에 따라 매립농지를 취득하여 소유하면서 농업경영에 이용되도록 하는 경우
④ 주말·체험영농을 하려고 농업진흥지역 내의 농지를 소유하는 경우
⑤ 「초·중등교육법」 및 「고등교육법」에 따른 학교가 그 목적사업을 수행하기 위하여 필요한 연구지·실습지로 쓰기 위하여 농림축산식품부령으로 정하는 바에 따라 농지를 취득하여 소유하는 경우

해설 | 농업진흥지역 내의(×), 농업진흥지역 외의(○), 주말·체험영농을 하려고 농업진흥지역 외의 농지를 소유하는 경우 농지를 소유할 수 있다.

정답 | ④

40 2022 공인중개사

농지법령상 농지대장에 관한 설명으로 틀린 것은?

① 농지대장은 모든 농지에 대해 필지별로 작성하는 것은 아니다.
② 농지대장에 적을 사항을 전산정보처리조직으로 처리하는 경우 그 농지대장 파일은 농지대장으로 본다.
③ 시·구·읍·면의 장은 관할구역 안에 있는 농지가 농지전용허가로 농지에 해당하지 않게 된 경우에는 그 농지대장을 따로 편철하여 10년간 보존해야 한다.
④ 농지소유자 또는 임차인은 농지의 임대차계약이 체결된 경우 그 날부터 60일 이내에 시·구·읍·면의 장에게 농지대장의 변경을 신청하여야 한다.
⑤ 농지대장의 열람은 해당 시·구·읍·면의 사무소 안에서 관계공무원의 참여 하에 해야 한다.

해설 | 농지대장은 모든 농지에 대해 필지별로 작성하여야 한다.

깨알 [농지대장]은 자주 출제되지 않던 테마인데, 세부적인 내용을 묻는 지문도 많은 편이라 만점방지용 문제라 할 수 있습니다.

정답 | ①

장 진

연세대학교 법과대학 법학과 졸업
연세대학교 일반대학원 법학과 졸업(법학석사)
연세대학교 일반대학원 법학과 수료(법학박사)
중앙대학교 법학전문대학원 졸업(Juris Doctor/법학전문석사)
현) 프로야구 에이전트 연수 법률교재 감수위원
    메가로스쿨 추리논증 · 법학 · 면접 · 자기소개서 전임교수
    한국교육개발원 학점은행 전임교수
    에듀윌 법원 · 검찰 · 경찰 형법 전임교수
    스펙업애드 공기업 법학 전임교수
    모두공인 공인중개사 부동산공법 전임교수

모두공인 공인중개사

깨알 단원별 기출문제집

2차 | 부동산공법

초판발행   2022년 6월 15일
제2판발행   2023년 3월 30일
편저자   장진 · 깨알연구소
발행인   이종은
발행처   신조사
등록번호   제1994-000070호
전화   02-713-0402
팩스   02-713-0403
이메일   sinjosa@sinjosa.co.kr
ISBN   979-11-86377-89-5
정가   15,000원

이 책은 도서출판 신조사가 저작권자와의 계약에 따라 발행하였으며,
인지는 상호 협의 하에 첨부를 생략합니다.
본사의 허락 없이는 어떠한 형태나 수단으로도 이 책의 내용을 이용하지 못합니다.
잘못된 책은 구입처에서 교환해 드립니다.